丝路驼铃

——丝绸之路经济带

国家出版基金项目
NATIONAL PUBLICATION FOUNDATION

国家出版基金资助项目
重庆市出版专项资金资助项目
重庆市精神文明建设"五个一工程"奖

白永秀　王颂吉　何昊　等 著

SILU TUOLING

SICHOU ZHI LU

JINGJIDAI

重庆大学出版社

内 容 简 介

2013年9月7日,习近平主席在哈萨克斯坦访问期间倡议亚欧国家用创新的合作模式,共同建设"丝绸之路经济带"。五年来,建设丝绸之路经济带从理念转化为行动,取得了丰硕成果。本书在国内外宏观背景下,对丝绸之路经济带建设的理论与实践问题开展研究。本书前两章研究丝绸之路经济带的提出背景、战略定位与重点任务,第三章到第七章论证丝绸之路经济带的重点建设内容,最后分析了丝绸之路经济带建设的障碍与解决路径。

本书一方面注重逻辑上的自洽性与理论上的系统性,另一方面通过专栏、图表、附录等形式增强可读性,因而是一部理论与实际相结合的研究丝绸之路经济带建设的著作。

图书在版编目(CIP)数据

丝路驼铃:丝绸之路经济带/白永秀等著.--重庆:重庆大学出版社,2018.9(2019.8 重印)
(改革开放40周年·大国议题丛书)
ISBN 978-7-5689-1392-8

Ⅰ.①丝… Ⅱ.①白… Ⅲ.①丝绸之路—经济带—研究—中国 Ⅳ.①F127

中国版本图书馆 CIP 数据核字(2018)第 223886 号

改革开放40周年·大国议题丛书

丝路驼铃
——丝绸之路经济带

白永秀 王颂吉 何 昊 等著
策划编辑:马 宁 尚东亮
责任编辑:尚东亮 王智军 沈 静 版式设计:尚东亮
责任校对:万清菊 责任印制:张 策

*

重庆大学出版社出版发行
出版人:饶帮华
社址:重庆市沙坪坝区大学城西路 21 号
邮编:401331
电话:(023) 88617190 88617185(中小学)
传真:(023) 88617186 88617166
网址:http://www.cqup.com.cn
邮箱:fxk@ cqup.com.cn(营销中心)
全国新华书店经销
重庆升光电力印务有限公司印刷

*

开本:720mm×1020mm 1/16 印张:17 字数:246 千
2018 年 9 月第 1 版 2019 年 8 月第 2 次印刷
印数:4 001—8 000
ISBN 978-7-5689-1392-8 定价:79.00 元

本书撰稿人员

白永秀　西北大学经济管理学院教授、博士生导师

王颂吉　西北大学经济管理学院副教授、硕士生导师

何　昊　西北大学经济管理学院博士研究生

卫　玲　西北大学学报编审、西北大学经济管理学院博士生导师

吴　航　西北大学经济管理学院副教授、硕士生导师

王泽润　西北大学经济管理学院博士研究生

刘　俊　西北政法大学经济学院讲师

宁　启　西北大学经济管理学院博士研究生

闵　杰　西北大学经济管理学院硕士研究生

张　鸽　西北大学经济管理学院硕士研究生

席国辉　西北大学经济管理学院硕士研究生

李　昂　圣路易斯华盛顿大学硕士研究生

程　靓　荣民控股集团职员

李海强　西北大学经济管理学院学生

丛书编委会

主　任：

王东京　中共中央党校（国家行政学院）副校（院）长、教授

张宗益　重庆大学校长、教授

副主任：

王佳宁　重庆智库创始人兼总裁、研究员

易树平　重庆大学出版科学研究所所长、教授

委　员（以姓氏笔画为序）：

王东京　中共中央党校（国家行政学院）副校（院）长、教授

王佳宁　重庆智库创始人兼总裁、研究员

白永秀　西北大学经济管理学院学术委员会主席、教授

孙久文　中国人民大学区域与城市经济研究所所长、教授

杜金岷　暨南大学经济学院教授

吴传清　武汉大学区域经济研究中心主任、教授

陈万灵　广东外语外贸大学国际经贸中心主任、教授

张宗益　重庆大学校长、教授

易树平　重庆大学出版科学研究所所长、教授

周建平　国家发展和改革委员会东北等老工业基地振兴司原司长

中国改革开放为什么能够成功

——《改革开放 40 周年·大国议题丛书》总序

经过 40 年的改革开放,中国成功地实现了从计划经济向市场经济的转轨,国家经济实力、科技实力、国防实力、综合国力得到前所未有的提升;党的面貌、国家的面貌、人民的面貌、军队的面貌、中华民族的面貌发生了前所未有的变化。我们的改革开放为什么能够成功? 回首 40 年改革开放历程,有三条重要经验值得总结。

坚持党对改革开放的领导,确保社会主义方向不动摇

办好中国的事情,关键在党。改革开放之初,邓小平同志就将坚持党中央的领导核心地位与推进改革开放紧密联系起来,不仅要求党中央树立权威,体现出能力,还强调要打造"一个具有改革开放形象的领导集体"。以江泽民同志为核心的党中央面对改革的深入推进和国际环境的深刻变化,向全党明确提出了"四个服从";以胡锦涛同志为总书记的党中央,立足于推进社会主义现代化的重任,提出要坚决维护中央权威。

习近平总书记多次强调要充分发挥党总揽全局、协调各方的核心作用,全党要统一意志、统一行动、步调一致,尤其是中央政治局要带头自觉维护中央权威,增强工作合力,做到"全党一盘棋、全国一盘棋"。他告诫全党:"中国是一个大国,决不能在根本性问题上出现颠覆性错误,一旦出现就无法挽回、无法弥补。"

从世界社会主义运动的经验教训看,如果没有共产党作为坚强的领导核心,改革就会进退失据,甚至走上不归路。苏联之所以解体,一个重要原因就是 1990 年 3 月苏联通过修改宪法取消了党的领导,结果使改革背离人民的利益,最终酿成悲剧。戈尔巴乔夫曾在接受中国记者采访时说:"我深深体会到,改革时期,加强党对改革进程的领导,是所有问题的重中之重。在这里,我想通过我们的惨痛失误来提醒中国朋友:如果党失去对社会和改革的领导,就会出现混

乱，那将是非常危险的。"

坚持党对改革的领导，最根本的就是要保证改革开放不偏离社会主义方向，既不走封闭僵化的老路，也不走改旗易帜的邪路。什么是社会主义？邓小平同志1978年9月在东北三省视察时说："社会主义要表现出它的优越性，哪能像现在这样，搞了20多年还这么穷，那要社会主义干什么？"1984年11月，他第一次提到了共同富裕，并在一次即席讲话中指出："社会主义的目的就是要全国人民共同富裕，不是两极分化……我们提倡一部分地区先富起来，是为了激励和带动其他地区也富裕起来。"1992年邓小平在"南方谈话"中提出"社会主义的本质就是解放生产力，发展生产力，消灭剥削，消除两极分化，最终达到共同富裕"，并且强调"共同富裕是社会主义制度不能动摇的原则"。

党的十八大以来，以习近平同志为核心的党中央坚定不移地带领人民走共同富裕的道路。习近平总书记指出："我们追求的发展是造福人民的发展，我们追求的富裕是全体人民共同富裕。"2012年年底，习近平总书记在河北调研时指出："没有农村的小康，特别是没有贫困地区的小康，就没有全面建成小康社会"；2013年至2015年，他在海南、云南、陕西等地调研时多次论及"小康不小康，关键看老乡""全面实现小康，一个民族都不能少"。2013年11月习近平总书记在湖南湘西考察时首次提出精准扶贫，进一步拓展了共同富裕的实现途径。在精准扶贫、精准脱贫基本方略的统领下，社会各界、各行各业的力量被动员起来，产业扶贫、教育扶贫、健康扶贫、金融扶贫、生态扶贫、电商扶贫相继涌现。东西部扶贫协作和对口支援政策积极推行，一系列脱贫创新实践在各地蓬勃开展。

坚持"三个有利于"标准，充分尊重人民群众的首创精神

1984年10月，《中共中央关于经济体制改革的决定》明确规定，全党同志在进行改革的过程中，应该把是否有利于发展生产力作为检验一切改革得失成败的最主要标准。1987年6月邓小平同志明确讲："我们的改革要达到一个什么么目的呢？总的目的是要有利于巩固社会主义制度，有利于巩固党的领导，有

利于在党的领导和社会主义制度下发展生产力。"同年 10 月党的十三大提出："是否有利于生产力发展应该成为我们考虑一切问题的出发点和检验一切工作的根本标准。一切有利于生产力发展的东西,都是符合人民根本利益的,因而是社会主义所要求的,或是社会主义所允许的。"

1992 年邓小平在"南方谈话"中明确提出,判断改革开放中一切工作得失、是非、成败的标准是:是否有利于发展社会主义社会的生产力,是否有利于增强社会主义国家的综合国力,是否有利于提高人民的生活水平。这"三个有利于"的判断标准不仅包括了生产力标准,而且把发展生产力、增强综合国力和提高人民生活水平三者有机结合起来,是对生产力标准的深化和发展。

坚持"三个有利于"标准,不断解放和发展生产力,要依靠亿万群众的主体力量和创新精神,依靠人民迸发出激情和活力。事实证明:改革开放的历程就是人民群众的首创精神不断激发、不断涌现的过程。

1978 年 12 月,安徽凤阳小岗村 18 户农民自发搞起了"大包干",由此揭开了农村改革的序幕。1980 年 9 月,中央决定允许农民根据自愿原则实行家庭联产承包制;1982 年 1 月,中央一号文件明确指出"包产到户、包干到户都是社会主义集体经济的生产责任制";到 1983 年年初,中央一号文件进一步肯定,家庭联产承包责任制是"在党的领导下中国农民的伟大创举"。邓小平同志曾明确指出:"农村搞家庭联产承包,这个发明权是农民的。"他说,"新的农村政策优势从哪里来的? 难道是我们几个中央领导同志,我们的省长、书记们的发明吗? 这里面当然有党的集体智慧,各级党政领导确实做了大量概括和提高的工作。而更重要的,却是亿万农民的实践,亿万农民的创造",还说"农村改革中的好多东西,都是基层创造出来,我们把它拿来加工提高作为全国的指导"。

非公经济的发展同样来源于人民群众创业激情的释放。1982 年温州出现创业高潮,当地个体工商企业超过 10 万家,占全国总数的十分之一,形成了闻名全国的"温州模式"。温州的非公经济发展当时之所以能领跑全国,一个重要的原因就是温州人"敢为人先、特别能创业"的精神得到了充分尊重,创新意识被充分调动,才走出了一条"生活逼出来,市场放出来,群众闯出来"的独特发展之路。

党的十八大以来,习近平总书记强调,改革开放是亿万人民自己的事业,必须坚持尊重人民首创精神。他指出:"要广泛听取群众意见和建议,及时总结群众创造的新鲜经验,充分调动群众推进改革的积极性、主动性、创造性,把最广大人民智慧和力量凝聚到改革上来,同人民一道把改革推向前进。""要充分调动人民群众的积极性、主动性、创造性""要自觉拜师人民、尊重人民、依靠人民"。在推进改革开放的实践中,全国不少地方尊重人民首创精神,激发企事业单位、社会组织的活力,盘活各类社会资源,在推动实现政府治理和社会自我调节、居民自治良性互动方面实现了新突破。

坚持改革、发展、稳定的有机统一,正确处理三者关系

早在 20 世纪 80 年代初,邓小平同志多次提出必须保持"国内安定团结的政治局面"。1987 年在接见外宾时他指出,保持"国内安定团结的政治局面"和"有领导有秩序地进行社会主义建设"是实现"三步走发展战略"的重要条件之一。"没有安定团结的政治环境,什么事情都干不成。"1989 年 2 月邓小平同志指出:"中国的问题,压倒一切的是需要稳定。没有稳定的环境,什么都搞不成,已经取得的成果也会失掉。"

以江泽民同志为核心的第三代中央领导集体,将改革、发展、稳定作为中国改革开放和社会主义现代化建设事业三个有机统一的组成部分:改革是动力,发展是目的,稳定是前提。以胡锦涛同志为总书记的党的领导集体,着眼于科学发展和构建社会主义和谐社会,自觉调整和改革生产关系与生产力、上层建筑与经济基础不相适应的方面和环节,不断提高改革决策的科学性,增强改革措施的协调性。

党的十八大以来,以习近平同志为核心的党中央,要求必须处理好改革、发展、稳定三者之间的关系,以更大的政治勇气和智慧,进一步解放思想、解放和发展社会生产力、增强社会创新活力。习近平同志强调,全面深化改革要处理好几种关系,其中就包括要处理好胆子要大和步子要稳的关系、改革发展稳定

的关系。改革是发展的动力,是实现长期稳定的基础;发展是改革的目的,是稳定最可靠的保证;稳定则是改革、发展的前提条件,也是发展的重要要求。处理改革发展稳定的关系,就是要坚持把改革的力度、发展的速度和社会可承受的程度统一起来,在社会稳定中推进改革发展。

正确处理改革发展稳定的关系,必须找到三者的结合点。习近平总书记强调,要把"人民拥护不拥护、人民赞成不赞成、人民高兴不高兴、人民答应不答应"作为想问题、干事业的出发点和落脚点,本着对历史负责、对人民负责的态度,准确把握改革发展稳定的平衡点,准确把握近期目标和长期发展的平衡点,准确把握改革发展的着力点,准确把握经济社会发展和改善人民生活的结合点,坚持问政于民、问需于民、问计于民,从老百姓最关心、最直接、最现实的问题入手,在转方式、调结构、保民生、推动可持续发展方面取得实实在在的成效。

中国改革开放为什么能够成功的三条经验已被理论和实践所印证。在中国改革开放40周年之际,在重庆市文化委员会、重庆大学的领导和支持下,成立了由中共中央党校(国家行政学院)副校(院)长王东京教授、重庆大学校长张宗益教授共同担任主任的丛书编委会,在丛书编委会的总体统筹和指导下,由中国大运河智库联盟理事长、重庆智库创始人兼总裁王佳宁同志担任总策划,重庆大学出版社社长易树平教授牵头组织出版了"改革开放40周年·大国议题丛书"。该丛书聚焦中国政府转型、"一带一路"建设、京津冀协同发展、长江经济带发展、新一轮东北振兴、自由贸易试验区等一系列治国理政的伟大实践,既有学术理论研究,又有实践经验总结,兼具原创性、思想性、学术性和史料性,对破解发展难题、增强发展动力、厚植发展优势,具有重要的研究出版价值。10年前,佳宁同志和重庆大学出版社曾经共同策划并推出"中国经济改革30年丛书",社会反响较大。如今,"改革开放40周年·大国议题丛书"秉承这一好的传统,更以全新面孔出现。丛书作者均为长期跟踪研究改革开放前沿问题的专家学者,阵容强大且权威。

研究和写作是一个知行合一的过程,这是专家学者的使命。丛书8卷,洋洋洒洒,全方位展示改革开放和现代化进程中关键领域、行业的发展进程和愿景。期待"改革开放40周年·大国议题丛书"对关注中国改革开放事业的各界读者有所助益,从而让我们一起以更广博的胸怀续写华夏新篇章。

中共中央党校(国家行政学院)副校(院)长、教授　　　　重庆大学校长、教授

2018 年 8 月　　　　　　　　　　　　　　　　　　2018 年 8 月

前 言

　　今年是改革开放 40 周年,通过 40 年的艰苦奋斗,中国跃升为世界第二大经济体和第一大工业国,为世界经济发展作出了重大贡献。正如习近平主席在博鳌亚洲论坛 2018 年年会开幕式的主旨演讲中所指出的:"中国人民坚持对外开放基本国策,打开国门搞建设,成功实现从封闭半封闭到全方位开放的伟大转折。中国在对外开放中展现大国担当,从引进来到走出去,从加入世界贸易组织到共建'一带一路',为应对亚洲金融危机和国际金融危机作出重大贡献,连续多年对世界经济增长贡献率超过 30%,成为世界经济增长的主要稳定器和动力源,促进了人类和平与发展的崇高事业。"①

　　2013 年 9 月 7 日,习近平主席在哈萨克斯坦访问期间倡议亚欧国家用创新的合作模式,共同建设"丝绸之路经济带"。建设丝绸之路经济带,是党中央、国务院统筹国内国际两个大局做出的重大战略决策。从国内发展来看,当前中国经济已由高速度增长转向高质量发展的"新时代",中国经济要在新时代转变发展方式、优化经济结构、转换增长动力,必须在全球更大范围内谋划发展、配置资源,加快形成全面开放新格局。从国际发展来看,当今世界处于大发展大变革大调整之中,西方国家主导的经济全球化负面影响日益显现,增长动能不足、治理体系滞后、发展失衡成为困扰世界经济发展的突出矛盾。美国次贷危机和欧盟债务危机以来,某些发达国家掀起了一系列"逆全球化"行动。尤其是特朗普就任美国总统之后,奉行"美国优先"路线,挑起了针对中国等国家的贸易摩

---

① 习近平.开放共创繁荣 创新引领未来——在博鳌亚洲论坛 2018 年年会开幕式上的主旨演讲[N].人民日报,2018-04-11(03).

擦。"开放还是封闭,前进还是后退,人类面临着新的重大抉择"①。基于此,中国积极倡导同发达国家、新兴市场国家、欠发达国家加强合作,推进世界互联互通、共同繁荣,携手构建人类命运共同体。

"丝绸之路经济带"同"21世纪海上丝绸之路"一起,构成了统领中国构建全面开放新格局的"一带一路"倡议;"一带一路"倡议同时也是应对全球和平赤字、发展赤字、治理赤字,进而引领互利共赢的新型全球化和构建人类命运共同体的中国方案。五年来,建设丝绸之路经济带从理念转化为行动,取得了丰硕成果。截至2017年年底,已有80多个国家和国际组织同中国签署了合作协议。在此基础上,中国同30多个国家开展了机制化产能合作,在沿线24个国家推进建设了75个境外经贸合作区,中国企业对沿线国家投资累计超过500亿美元、创造了近20万个就业岗位②。

本书在上述国内外宏观背景下,对丝绸之路经济带建设的理论与实践问题开展研究。全书包括八章内容:第一章"又闻驼铃声",研究古丝绸之路的孕育、兴起与演进,在此基础上分析丝绸之路经济带的提出背景与建设进展;第二章"谱写新篇章",从内涵特征、空间范围、建设目标等方面研究丝绸之路经济带的战略定位,进而分析丝绸之路经济带的重点建设任务;第三章"编织新网络",在梳理古丝绸之路交通演进的基础上,从交通、通信、能源三方面研究丝绸之路经济带的基础设施互联互通问题;第四章"制定新规则",研究丝绸之路经济带的贸易便利化与投资便利化,为丝绸之路经济带创造良好的营商环境;第五章"协调新发展",研究丝绸之路经济带的国际产能合作问题,分析国际产能合作的背景、意义、现状与趋势;第六章"谋划新支点",在梳理古丝绸之路沿线支点城镇兴衰的基础上,研究丝绸之路经济带三条线路上的支点城市布局,并提出支点城市建设路径;第七章"补充新血液",研究丝绸之路经济带的国际金融合作问

---

① 习近平.开放共创繁荣 创新引领未来——在博鳌亚洲论坛2018年年会开幕式上的主旨演讲[N].人民日报,2018-04-11(03).

② 王毅.在2017年国际形势与中国外交研讨会开幕式上的演讲[EB/OL].外交部网站,2017-12-09.

题,为互联互通提供资金支持;第八章"融合新趋势",研究丝绸之路经济带的文化交流与民心沟通,支撑丝绸之路经济带建设的顺利推进。

总体而言,本书前两章研究丝绸之路经济带的提出背景、战略定位与重点任务,第三章到第七章论证丝绸之路经济带的重点建设内容,最后分析丝绸之路经济带建设的障碍与解决路径。本书一方面注重逻辑上的自洽性与理论上的系统性;另一方面通过专栏、图表、附录等形式增强可读性,因而是一部理论与实践相结合的研究丝绸之路经济带建设的著作。

著　者

2018 年 7 月

目　录

1

又闻驼铃声：
从古丝路到丝绸之路经济带

丝绸之路是古代东西方之间经济、政治、文化交流的主要通道,对推动人类文明进步产生了深远影响。2 100 多年前,西汉张骞凿空西域,在亚欧大陆上形成了横贯东西的交通大动脉,由于丝绸是东西方交通大道上交易的重要商品,因此后世称之为"丝绸之路"。"丝绸之路"一词的由来和广为传播应归功于德国学者费迪南·冯·李希霍芬(Ferdinand von Richthofen)与阿尔伯特·赫尔曼(Albert Herrmann)。1877 年,德国地理学家、地质学家李希霍芬在其所著的《中国——亲身旅行的成果和以之为依据的研究》一书中,首次将"自公元前 114 年至公元 127 年间连接中国与河中①以及印度的丝绸贸易的西域道路"称为"丝绸之路"(Seidenstrassen)。1910 年,德国历史学家赫尔曼在他所著的《中国与叙利亚间的古代丝绸之路》一书中,主张把丝绸之路的含义"一直延长到通向遥远西方的叙利亚"。1915 年,赫尔曼在《从中国到罗马帝国的丝绸之路》一书中,进一步把"丝绸之路"作为中国与希腊—罗马社会沟通往来的交通路线的统称。在此之后,"丝绸之路"一词被普遍接受。改革开放之前,中国学者大多把丝绸之路称作"中西交通";20 世纪 80 年代之后,国内学者开始广泛使用"丝绸之路"一词,"丝绸之路"在中国逐渐成为固定称谓。②

陆上丝绸之路尽管在宋元之后逐渐衰落,但它作为亚欧大陆文明交流的典范,对当代亚欧国家的经贸合作仍有深刻影响。近年来,随着区域经济一体化和经济全球化进程的加快,中国与丝绸之路沿线国家的经贸往来和区域合作不断加强。2013 年 9 月 7 日,习近平主席在哈萨克斯坦访问期间倡议亚欧国家用创新的合作模式,共同建设"丝绸之路经济带"。这一倡议同"21 世纪海上丝绸之路"一起,构成了统领中国构建全面开放新格局的"一带一路"倡议;"一带一路"倡议同时也是应对全球和平赤字、发展赤字、治理赤字,进而引领互利共赢的新型全球化和构建人类命运共同体的中国方案。

---

① 河中是指亚中锡尔河、阿姆河以及泽拉夫尚河流域,包括今乌兹别克斯坦全境和哈萨克斯坦西南部。
② 白永秀,王颂吉.丝绸之路经济带的纵深背景与地缘战略[J].改革,2014(3):65.

第一节　丝绸之路的孕育

在西汉以政府主导开拓并正式确立"丝绸之路"之前，丝绸之路的种子就已经在广袤的欧亚大陆埋下并孕育了近两千年的时间。这在后人不断的考古发现及对历史文献的挖掘中得到验证。

一、丝绸之路孕育期的重要事件

丝绸之路的孕育最早可追溯到中国远古的黄帝时期。黄帝统一了远古时期的华夏各部落，奠定了中华文明的基本内核，被后人尊为中华人文始祖。他推动了原始农业的跨越发展，为丝绸之路的萌生营造了土壤。黄帝的妻子嫘祖首创种桑养蚕之法、抽丝编绢之术，为丝绸之路的孕育埋下了种子。[①] 此后，在中国古人不断探索通向西方的道路之时，中亚、西亚及欧洲的人民也在不断探索各种商路，为丝绸之路的开拓创造着条件。

（一）黄帝肇始中华文明：营造萌生丝绸之路的土壤

黄帝是中国远古时期一位具有神话色彩的部落首领，是中华文明的肇始者，对中国历史发展影响巨大。大量的史书史料，如《春秋》《史记》《帝王世纪》《新唐书》等都对黄帝的史迹进行了记载。尤其是司马迁在作《史记》时，不仅参考了大量史书，并且到处调查黄帝的史迹，使得有神话色彩的黄帝时期的历史得到了史实印证。在黄帝的治理下，中国原始农业经济发展繁荣，政治局势稳定，人民安居乐业，文字创造、衣裳缝制、舟车建造、音乐创作、医术探索等发明创造活动进入爆发期，影响中国历史几千年的中华文明基本框架得以建立，使中国社会生产力和社会文明处于当时世界的领先水平，为后世开拓丝绸之路营造了必备的土壤。

---

① 段渝.黄帝、嫘祖与中国丝绸的起源时代[J].中华文化论坛，1996（4）：38-44.

（二）嫘祖始蚕：埋下孕育丝绸之路的种子

在丝绸之路发展的漫长历史中，黄帝的妻子嫘祖拥有特别的地位，是她埋下了孕育丝绸之路的种子。《史记》中就有嫘祖是西陵氏之女，并被黄帝迎娶的记载。北宋史学家刘恕撰写的《通鉴外纪》，进一步记载了嫘祖是黄帝妻子及"治丝茧以供衣服，后世祀为先蚕"的史迹。西陵具体在今天哪个地方，学术界尚存在争论，影响力较大的说法包括山西省运城市夏县西阴村、湖北省宜昌市远安县，此外还有河南省西平县、四川省盐亭县等之说，但不论如何，嫘祖发明并且传播养蚕缫丝的故事得到了大量考古文物佐证。相传在黄帝时期，西陵有一位心灵手巧的美丽姑娘叫嫘祖，她发现从桑树林采摘回来的像果实一样的白色茧子被热水浸湿后，可用手拉出长长的丝线。这种茧子里的虫子被称为"蚕"，蚕茧里拉出的丝线被称为"丝"，用这种丝织成的纺织品被称为"绸"。嫘祖发现了蚕，并将这一伟大的发现用于生产实践，对中华和世界文明产生了深远影响，被后世尊称为"蚕祖"及"蚕神娘娘"。在嫘祖的引领和影响下，中国栽桑、养蚕及缫丝活动蓬勃发展，为后来丝绸贸易的开展奠定了物质基础。

（三）周穆王西巡天下：奠基丝绸之路

周穆王（约前1054—前949年），名姬满，周昭王之子，西周第五位君主，是西周在位时间最长的君主，也被后世称为"穆天子"。周穆王既有浪漫情怀，又有政治智慧，一生喜欢巡游，注重开疆拓土，是中国富于传奇及神话色彩的著名历史人物。周穆王的最大历史贡献可能就是西巡天下，会见西王母，并开拓了中国最早的官方丝绸贸易。这一重大历史事件最早记录在历史典籍《穆天子传》中。尽管有学者认为，成书于战国的《穆天子传》有不少内容富含神话色彩，缺乏历史真实性，但其反映的中原与西域地区的交往史实毋庸置疑。西王母具体是谁？周穆王与西王母具体在哪个地方会见？这些问题也许需要史学家继续争论，但文物考古不断证明，大量丝绸制品在西周时期就已西传，这比张骞出使西域早了近八百年。可以说，周穆王西巡是丝绸之路的奠基之旅。

（四）秦始皇建驰道直道：为丝绸之路提供交通基础

公元前221年，秦始皇统一六国，结束了战国长期分裂战乱的局面。秦始皇统一六国后，采取了一系列重大改革措施，并设置郡县，以都城咸阳为中心，修筑了多条驰道及直道，使全国各地通过密集的道路网形成紧密的联系。驰道连接各郡县，发挥着今天"国道"的作用；直道以防范匈奴为主要目的，道路笔直通畅，相当于今天的"高速公路"。驰道与直道的修筑，构筑了中国古代早期高质量的交通系统，极大地改善了中国当时的交通条件，有利于促进国内外人民的文化交流及商贸活动，对促进丝绸之路的开拓具有重大作用。在秦汉之后，驰道及直道仍长期被各地客商所用，在丝绸之路河西走廊段因战乱受阻时，直道还发挥了连接西域和中原的重要作用。秦代的驰道和直道，共同为丝绸之路的开拓打下了良好的前期基础。

（五）中亚的商路探索：青金石之路

青金石是一种古老的名贵宝石，主要产自今中亚地区的阿富汗巴达克山。考古发现证实，早在公元前31世纪，青金石就从中亚通过早期的道路传到了古埃及、古印度。埃及发现了距今五千余年的青金石，并且这些青金石产自阿富汗，这说明古埃及人已经与中亚地区展开了一定规模的贸易。[①] 公元前17世纪，青金石通过贸易传入古印度的哈拉帕，后来成为佛教七宝之一。这就是中亚大夏（阿富汗）与古印度、古埃及之间的"青金石之路"。[②] 青金石不仅输往了西亚、埃及，而且一路向东输入中国等地。青金石和丝绸、玉石等物品，丰富了丝绸之路沿线人民的物质文化生活。

（六）欧洲的商路探索：琥珀之路

琥珀主要产于北欧的波罗的海，其作为奢侈品受到古埃及和古罗马贵族的

① 鲍志成.跨文化视域下丝绸之路的起源和历史贡献[J].丝绸,2016,53(1):71-80.
② 沈爱凤.从青金石之路到丝绸之路：西亚中亚与亚欧草原古代艺术溯源[M].济南:山东美术出版社,2009.

追捧,也激发了古欧洲商人对琥珀远距离贸易的热情。"琥珀之路"是一条古代从北欧到地中海的琥珀运输贸易道路。从公元前 2000 年开始,精明的地中海商人来到波罗的海地区购买琥珀,运回地中海向贵族们换取同等重量的黄金,开辟了"琥珀之路"。① 琥珀之路的繁荣,使欧洲当时的交通体系得到极大完善,为向东连接中国奠定了良好基础,也为以后丝绸之路向欧洲的拓展提供了便利条件,增进了欧亚商贸活动的往来。

(七)西亚的商路探索:波斯御道

波斯御道由波斯阿契美尼德王朝国王大流士一世(公元前 521—前 485 年)于公元前 5 世纪修建,是一条皇家御道网。这条遍及全国各地的国道,促进了西亚及周边地区的商贸活动。①地处阿拉伯半岛及中亚的阿拉伯人——尤其是那巴提斯人,在该地区的贸易中发挥了重要作用。波斯御道的开通,促进了中亚、西亚地区道路网的完善,为以后连通丝绸之路提供了良好条件。

二、丝绸之路孕育期的贸易状况

原始社会后期,简单的社会分工逐渐产生,剩余产品出现,不同的部落之间有了小规模、不连续的物物交换活动。当时,以今天的新疆和中亚地区为核心,中国开始同周边地区开展商品贸易活动。大致在同一时期,地处中东尼罗河两岸的奴隶制小国间,地处地中海沿岸的奴隶制国家之间也有了零星贸易活动。受生产力落后、交通不便等因素的影响,这一时期欧亚大陆各地的商品生产极少,商品贸易很不发达,贸易的品种、数量都有很大的局限性,经济交往活动被分割在不同的区域内进行。但星星之火可以燎原,各地区零散的商贸活动为日后亚欧非之间的贸易繁荣积蓄着力量。

自中国进入殷商时代以后,欧亚大陆各地普遍进入奴隶制社会,各国各部落的商人不辞辛苦地长途跋涉,彼此交往逐渐增多,在欧亚大陆上不断拓

---

① 鲍志成.跨文化视域下丝绸之路的起源和历史贡献[J].丝绸,2016,53(1):71-80.

展商道。据考古发现及学者研究，殷商时期蚕丝就在中国的物质生产与生活中发挥重要作用。公元前 15 世纪，商朝的商人就已到达今塔克拉玛干沙漠的边缘地带，用东南沿海的海贝等产品换取来自中亚、西亚的玉石及马匹，这就是从中原地区沿着河西走廊西行到达天山、昆仑山的玉石之路①。玉石之路的发展为后来丝绸之路的开辟打下了初步基础。战国时期撰写的《穆天子传》是重要的西周历史典籍，尽管其中不乏传说的色彩，却是最早记载中国对外输出丝绸的历史典籍。根据《穆天子传》记载，公元前 10 世纪西周的周穆王最早将丝绸作为国礼带向西域，最远可能到达葱岭及今中亚吉尔吉斯斯坦一带，促进了中原与西域地区人民的经济社会交流。公元前 5 世纪，河西走廊在前人探索的基础上正式开辟，中原地区与西域的贸易活动比以往又有了很大提升。同时期，古埃及与地中海沿岸国家以及西亚、中亚国家的简单商贸活动也在不断发展。随着横贯亚欧大陆东西的商道不断被拓展，中国丝织品也传播到了更远的地方。

中国进入春秋战国后，东西方民间贸易零星出现，以丝绸为代表的商品被辗转贩运到西方。此外，据相关研究，在公元前 4 世纪左右，中国巴蜀地区与东南亚及印度一带就可能被一条商道连接，即陆上丝绸之路西南通道的前身"蜀身毒道"。考古资料显示，来自中国巴蜀地区的蜀布、筇杖经由身毒（古印度）转卖到大夏（古阿富汗）。

秦朝建立后，中国历史上第一次出现了统一的中央集权国家。秦始皇统一了文字、货币及度量衡，在全国修筑连接主要地区的驰道、直道及栈道，为商贸活动的繁荣奠定了扎实的制度及交通设施基础。西汉初期，为改善战乱导致的社会经济凋敝的局面，政府推崇"黄老哲学"，实行"轻徭薄赋""与民休息"的政策，经过"文景之治"的积淀，汉朝的物质基础大大增强，为对外商贸活动的发展创造了极为有利的条件。丝绸之路经过漫长的孕育，即将破土而出。

---

① 鲍志成.跨文化视域下丝绸之路的起源和历史贡献[J].丝绸,2016,53(1):71-80.

总的来看,在漫长的丝绸之路孕育期,生产力水平低下,交通条件有限,商贸层次较低,交易规模不大,各国的出口商品和各自占优势的要素禀赋密切相关,且中国与西方之间的贸易是经过多国商人多次转手才得以完成的。在商品经济极不发达的时代里,商品的交易首先要满足的是奴隶主或贵族的需要,这也决定了丝绸之路孕育期交易的商品以奢侈品为主。丝制品作为仅产于中国的商品,因轻薄、价值高、便于携带而成为奢侈品中的代表,丝绸甚至在许多国家被用作国际货币。①由于古代中国的生产力、综合国力及生产技术总体领先于世界,使得西方对中国的贸易具有了一定的朝贡贸易色彩。

三、丝绸之路孕育期贸易的历史意义

丝绸之路孕育期的贸易活动尽管层次较低,但历史影响深远,意义重大。在漫长的丝绸之路孕育期,中西各国在不断开辟和完善交通路线,中国在西周时期输出及输入的商品,已经同两汉时期与西域贸易往来的情况大致相当,这说明丝绸之路的出现不是偶然的,更不是在汉代突然出现的,而是汉以前若干世纪以来东来西往的各国商队通过贸易走出来的。①

可以说,丝绸之路是在人类生产力不断发展、人类文明交往不断扩大的背景下孕育而成的。生产力的提高,使人类生产和生活需要不断提高,以物易物等初级商业活动出现。商人天生的逐利特性使得商业活动不断扩展。丝绸之路沿线各国和民间的共同努力,不断改善着商贸活动的交通条件。人类文明交往的需求,则为丝绸之路的孕育营造着必要的文化氛围。正是在中西方各国、各族人民的共同努力下,丝绸之路不断孕育并最终形成。丝绸之路孕育期各国和各民族共同拓展的贸易活动,以及随之产生的文化交流活动,对丝绸之路的正式开拓及未来发展产生了重大而深远的影响。

---

① 孙占鳌.丝绸之路的历史演变(上)[J].陇原春秋,2014(4):39-42.

第二节 丝绸之路的兴起、演进及影响因素

一、丝绸之路的兴起与演进

丝绸之路的形成是个漫长的历史过程，其演进也经历了风风雨雨，呈现出繁荣与衰落更替出现的特征。汉武帝之前，丝绸之路虽已孕育了两千多年，但受山川阻隔、道路艰险以及沿途战乱等因素的影响，东西方之间没有形成一条畅通的交通线。张骞凿空西域是第一次由政府主导的行为，标志着西域各国与中原王朝（汉）第一次明确建立了官方联系，可以作为丝绸之路正式形成的标志。此后的两千多年，丝绸之路历经兴衰，成为东西方经贸文化交流的主动脉。

（一）汉代：兴起

在汉武帝派遣张骞出使西域之前，亚欧沿线国家及部落的人民经过漫长的非正式、低层次、小规模、碎片化的经济交往活动，为日后丝绸之路的正式形成奠定了基础。秦始皇统一六国之后，统一度量衡，建立中央集权的封建经济制度，为后世繁荣奠定了一整套制度基础。经过"文景之治"的积淀，汉武帝派遣张骞两度出使西域，使碎片化的经济通道贯通为连接东西方的交通大动脉。在张骞卓越的外交努力下，西域各国开始大量派遣使臣来到汉长安城，使得汉朝与西域各国之间的政治经济联系正式化、常态化，丝绸之路正式形成。

在汉宣帝时期，西汉政府在河西走廊分别设置了敦煌、武威、酒泉、张掖四郡，进一步巩固了汉武帝时期的发展成果。同时，汉朝设立的"西域都护府"切实加强了中央对西域的控制，进一步保证了丝绸贸易道路的通畅。在西汉末期，王莽篡权引发经济社会动荡，西汉对西域的控制逐渐衰落，中原与西域的商贸活动受到不利影响。东汉的建立很快扭转了这种局势，随着班超两次出使西

域,东汉政府恢复了与西域诸国的交往关系。总体而言,丝绸之路在汉代处于兴起状态,为后世的东西方大交流奠定了基础。

(二)魏晋南北朝:动荡中曲折发展

东汉末年,中国再次进入地方政权割据的战乱时代,严重影响了丝路贸易。三国初期,河西走廊地区人口锐减,社会生产趋于萎缩。汉代在丝绸之路沿线设立的敦煌、张掖等商业重镇几乎处在无人监管的混乱状态,中原政权的行政管理权被地方豪强取代。随后的魏晋南北朝历时共计360余年,前后出现了30多个朝代或国家。除西晋短暂统一外,中原及西域地区基本上处于政权割据的战争状态。由于连年战乱及政权频繁更迭,北方经济遭到严重破坏,丝绸之路商旅贸易的安全很难得到保障,商品经济发展缓慢,汉代发展起来的通畅繁荣的丝绸之路受到了很大阻隔。

在总体动荡的魏晋南北朝时期,割据政权也有相对的政治稳定期,这对丝绸之路的局部繁荣发挥了积极作用。相比中原地区的动荡,河西走廊及向西的地区相对稳定,来自西域等地的使者、商人停止了向东行进的脚步,加强了在河西地区的商贸活动,河西商业重镇在丝绸之路贸易中的地位得到了提高。控制河西商业重镇的割据政权,认识到商贸活动对政权稳定和经济发展的重要性,因此在力所能及的情况下也极力保证该段丝绸之路的畅通。例如,武威因割据河西的前凉、后凉、西凉、北凉等政权先后建都而商贸繁荣。敦煌作为西汉以来中原和西域交往的咽喉要地,被统治该地区的政权所重视,无论在战争还是和平年代都成为商业交往的重要集散地。在北魏强盛时期,前来北魏进贡和经商的使者、商人们又一次活跃在丝绸之路上。此外,人口因素的变动也影响着丝绸之路贸易的格局。中原地区战乱导致大量人口西迁,使得中原与西域地区的经贸文化交流在河西地区趋于活跃。但受中原经济波动的影响,河西地区的商贸活动无论从贸易制度还是质量上都无法得到充足的保障。因此,总体萧条与局部繁荣并存、在动荡中曲折发展,成为魏晋南北朝时期丝绸之路发展的一个突出特点。

（三）隋代及唐代中期：鼎盛

公元 581 年，北周外戚杨坚接受禅让建立隋朝，史称隋文帝。隋朝的诞生，结束了西晋末期以来中原地区的长期分裂局面。伴随着中原王朝大一统局面的形成，隋文帝注重缩减政府开支，减免或废除战乱时期所产生的一系列苛捐杂税，与民休养生息，使经济发展迎来了良好的机遇。在政治方面，隋文帝巩固了中央集权，首创科举制度，使不同门第的天下贤良有了平等的竞争机会，为政府选人用人提供了坚实的保障。隋文帝的文治武功为丝绸之路的发展创造了条件。随后的隋炀帝杨广开始了不断向西的扩展征程。公元 609 年隋炀帝率军亲征，一举击溃了河西吐谷浑军队，随后又瓦解了匈奴的统治，保证了隋朝向西疆域开发的稳定性，同时也使得隋朝的威望名扬西域诸国。在开展大量的修田、屯田活动之时，隋炀帝开展了有意识的经营西域活动，通过亲派监管官员加强河西地区政府管理机构建设，甚至亲自前往河西丝路贸易重镇接见外国使臣。在隋朝的大力支持和有效管辖下，丝绸之路又一次迎来了全面的生机与繁荣。

公元 618 年，唐国公李渊结束群雄争霸局面，建立了唐朝，并继承了隋朝改革的积极成果，为唐朝进入中国古代最强盛时代奠定了基础。唐太宗李世民作为中国历史上最有作为的皇帝之一，重新建立了与西汉时丝绸之路商贸管理功能相似的安西都护府（后来又有北庭都护府），标志着以唐朝为核心的国际经济秩序的建立，为丝绸之路商贸活动的畅通与繁荣提供了重要保证。随后，经唐高宗、武则天时代的贞观遗风，以及后来唐明皇所开创的开元盛世，中国古代封建社会迎来了空前的盛世时期，长安城更是以世界经济文化中心的地位享誉世界。可以说，在隋朝及唐朝中期以前，在统治阶层注重维护丝绸之路畅通的基础上，西域的银器、毛织品等商品不断流入中原，中原的丝绸、瓷器等商品不断向西流通，丝绸之路的发展伴随着中原王朝的兴盛而逐渐走向繁荣的巅峰，是后世学者公认的丝绸之路鼎盛发展期。

（四）唐末、五代及宋代：总体萧条

唐代中期，驻守边疆的节度使拥兵自重，社会矛盾不断积累。公元755年，在众多因素的影响下，唐朝将领安禄山、史思明发动"安史之乱"，唐朝自此由盛转衰。进入唐末后，河西等地相继被吐蕃控制，由长安至河西再到西域的丝绸之路主干道被阻隔，丝绸之路的商贸活动被迫由主干道转入偏僻小道进行，交易规模及质量都严重下降。

到10世纪初期，中原地区又再次进入政权割据的混战状态。五代及宋初，大规模的战乱使农民流离失所，少数民族政权基本垄断了丝绸之路向西发展的商贸通道。西夏占据当时宋代向西贸易的必经之地，地理位置重要，对宋朝的陆上丝绸之路贸易活动影响很大，丝路商队的远距离贸易缺乏宋朝政权的安全保障。此时，宋与西夏的贸易主要有3种形式：贡使贸易、榷场贸易、民间贸易。贡使贸易大多指官方贸易，宋朝对西夏的朝贡多回馈厚重的礼品。而宋朝官方在边境所设置的贸易场合多指榷场贸易。未经官方认可的私下贸易则是民间贸易。通常，宋代商人以缯帛、茶、瓷器等物品，与西夏的牲畜、砂、安息香等物品进行交易。北方辽、金等少数民族政权的兴起，使宋朝处于一个特殊时期，陆上的对外贸易活动处于不稳定状态且有衰落之势。

由于边境战事频发，宋朝对外所设立的榷场等交易场合秩序受到严重威胁，从事陆上丝路贸易的商业精英也大量加入人口南迁的大潮之中，宋代的重点贸易路线逐渐由陆上转向海洋，海上丝绸之路贸易的兴起与陆上丝绸之路的萧条并存。总体来讲，唐末、五代及宋代时期，陆上丝绸之路贸易呈现总体萧条的特点，已无法与盛唐时期的繁荣景象相比。

（五）元代：短期繁荣

1206年成吉思汗建立蒙古帝国，随后相继灭掉辽、西夏、金等国。由于南宋王朝的腐败无能，国土不断被蒙古侵占。1271年蒙古帝国建立元朝，加紧了对南宋政权的征服活动，并于1279年的崖山海战中彻底消灭了南宋政权。蒙古

族建立的包括元朝在内的庞大帝国,多以对外征伐来维持其统治。经过历代蒙古汗王的苦心经营,在数次西征之后,建立起了北至西伯利亚,南临波斯湾,东起日本海,西至地中海的广阔统治区域。由于蒙古帝国的统一和强大,宋代阻隔丝绸之路的政治因素被消除,中原与西方的经济联系有了一定的安全保障,丝绸之路的商贸活动逐步复苏。

元代陆上丝绸之路的起点为元大都(北京)。随着丝绸之路欧亚通道的贯通,宗教及文化交流活动频繁,中原地区的指南针、火药、印刷术等物品及技术经阿拉伯大量向西方传播,极大地促进了世界文明的发展。元朝统治者为了巩固政权稳定,在陆上交通干道处设置驿站,供来往商人歇脚,使丝绸之路商贸活动具备了较好的条件。马可·波罗在其游记中大力赞赏了元代发达的陆上交通、精美的瓷器及物美价廉的丝绸。元朝统治者崇拜财神,在通过征讨方式获得财富的同时,也取消了一系列不利于商业发展的政策,通过鼓励商业经济发展获得财富。青花瓷器作为元朝手工艺品的巅峰代表,成为丝绸之路上的重要商品,并伴随着商人的驼队销往欧洲及非洲地区。总体看,元代丝绸之路尽管比较活跃,但商业的重要性已经不及宗教及文化交流活动。此外,西方逐渐掌握了丝绸、瓷器的生产技术,使中国丝绸及瓷器等代表性商品的贸易地位相对下降,加之海洋贸易兴起,使陆上丝绸之路贸易的重要性已无法与唐代相比。虽然元代推动了丝绸之路商贸活动的短期繁荣,但已无法超越以往的辉煌。

(六)明清及以后100年：深度衰落

元代末期,政治日趋腐败,百姓被沉重的苛捐杂税压迫,加之黄河泛滥及连年灾荒,民不聊生,最终引发了全国大规模的农民起义。1368年,朱元璋在群雄争霸中最终胜出,并建立明朝。明代初期,统治者逐一消灭地方割据势力,废除宰相制度,权分六部,同时设置内阁加以辅政,在文化上则大力弘扬程朱理学,与民休养生息,政治经济实力不断增强。明成祖永乐时期,造船技术领先世界,扬名史册的郑和下西洋活动进一步拓展了海上丝绸之路。郑和下西洋无论从船队的规模还是所载人数来讲,都远超同时期的其他国家。但明政府以天朝自居,政治缺乏远见及朝气,对外交往以弘扬国威的政治目的为主。随后的大航海时代由欧洲国家开辟,葡萄牙、西班牙、荷兰、英国等欧洲国家相继崛起,海洋贸易成为国际贸易的主角,海洋运输的重要性逐渐超过陆地运输。在此背景下,以中国为主角的丝绸之路,无论是陆上还是海上,贸易地位都显著降低,明朝丧失了拓展世界市场的宝贵机遇。

尽管发展势头远没有欧洲国家猛烈,中国经济在明代中期仍取得了一定发展,农业生产工具不断改进,小农经济发展已达到很高程度,白银货币化步伐逐步加快。越来越多劳动力在农业经济自给自足的情况下转入商品生产活动,以江南扬州、杭州为代表的大型商业城镇兴起,小商品经济迅速发展。在此背景下,国内经济发展所得税收完全可以满足统治者及国家大型建设的开支需要,使统治者进一步忽略了陆上及海上丝绸之路的对外商贸活动。到了明代嘉靖年间,统治集团内部出现腐化,西部的鞑靼经常南下挑起战火,东南沿海地区遭受倭寇的不断骚扰,明朝由盛转衰,内忧外患局面形成。为应对困局,明朝进一步选择了"闭关锁国"政策,生产力发展水平已显著落后于欧洲国家,中国商品的吸引力已远不如以前,使得丝绸之路贸易风光不再。

明朝末期,社会矛盾进一步激化。伴随着大范围的农民起义,清军于1644年入关。经过数十年的稳固发展,清朝逐渐消灭地方武装割据势力并统一全国。清承明制,清朝的封建专制体制更为严密,以小农经济为代表的自然经济占据绝对的主体地位。这一时期,西方国家逐渐走向资本主义,借助多年开辟的远洋航线不断加强与世界各地的对外贸易。清朝统治者采取了比前朝更为严格的闭关锁国政策,用以阻止西方殖民主义的侵入。此时,清朝政府在对待陆上丝绸之路贸易问题上,依旧采取"朝贡贸易"方式,这也是当时清政府唯一许可的合法贸易方式。尽管朝贡贸易能够满足清朝统治者对外宣扬国威的政治目的,但对陆上丝绸之路的发展却极为不利。清朝中期以后,中国的通商口岸仅有广州一处,并明令禁止外国商船北上进行贸易,并对外来商人的商业活动在时间及活动范围上作出严格限制。例如雍正二年,清政府命令所有来华商人暂住广州天主教堂，对其商业活动严加管束，这也直接造成了海上丝绸之路贸易的中断。到了清朝中后期，由于世界局势的发展及清朝周边时局的变动，清政府更是加大了闭关锁国的力度，陆上丝绸之路趋于消亡。

自鸦片战争至1949年中华人民共和国成立，中国处于内忧外患的战争年代，这一时期受战争影响，商旅贸易得不到安全保障。此时的中国已严重落后于世界，西方列强更多以战争的手段而非公平贸易的方式从中国掠夺财富。清末民国时期，丝绸之路已经成为历史遗迹。

专栏 1.1　丝绸之路发展中的标志性事件

1.张骞凿空西域，正式开辟丝绸之路

公元前138年，张骞奉汉武帝之命出使西域，欲与大月氏联合共击匈奴。此次出使虽然未能达到预期目标，但张骞却成就了"凿空"的探险，他成为对西域各国有全面了解的历史第一人。汉武帝凭借其敏锐的政治眼光于公元前119年再次派遣张骞出使西域，访问西域各国。此次出使西域，可以说是相当成功的一次外交活动。西域各国在见识到汉朝强大的国力后，纷纷派使者前往汉朝。自此，西域各国与汉朝开始了全面往来，西域各国的舞蹈艺术、农作物传入了中国内地，中国内地的铸铁、凿井等技术也传到了西域。张骞出使西域，最初出于军事目的，但其商路开通的影响远远大于军事目的，在此条商路开通以后形成了由敦煌至中亚的一条畅通的道路，即后来举世闻名的丝绸之路。张骞出使西域沟通了东西方的交流，打破了原有的封闭割据局面，使东西方开始了悠久漫长的商业往来，为后世发展作出了不可磨灭的贡献。

2.汉武帝平定匈奴，维护丝绸之路的安全稳定

历史上汉武帝反击匈奴的战役主要有3次。第一次在公元前127年，汉武帝派卫青、李息沿黄河北岸前进，对河套及以南的匈奴军进行了包围，收复河南地区。第二次在公元前121年,汉武帝派霍去病领兵出战,入匈奴境千余里,攻到祁连山,大破匈奴军。第三次在公元前119年,卫青和霍去病分东西两路深入漠北作战,匈奴主力全部被歼,力量大大削弱,西汉北部边界的危险至此彻底解除。汉武帝对匈奴的战争使汉王朝巩固了边防建设,促进了丝绸之路的畅通,为中国与中亚、西亚地区各国的友好往来奠定了扎实基础。

3.汉朝设立西域都护府,确保对丝绸之路的有效管理

公元前68年,匈奴发生内乱,日逐王先贤掸本应继承单于王位,但被人篡权并排挤,日逐王先贤掸于是率部投靠汉王朝。汉王朝为维护边境安全,出兵抗击匈奴,匈奴势力大受打击,至此退出西域。公元前60年,汉宣帝刘询设立西域都护府,负责管理西域三十六国的政治、经济、文化、军事,正式开始行使国家主权,在西域设官、驻军、推行政令,西域正式成为中国领土不可分割的一部分。西域都护府的设立,确保了商路的畅通,加强了东西方之间的交流,使得西域诸国由落后的生产方式向先进生产方式转变,提高了商品贸易量。值得一提的是,西域都护府的设立为日后历朝管理西域提供了良好的管理机制,保障了丝绸之路畅通。

4.班超经营西域,重新畅通丝绸之路

公元73年,汉明帝刘庄派遣窦固和耿忠率兵由酒泉向天山东麓进军,出击匈奴,班超被任命为假司马,随窦固出征,开始了漫长的军事生涯,这是班超投笔从戎的开端。在征战过程中,班超充分显示了他的聪明才智。在窦固派他去西域进行外交政治活动过程中,班超先后使西域诸国归顺汉朝,并平定了多地贵族的叛乱,恢复了东汉初以后被封闭多年的丝绸之路,使西域地区恢复了稳定,西域各族的安全重新得到了保障,也为"丝绸之路"的畅通提供了条件。公元95年,班超受封定远侯。班超前后在西域活动30余年,稳定了西域各国,保障了丝绸之路上的文化交流及商品贸易,同时为各国和平往来提供了有利条件。

5.鸠摩罗什东使长安,推动丝绸之路佛教的兴盛

丝绸之路上不仅有商品贸易及使臣往来,随之发展的还有宗教的宣传。不同的宗教思想在这条道路上大放异彩,印度教、摩尼教、犹太教、基督教等外来宗教思想传入中国,佛教也同样在原有基础上进行了宣扬,而对丝绸之路上的佛教传播有着不可忽视作用的便是鸠摩罗什。鸠摩罗什是东晋十六国时期的高僧,出生于西域龟兹国(今新疆库车)。东晋十六国时期战火连天,在鸠摩罗什的影响下,佛教成为众多人民心中的慰藉。丝绸之路上的3个重要地点——龟兹、武威和长安,是鸠摩罗什一生活动的主要地方。龟兹作为鸠摩罗什出生的地方,佛教受到了极大的尊崇。后凉也推崇佛教,并在武威修建罗什寺,使鸠摩罗什得以更好地开展译经、说法活动,罗什寺成为重要的佛教交流传播中心。公元401年,后凉被后秦攻克,此时已58岁的鸠摩罗什被以国师之礼迎入长安,鸠摩罗什在长安草堂寺招收弟子,进而形成长安僧团,极大地繁荣了佛教活动。在鸠摩罗什一生的努力下,佛教佛法深入人心,对后世丝绸之路宗教活动的兴盛产生了重大的影响。

6.唐朝设立安西都护府、北庭都护府,加强丝绸之路的政治保障

唐朝作为中国两千多年封建王朝的鼎盛时期,其政治开化、经济发展都达到了前所未有的高度。公元640年,唐太宗李世民平定突厥叛乱后,为了更好地管理边境,维护边防安定,解除少数民族对唐王朝的统治威胁,设立安西都护府。安西都护府设立后,边境贸易安全得到一定程度的保证。公元702年,武则天称帝时期,于庭州设立北庭都护府,与安西都护府分治天山南北。自此,丝绸之路商贸活动由唐朝政府全面监管,丝绸之路上的商队络绎不绝。可以说,两府的设立,使得丝绸之路商贸手续由繁化简,商贸秩序在有力的政治保障下井然有序,贸易的自由度与便利度大幅提升,同时也有效保护了西域各国赖以生存的农业经济基础,促进了沿线各国的经济发展与文化交流活动。

7.怛罗斯之战,使丝绸之路的发展陷入低迷

怛罗斯之战发生在唐玄宗时期,是唐朝与阿拉伯帝国在中亚地区发生的战争,对世界历史走向产生了重大影响。这场战争是当时最强大的东西两大帝国之间的碰撞,以阿拉伯帝国惨胜告终。战争结束后,接踵而至的安史之乱和藩镇割据导致唐朝无力经营西域,许多向唐朝称臣的中亚国家转向投奔阿拉伯帝国或吐蕃王朝,唐朝自此退出了对中亚霸权的争夺。外患加内忧,使唐朝的边境地区进入了长期动荡期,贸易安全得不到保障,交易秩序无法维持,丝绸之路商贸活动受挫。自此,丝绸之路由鼎盛期进入了低迷期。

8.蒙古帝国扩张,客观上消除了丝绸之路长期存在的民族隔阂

公元 12 世纪至 13 世纪,世界局势非常复杂,欧亚交通因为诸国纷争而长期受阻。此时的中国处于长期分裂的局面,南宋政权与蒙古、金朝、西夏等政权长期对峙,西北与西南还存在其他多个民族政权,这种格局对丝绸之路的畅通带来严重阻碍。进入 13 世纪后,蒙古帝国快速崛起,向东统一了中国,向西将势力拓展到了欧洲部分地区,使得蒙古帝国的版图横跨亚欧两大洲。尽管蒙古帝国的扩张因伴随血腥而饱受争议,但客观上也有一定的正面意义。随着蒙古帝国政局的不断稳定,民族政策趋于宽容,低税率政策及相对宽松的商业环境推动丝绸之路逐渐摆脱了长期停滞不前的局面。但随着蒙古帝国的衰落,欧洲海洋贸易的活跃,以及海上丝绸之路的重要性超过陆上丝绸贸易,此后行走在陆上丝绸之路的人们更多从事宗教及文化交流活动,古代陆上丝绸之路逐渐走向衰落。

资料来源:作者依据公开资料整理。

二、影响丝绸之路兴衰的主要因素

2 000 多年来,陆上丝绸之路兴衰更替,有起有落,总体呈现出"兴起—鼎盛—衰落"的轨迹,其中的影响因素主要有政治稳定程度、对外政策导向、商品需求程度及交通工具地位等。

（一）政治稳定程度

稳定的政治是丝绸之路兴盛的前提条件。丝绸之路兴盛的时期基本是中国政治稳定的时期,汉代、隋代、唐代及元代的中国都具有稳定的政局及强大的国力。而丝绸之路衰退的时期基本是中国政局不稳的时期,魏晋南北朝、五代总体呈现政局动荡、国力衰退的特点。

回顾丝绸之路兴盛史,正是在汉代"文景之治"的基础上,汉武帝时代政治稳定,国家富强,才使张骞有条件出使西域开通丝绸之路,并推动了丝绸之路在汉代的兴起。隋朝统一中国后,政治稳定,经济蓬勃发展,对西域的控制得到加强,使丝绸之路贸易呈现繁荣状态,并为唐朝丝绸之路的发展奠定了良好基础。裴矩所著的《西域图记序》清楚记载了丝绸之路上繁荣的贸易情况,途经地区已到达印度、波斯、东罗马等。唐朝是中国政治影响力最大的古代王朝,稳定的政治加强了各民族之间的融合。唐朝版图辽阔,葱岭以西、天山以北大片地区被直接掌控,安西都护府、北庭都护府的设立确保了丝绸之路诸多驿站的安全,中西贸易往来的政治障碍基本被消除。随着元朝向西征战不断取得战果,中国处于政治强盛的大一统时代,对西亚及中亚大片领土的直接统治确保了陆上丝绸之路的贯通与安全稳定,东西之间的贸易往来及旅行家、使臣之间的相互交往十分频繁,其中最有历史影响力的使者是马可·波罗。

回顾丝绸之路衰落史,在中国朝代更替及国家陷入分裂的时期,丝绸之路因得不到政治保障而总体呈现萧条的局面。尽管汉代丝绸之路总体发展良好,但因正处于西汉与东汉的政权交替期,也因为政局动荡而影响了丝绸之路的发展。在魏晋南北朝时期,动荡的政治局面对丝绸之路发展带来了严重的消极影响。"安史之乱"后的唐朝政局出现严重动荡,西域完全被吐蕃所控制,河西的汉族人陷入被压迫境地,进而与西方的贸易往来淡化,使鼎盛发展的丝绸之路逐渐陷于沉沦。唐朝灭亡后,中国处于五代时期,政治大分裂成为显著特点,丝绸之路沿线城镇缺乏稳定的政治保障,失去了整体繁荣的景象。宋朝是中国历史上比较特殊的朝代,内部经济发展良好,但周边局势长期不稳,尤其是与辽、金、西夏等民族政权处于敌对关系,进而妨碍了中西之间的贸易交往,陆上丝绸之路也呈萧条局面。

(二)对外政策导向

丝绸之路由众多国家组成,国家对外政策导向对丝绸之路的兴衰有直接影响。丝绸之路的历史演变,证明了对外开放政策是丝绸之路兴盛的基础条件,而闭关自守的政策势必导致丝绸之路的衰落。再进一步讲,对外开放政策是推动中国古代社会进步的动力,而闭关锁国只能给国家和民族带来落后与屈辱。

回顾丝绸之路兴盛史,汉代在张骞出使西域之后,注重实施开放政策,不断派使者出访国外,商人也随之接踵西行,促进了中西方的文化交流,加强了同中亚、西亚甚至欧洲地区的商贸关系。隋唐时期,尤其是唐代,中国的对外政策更加开放与包容,并逐步成为东方经济社会中心,对外经济文化交流的空间范围不断向四周扩大,各国使者及商人更是被允许长期居留中国,很多城市都具备了国际都市的风貌,比如长安、洛阳、凉州等。唐朝开放文明的都市文化深深吸引着西方人,西域诸国多次派遣使者、学生随使团前往唐朝交流学习,形成了文化传播的良好风气,也极大地促进了东西方文化交流。尤其是宗教文化,佛教、摩尼教和伊斯兰教等都是通过丝绸之路传播至中国,并在历代文化使者们的努力下发展壮大,为中国古代思想文化注入了新鲜血液。在文化的交融中,中原人民与丝绸之路沿线各国人民的相互认同度大大提高。唐代用开放的态度对待丝绸之路,采取自由的贸易政策,使得丝绸之路达到了历史最为鼎盛的时期。蒙元帝国版图辽阔,控制了欧亚大陆的广大地区,使得以往的对外贸易更多地变成了国内贸易。在元朝政府注重实施对外贸易政策的推动下，大都成为了闻名世界的商业大都市，丝绸之路也得到了一定程度的中兴。

回顾丝绸之路衰落史，陆上丝绸之路由盛转衰除了海洋贸易兴起等因素外，也与明清时期的闭关锁国政策有着密不可分的关系。在明代，自郑和下西洋活动结束后，受各种因素影响，明政府对外交往的政策由开放走向封闭，对外贸易受到严格限制，丝绸之路不断衰落。清朝政府进一步延续明朝后期的闭关锁国政策，既禁止国人出海贸易，也限制外商来华贸易，对外贸易在整个经济中的份额极小，丝绸之路深度衰落并逐渐成为历史遗迹。

（三）商品需求程度

丝绸之路的繁荣从根本上讲要依靠商品交换。国家相互之间的商品需求程度是影响丝绸之路兴衰的核心因素。通过考察丝绸之路的主要商品种类可以看出，当中国拥有技术领先的商品时，国外对中国商品有着巨大需求，也推动了丝绸之路的兴盛。而当中国丧失了技术优势，主要商品缺乏核心竞争力时，丝绸之路就陷入了衰落。

回顾丝绸之路兴盛史，以丝绸制品为代表的交易活动成为丝绸之路形成和兴盛的重要推动力。在唐朝及以前的漫长历史中，中国丝绸一路向西，到达中东及欧洲各地，雄踞中国对外贸易商品的霸主地位。甚至在相当长的历史时期内，丝绸的价值在欧洲需要用等量黄金来衡量。究其原因，一方面是中国丝绸制品精美绝伦，对西方各国有着强大的吸引力；另一方面则是中国长期垄断丝绸生产技术，使中国丝绸制品具有强大的国际竞争力。古代中国因此被希腊、罗马称为"丝国"（Seres）。中国在丝绸之路兴盛时期对外输出的另一个代表商品是瓷器。瓷器的生产技术复杂，而且需要独特的原料高岭土，国外在很长时期内无法仿制，也使"瓷器"的英文名"China"成为中国的英文名。由此可见，中国拥有先进的产品和技术，是推动丝绸之路兴盛的核心动力。

回顾丝绸之路衰落史，自宋代以后，中国瓷器进一步发展，但主要贸易路线已经由陆上转向海洋。中国蚕桑生产技术在 10—11 世纪已传入欧洲，并推动了当地桑蚕产业的发展。在漫长的交易及仿制活动中,中国丝绸、瓷器、茶叶等代表性商品的生产技术逐步被外国掌握,大量以前必须从中国进口的商品实现了大规模的本土化生产,从而降低了对中国商品的需求程度。以中国为主的国际贸易在世界贸易体系中的地位日益下降。到明清时期,中国商品及生产技术已经落后于世界先进水平,国际贸易的主要商品由欧洲国家主导,世界贸易中心也彻底转向欧洲,丝绸之路的深度衰落不可避免。

(四)交通工具变化

对外贸易需要使用各种交通工具来实现进出口货物的跨国界转移。交通工具在不同时代的发展程度,对当时国际贸易格局的形成和演变有着重要影响。考察丝绸之路不同时代的交通工具特点可以发现,船舶取代畜力而成为国际贸易的主要交通工具,是陆上丝绸之路由盛转衰的重要原因。

回顾丝绸之路兴盛史,陆上丝绸之路的兴起与兴盛是与当时落后的交通条件相匹配的。欧亚大陆是古代世界文明的主要地区,马和骆驼是当时承担货物运输的主要交通工具,因而对外贸易是由陆上贸易开始的。连接欧亚的地区沙漠广布,骆驼因耐渴而被誉为沙漠之舟,并成为丝绸之路交通工具的象征。

回顾丝绸之路衰落史,丝绸之路从巅峰走向衰落之时,也恰是船舶和航海技术大发展之时。技术更先进的海洋运输,使骆驼等交通工具逐渐失去其优势。从宋代开始,海洋运输的重要性逐渐超越陆上运输,加之政局变化等因素影响,海上丝绸之路逐渐取代了陆上丝绸之路的主角地位。14世纪后期,西欧各航海国家不断发展壮大,具有代表性的国家主要有葡萄牙、西班牙、荷兰、英国等,它们不满足既有的领土范围,寻求在全球各地开辟殖民地,进而开辟了连接全球各地、密集的新海上贸易路线,尤其是西欧到美洲、西欧到亚洲的海路形成并不断繁荣,致使之前的丝绸之路贸易大受影响,进而降低了对陆上丝绸之路贸易的依赖性,陆上丝绸之路的沉沦不可避免。

第三节　丝绸之路经济带倡议的提出

2013 年 9 月 7 日,习近平主席在哈萨克斯坦访问期间倡议亚欧国家用创新的合作模式,共同建设"丝绸之路经济带"。这使得古老的丝绸之路在新的时代背景下焕发出勃勃生机,为沿线开展国际经济合作提供了新平台。

一、建设背景

古丝绸之路作为东西方商贸往来和文明交流的大通道,它在长期发展过程中形成的"和平合作、开放包容、互学互鉴、互利共赢"的丝路精神,至今仍对亚欧国家开展合作具有深刻影响。近年来,受美国金融危机和欧洲债务危机等因素的影响,世界经济复苏乏力,中国经济增长也存在下行压力,相关大国围绕丝绸之路沿线区域的战略竞争日趋激烈。中国作为古丝绸之路的起点和主要国家,在与亚欧国家合作日益密切的背景下,有必要通过共建丝绸之路经济带的形式进一步加强国际经济合作,这成为建设丝绸之路经济带的背景。[①]

(一)古丝绸之路影响深远

通过丝绸之路,中国与中亚、西亚、南亚、欧洲、北非等地区建立起密切的商贸联系,促进了东西方文化交流和生产力发展。在商贸往来方面,从公元前 126 年张骞凿空西域到陆上丝绸之路衰落前,中国的丝绸、瓷器、茶叶等商品通过陆上丝绸之路源源不断地输往西方,西方的皮毛制品、珠宝、香料、核桃、胡萝卜等物产输入中国,丰富了亚欧国家的物质文化生活。在文化交流方面,丝绸之路连通了古中国文明、古罗马文明、古伊斯兰文明和古印度文明等世界主要文明体系,西方的佛教、伊斯兰教、景教等宗教思想传入中国,中国的汉文化传到西方,推动了人类文明的交流融合。在生产力发展方面,中国的造纸术、雕版印刷

---

① 白永秀,王颂吉.丝绸之路经济带的纵深背景与地缘战略[J].改革,2014(3):64-67.

术等伟大发明传到西方,西方的天文历法、建筑工艺、制糖法、酿酒术等技艺输入中国,推动了沿途各国的经济社会发展和生产力水平的提高。尽管陆上丝绸之路在明清时期逐渐衰落,但它作为亚欧大陆文明交流的典范,对当代亚欧国家的经贸合作仍有深刻影响。鉴于此,在推动中华民族伟大复兴、实现"中国梦"的时代背景下,建设丝绸之路经济带就具有重要意义。

(二)大国丝绸之路战略竞争激烈

由于丝绸之路沿线地区具有重要的区位优势、丰富的自然资源和广阔的发展前景,相关大国近年来纷纷提出了针对这一区域的战略构想,影响较大的有日本的"丝绸之路外交战略"、俄印等国的"北南走廊计划"、欧盟的"新丝绸之路计划"和美国的"新丝绸之路战略"(表1.1)。

表 1.1　相关大国提出的丝绸之路战略

提出国家	战略名称	提出时间	主要内容
日本	丝绸之路外交战略	1997 年	把中亚及南高加索八国称为"丝绸之路地区",加强政治经济合作
俄罗斯、印度、伊朗	北南走廊计划	2002 年	修建从印度经伊朗、高加索、俄罗斯直达欧洲的国际运输通道
欧盟	新丝绸之路计划	2009 年	修建纳布卡天然气管线,加强与中亚及周边国家的全方位联系
美国	新丝绸之路战略	2011 年	建立美国主导的以阿富汗为中心的"中亚—阿富汗—南亚"经济体

资料来源:笔者依据公开资料整理。

日本的"丝绸之路外交战略"。1997 年,日本桥本龙太郎内阁开始重视与中亚及其周边国家的交往,把中亚及南高加索八国[①]称为"丝绸之路地区",提

---

① 中亚及南高加索八国是指哈萨克斯坦、土库曼斯坦、乌兹别克斯坦、吉尔吉斯斯坦、塔吉克斯坦、格鲁吉亚、亚美尼亚、阿塞拜疆。

出了"丝绸之路外交战略"。日本实施"丝绸之路外交战略"，一方面是为了加强日本与中亚国家的经济合作，提升中亚各国的经济发展速度和国际化水平；另一方面是为了增强日本在这一地区的政治和经济影响力，开发该区域丰富的油气资源，保障日本的能源供应安全。在此之后，日本对"丝绸之路地区"提供了大量政府开发援助，促进了相关国家的铁路、公路、电力等基础设施建设，加快了该区域的经济发展进程。自 2004 年开始，日本推动设立了"中亚＋日本"外长定期会晤机制。通过这一机制，日本与中亚国家的联系得以加强。

俄印等国的"北南走廊计划"。2002 年，俄罗斯、印度和伊朗三国共同发起了"北南走廊计划"，提出修建从印度经伊朗、高加索、俄罗斯直达欧洲的国际运输通道，该运输通道包括铁路、公路、海运等多种形式，可以降低沿途国家尤其是印度通往欧洲的货运成本，提高相关各国商品的国际竞争力。俄罗斯作为北南走廊计划的主导国家，意欲通过修建北南走廊，抗衡西方国家主张的绕开俄罗斯的东西"欧亚经济走廊"，保持俄罗斯在这一区域的传统影响力。该计划提出后，中国和中亚国家也对此表现出较大兴趣。但由于相关国家的政治分歧和资金短缺问题，"北南走廊计划"中的铁路和公路项目进展缓慢，甚至一度被搁置。此后，在 2012 年 1 月召开的"北南走廊"14 国专家会议上，印度表示可以承担伊朗境内的铁路与公路建设①，该计划有向前推进之势。

欧盟的"新丝绸之路计划"。为降低对俄罗斯油气资源的依赖，欧盟于 2009 年提出了"新丝绸之路计划"，即通过修建"纳布卡天然气管线"这一能源运输南部走廊，加强与中亚及周边国家在能源、商贸、人员、信息等方面的联系。"纳布卡天然气管线"全长 3 300 千米，从中亚里海地区经土耳其、保加利亚、罗马尼亚、匈牙利延伸至奥地利，并把中东地区作为潜在的天然气来源区域。通过实施"新丝绸之路计划"，欧盟一方面可以加强与中亚国家的油气资源合作，保障欧盟能源供应安全；另一方面可以拓展欧盟与中亚及其周边国家的全方位

---

① 何茂春,张冀兵.新丝绸之路经济带的国家战略分析——中国的历史机遇、潜在挑战与应对策略[J].人民论坛·学术前沿,2013(23):9.

合作,增强欧盟在中亚地区的影响力。

美国的"新丝绸之路战略"。2007 年,美国学者弗雷德里克·斯塔尔(Frederik Starr)在他主编的《新丝绸之路:大中亚的交通和贸易》一书中,提出了"新丝绸之路"构想,主张通过加强交通联系建设"大中亚"经济圈。以这一构想为基础,时任美国国务卿希拉里于 2011 年 7 月提出了"新丝绸之路战略",力图在美国主导下,依托阿富汗连接中亚和南亚的区位优势,形成以阿富汗为中心的"中亚—阿富汗—南亚"交通运输与经济合作网络,促进这一区域的能源南下和商品北上。此后,美国将其中亚、南亚政策统一命名为"新丝绸之路战略",并积极向它的盟友推介这一战略①。美国实施"新丝绸之路战略",一是可以推动阿富汗融入区域经济一体化进程,促进阿富汗的经济发展,减轻美国的战略负担;二是可以提升印度的发展空间,加快印度经济崛起,使印度在地区和国际层面发挥更大作用;三是可以加强美国与中亚国家的经贸合作,开发中亚地区丰富的油气等矿产资源。由此可见,美国"新丝绸之路战略"的实施,可以削弱中国和俄罗斯等大国在中亚和南亚的影响力,建立美国在该地区主导的新秩序。

此外,伊朗于 2011 年提出了"铁路丝绸之路"计划,力图将伊朗境内的铁路经阿富汗、塔吉克斯坦、吉尔吉斯斯坦与中国铁路连通。哈萨克斯坦于 2012 年开始实施"新丝绸之路"项目,积极完善交通基础设施。在区域经济联系不断加强、大国丝路战略竞争日趋激烈的背景下,中国作为古丝绸之路的起点和主要国家,有必要为丝绸之路经济带建设发挥更大作用。

(三)亚欧国家合作日益密切

近年来,随着区域经济一体化和经济全球化进程的加快,中国与丝绸之路沿线国家的经贸往来和区域合作不断加强,亚欧非国家共建丝绸之路经济带其时已到、其势已成。进入 21 世纪以来,在第二条亚欧大陆桥正常运营的基础

---

① 赵华胜.美国新丝绸之路战略探析[J].新疆师范大学学报(哲学社会科学版),2012(6):15-23.

上，中哈第二条过境铁路投入使用，丝绸之路复兴项目、中国西部—欧洲西部公路建设加快推进，中国与丝绸之路沿线国家的交通联系日益紧密，古老的丝绸之路焕发出勃勃生机。在增进交通联系的同时，丝绸之路沿线国家的区域合作也不断加强。2001年6月15日，中国、俄罗斯、哈萨克斯坦、乌兹别克斯坦、吉尔吉斯斯坦、塔吉克斯坦在"上海五国"机制的基础上成立了上海合作组织，致力于加强成员国之间的全方位合作。在此之后，印度、伊朗、巴基斯坦、阿富汗、蒙古5国成为上海合作组织的观察员国，土耳其、斯里兰卡和白俄罗斯3国成为对话伙伴国。此外，该地区还建立了以俄罗斯、白俄罗斯、哈萨克斯坦、吉尔吉斯斯坦和塔吉克斯坦5国为成员国，以亚美尼亚、乌克兰、摩尔多瓦3国为观察员国的欧亚经济共同体。上海合作组织和欧亚经济共同体的成员国、观察员国、对话伙伴国大多位于古丝绸之路沿线，以这两个组织为基础推进区域经济合作，可以密切亚欧非国家的经济联系，进一步提升发展空间。

中亚地处连通中国与欧洲的枢纽位置，无论是从地理、历史还是当前合作关系来看，中国与中亚五国都有紧密联系，这为丝绸之路经济带建设提供了重要保障。一是在地理联系方面，中国与哈萨克斯坦、吉尔吉斯斯坦、塔吉克斯坦山水相连，共同享有长达3300千米的边界线，交通基础设施日益完善，并已开辟霍尔果斯国际边境合作中心，这是中国与中亚国家经济合作的地利之便。二是在历史联系方面，中亚作为古丝绸之路的枢纽和重要区间，中国历代都与中亚地区有着密切交流，各民族在这一区域共同创造了辉煌灿烂的古代文明，这是中国与中亚国家开展经济合作的历史基础。三是在当前合作方面，西部大开发战略的实施加强了中国西部与中亚国家的全方位联系。近年来中国把中亚作为外交优先方向，通过双边和上海合作组织框架在经贸往来、能源合作、交通建设、打击"三股势力"等方面开展深入合作，中国已成为中亚各国最重要的贸易伙伴或投资来源国，这是开展丝绸之路经济带建设的现实基础。此外，中亚及其周边国家具有丰富的自然资源、良好的经济基础和充足的国外投资，经济增长潜力巨大。在中国与丝绸之路沿线国家合作日益密切的背景下，通过共建丝绸之路经济带的形式,可以促进亚欧非国家的经济社会发展,推动区域经济一体化。

专栏1.2 中国改革开放40年的成就

1978年,在邓小平先生倡导下,以中共十一届三中全会为标志,中国开启了改革开放历史征程。从农村到城市,从试点到推广,从经济体制改革到全面深化改革,40年众志成城,40年砥砺奋进,40年春风化雨,中国人民用双手书写了国家和民族发展的壮丽史诗。

——40年来,中国人民始终艰苦奋斗、顽强拼搏,极大解放和发展了中国社会生产力。天道酬勤,春华秋实。中国人民坚持聚精会神搞建设、坚持改革开放不动摇,持之以恒,锲而不舍,推动中国发生了翻天覆地的变化。今天,中国已经成为世界第二大经济体、第一大工业国、第一大货物贸易国、第一大外汇储备国。40年来,按照可比价格计算,中国国内生产总值年均增长约9.5%;以美元计算,中国对外贸易额年均增长14.5%。中国人民生活从短缺走向充裕、从贫困走向小康,现行联合国标准下的7亿多贫困人口成功脱贫,占同期全球减贫人口总数70%以上。

——40年来,中国人民始终上下求索、锐意进取,开辟了中国特色社会主义道路。中国人民坚持立足国情、放眼世界,既强调独立自主、自力更生又注重对外开放、合作共赢,既坚持社会主义制度又坚持社会主义市场经济改革方向,既"摸着石头过河"又加强顶层设计,不断研究新情况、解决新问题、总结新经验,成功开辟出一条中国特色社会主义道路。中国人民的成功实践昭示世人,通向现代化的道路不止一条,只要找准正确方向、驰而不息,条条大路通罗马。

——40年来,中国人民始终与时俱进、一往无前,充分显示了中国力量。中国人民坚持解放思想、实事求是,实现解放思想和改革开放相互激荡、观念创新和实践探索相互促进，充分显示了思想引领的强大力量。中国人民勇于自我革命、自我革新，不断完善中国特色社会主义制度，不断革除阻碍发展的各方面体制机制弊端，充分显示了制度保障的强大力量。中国人民敢闯敢试、敢为人先，积极性、主动性、创造性空前高涨，充分显示了 13 亿多人民作为国家主人和真正英雄推动历史前进的强大力量。

——40 年来，中国人民始终敞开胸襟、拥抱世界，积极作出了中国贡献。改革开放是中国和世界共同发展进步的伟大历程。中国人民坚持对外开放基本国策，打开国门搞建设，成功实现从封闭半封闭到全方位开放的伟大转折。中国在对外开放中展现大国担当，从引进来到走出去，从加入世界贸易组织到共建"一带一路"，为应对亚洲金融危机和国际金融危机作出重大贡献，连续多年对世界经济增长贡献率超过 30%，成为世界经济增长的主要稳定器和动力源，促进了人类和平与发展的崇高事业。

今天，中国人民完全可以自豪地说，改革开放这场中国的第二次革命，不仅深刻改变了中国，也深刻影响了世界！

资料来源：习近平.开放共创繁荣 创新引领未来——在博鳌亚洲论坛 2018 年年会开幕式上的主旨演讲[N].人民日报,2018-04-11(03).

二、倡议提出

2013 年 9 月 7 日，习近平主席在哈萨克斯坦访问期间倡议亚欧国家用创新的合作模式，共同建设"丝绸之路经济带"。这一倡议同"21 世纪海上丝绸之路"一起，构成了统领中国构建全面开放新格局的"一带一路"倡议；"一带一路"倡议同时也是应对全球和平赤字、发展赤字、治理赤字，进而引领互利共赢的新型全球化和构建人类命运共同体的中国方案。

建设丝绸之路经济带的倡议提出之后,逐步从理念转化为行动。2013 年 11 月,党的十八届三中全会通过的《中共中央关于全面深化改革若干重大问题的决定》明确指出,"推进丝绸之路经济带、海上丝绸之路建设,形成全方位开放新格局"。经过一年多的理念设计和规划编制工作,国家发展改革委、外交部、商务部于 2015 年 3 月 28 日联合发布了《推动共建丝绸之路经济带和 21 世纪海上丝绸之路的愿景与行动》,标志着建设丝绸之路经济带正式进入务实合作阶段。2016 年 8 月 17 日,习近平总书记出席推进"一带一路"建设工作座谈会并发表重要讲话,认为"一带一路"建设进度和成果超出预期,要求继续把"一带一路"建设推向前进。2017 年 5 月 14 日至 15 日,"一带一路"国际合作高峰论坛在北京召开,包括 29 位外国元首和政府首脑在内的来自 130 多个国家和 70 多个国际组织约 1 500 名代表出席会议①,围绕共同推进"一带一路"建设达成广泛共识。2017 年 10 月 18 日,习近平总书记在党的十九大报告中强调,"要以'一带一路'建设为重点……形成陆海内外联动、东西双向互济的开放格局"②。

习近平主席 2013 年提出"一带一路"倡议之后,多次在重要外事活动和国内重要会议上围绕"一带一路"相关问题进行论述,为推进"一带一路"建设指明了方向。表 1.2 汇总了习近平主席 2013 年 9 月到 2018 年 9 月有关"一带一路"的历次重要活动,这些重要活动中的论述,向全世界传达了中国同相关国家共建"一带一路"的诚意,阐释了"一带一路"建设涉及的政策沟通、设施联通、贸易畅通、资金融通、民心相通等主要领域,明确了"一带一路"建设过程中遵循的共商、共建、共享原则和建设步骤。③

---

① 朱竞若,杜尚泽,裴广江.习近平出席"一带一路"国际合作高峰论坛开幕式并发表主旨演讲[N].人民日报,2017-05-15(01).

② 习近平.决胜全面建成小康社会 夺取新时代中国特色社会主义伟大胜利——在中国共产党第十九次全国代表大会上的报告[M].北京:人民出版社,2017:34-35.

③ 王颂吉,何昊."一带一路"经济学的理论渊源与研究框架[J].兰州大学学报(社会科学版),2017(3):9-10.

表 1.2 习近平主席论述"一带一路"的重要活动

年 份	日 期	演讲或讲话
2013 年	9 月 7 日	哈萨克斯坦纳扎尔巴耶夫大学演讲,倡议共建"丝绸之路经济带"
	10 月 3 日	印度尼西亚国会演讲,倡议共建"21 世纪海上丝绸之路"
2014 年	4 月 1 日	比利时布鲁日欧洲学院演讲
	5 月 15 日	中国国际友好大会暨中国人民对外友好协会成立 60 周年纪念活动讲话
	5 月 21 日	亚洲相互协作与信任措施会议第四次峰会讲话
	6 月 5 日	中阿合作论坛第六届部长级会议开幕式讲话
	8 月 22 日	蒙古国国家大呼拉尔演讲
	9 月 12 日	上海合作组织成员国元首理事会第十四次会议讲话
	9 月 18 日	印度世界事务委员会演讲
	10 月 29 日	会见博鳌亚洲论坛理事会工作会议代表的讲话
	11 月 8 日	"加强互联互通伙伴关系"对话会讲话
	11 月 9 日	亚太经合组织工商领导人峰会开幕式演讲
	11 月 15 日	二十国集团领导人第九次峰会第一阶段会议发言
	11 月 17 日	澳大利亚联邦议会演讲
	12 月 5 日	中共中央政治局第十九次集体学习的讲话
2015 年	2 月 10 日	中央财经领导小组第九次会议上的讲话
	3 月 28 日	博鳌亚洲论坛主旨演讲
	4 月 21 日	巴基斯坦议会演讲
	5 月 7 日	访问哈萨克斯坦的讲话
	5 月 22 日	亚非领导人会议讲话
	6 月 29 日	会见出席《亚洲基础设施投资银行协定》签署仪式的各国代表团团长的讲话
	9 月 4 日	会见缅甸总统登盛的讲话
	10 月 15 日	会见出席亚洲政党丝绸之路专题会议的外方主要代表的讲话

续表

年　份	日　期	演讲或讲话
2015 年	10 月 21 日	中英工商峰会致辞
	11 月 6 日	越南国会演讲
	11 月 7 日	新加坡国立大学演讲
	11 月 18 日	亚太经合组织工商领导人峰会主旨演讲
	11 月 25 日	同波兰总统杜达会谈的讲话
	12 月 23 日	会见来京述职的澳门特别行政区行政长官崔世安的讲话
2016 年	1 月 16 日	亚洲基础设施投资银行开业仪式致辞
	1 月 21 日	阿拉伯国家联盟总部演讲
	1 月 23 日	同伊朗总统鲁哈尼会谈的讲话
	3 月 29 日	同捷克总统泽曼会谈的讲话
	4 月 8 日	同瑞士联邦主席施奈德-阿曼会谈的讲话
	4 月 29 日	中共中央政治局第三十一次集体学习的讲话
	5 月 12 日	致中国—阿拉伯国家合作论坛第七届部长级会议贺信
	6 月 20 日	丝路国际论坛暨中波地方与经贸合作论坛开幕式讲话
	6 月 22 日	乌兹别克斯坦最高会议立法院演讲
	7 月 26 日	致 2016"一带一路"媒体合作论坛贺信
	8 月 17 日	推进"一带一路"建设工作座谈会的讲话
	8 月 31 日	会见沙特王储继承人穆罕默德的讲话
	9 月 2 日	同哈萨克斯坦总统纳扎尔巴耶夫会谈的讲话
	10 月 8 日	会见葡萄牙总理科斯塔的讲话
	10 月 14 日	对孟加拉人民共和国进行国事访问的讲话
	11 月 16 日	会见意大利总理伦齐的讲话

续表

年　份	日　期	演讲或讲话
2017 年	1 月 17 日	世界经济论坛 2017 年年会开幕式主旨演讲
	1 月 18 日	联合国日内瓦总部演讲
	2 月 22 日	会见意大利总统马塔雷拉的讲话
	3 月 16 日	同沙特国王萨勒曼举行会谈时的讲话
	3 月 21 日	会见以色列总理内塔尼亚胡的讲话
	3 月 27 日	同密克罗尼西亚联邦总统克里斯琴举行会谈的讲话
	3 月 27 日	同马达加斯加总统埃里举行会谈的讲话
	3 月 27 日	会见尼泊尔总理普拉昌达的讲话
	3 月 30 日	同塞尔维亚总统尼科利奇举行会谈的讲话
	4 月 3 日	在芬兰媒体发表的署名文章
	5 月 4 日	会见丹麦首相拉斯穆森的讲话
	5 月 14 日	在"一带一路"国际合作高峰论坛开幕式上的演讲
	6 月 14 日	会见卢森堡首相贝泰尔的讲话
	7 月 4 日	同俄罗斯总统普京举行会谈的讲话
	7 月 4 日	会见德国总理默克尔的讲话
	7 月 18 日	同巴勒斯坦国总统阿巴斯举行会谈的讲话
	9 月 6 日	致 2017 中国—阿拉伯国家博览会的贺信
	11 月 21 日	致首届丝绸之路沿线民间组织合作网络论坛的贺信
	11 月 23 日	同吉布提总统盖莱举行会谈的讲话
	12 月 5 日	会见加拿大总理特鲁多的讲话
	12 月 7 日	同马尔代夫总统亚明举行会谈的讲话
2018 年	1 月 8 日	会见法国总统马克龙的讲话
	2 月 1 日	会见英国首相特雷莎·梅的讲话
	2 月 7 日	会见荷兰国王威廉·亚历山大的讲话

续表

年　份	日　期	演讲或讲话
2018 年	2 月 8 日	致越共中央总书记阮富仲的新年贺信
	3 月 1 日	同汤加国王图普六世举行会谈的讲话
	4 月 10 日	博鳌亚洲论坛 2018 年年会开幕式的主旨演讲
	6 月 10 日	上海合作组织成员国元首理事会第十八次会议的讲话
	7 月 10 日	中阿合作论坛第八届部长级会议开幕式的讲话
	7 月 25 日	金砖国家工商论坛的讲话
	8 月 27 日	在推进"一带一路"建设工作 5 周年座谈会的讲话
	9 月 3 日	2018 年中非合作论坛北京峰会开幕式的主旨讲话

资料来源:作者依据公开报道整理。

　　包括丝绸之路经济带在内的"一带一路"倡议提出以来,取得了丰硕成果。近五年来,中国积极同沿线国家协调政策、对接规划,目前已经同俄罗斯提出的欧亚经济联盟、哈萨克斯坦提出的"光明之路"、蒙古提出的"发展之路"、越南提出的"两廊一圈"、东盟提出的互联互通总体规划、波兰提出的"琥珀之路"、英国提出的"英格兰北方经济中心"等政策规划实现了对接。截至 2018 年 4 月,已有 80 多个国家和国际组织同中国签署了合作协议[1]。在此基础上,中国同 30 多个沿线国家开展了机制化的产能合作,在沿线 24 个国家推进建设了 75 个境外经贸合作区,中国企业对沿线国家投资累计超过 500 亿美元、创造了近 20 万个就业岗位[2],促进了沿线国家和地区的经济社会发展。

[1]　习近平.开放共创繁荣　创新引领未来——在博鳌亚洲论坛 2018 年年会开幕式上的主旨演讲[N].人民日报,2018-04-11(03).

[2]　王毅.在 2017 年国际形势与中国外交研讨会开幕式上的演讲[EB/OL].外交部网站,2017-12-09.

第二章

2

谱写新篇章：
从战略定位到重点任务

西方国家主导的经济全球化在创造巨大物质财富和推动人类文明进步的同时,也伴生出一系列问题,经济全球化的负面效应日益显现。当前,增长动能不足、治理体系滞后、发展失衡成为困扰世界经济发展的突出矛盾①,"一国独霸"或"几方共治"都不符合国际关系民主化发展的潮流。鉴于此,亟须以新型全球化改革传统的经济全球化模式,构建互利共赢的新型国际分工合作关系。

进入 21 世纪以来,以中国为代表的新兴经济体深度融入世界经济,不仅改变了全球经济发展的整体面貌,而且对推动形成新型国际分工合作关系产生了积极影响。经过 40 年的改革开放,中国跃升为世界第二大经济体,同世界经济实现了联动发展。2007 年国际金融危机爆发以来,中国对世界经济增长的贡献率年均保持在 30% 以上,新兴市场国家和发展中国家对全球经济增长的贡献率目前已达到 80%①。国际经济力量对比发生了明显变化,但全球治理体系和经贸规则仍由少数发达国家主导,这无助于解决世界经济发展失衡问题。为此,中国主张改革全球治理体系,构建更加平等、和谐的新型国际关系,丝绸之路经济带倡议正是在这一背景下提出。

包括丝绸之路经济带在内的"一带一路"倡议,是推进新型全球化、构建互利共赢的新型国际分工合作关系的重要载体。传承"和平合作、开放包容、互学互鉴、互利共赢"的丝绸之路精神,丝绸之路经济带建设坚持共商、共建、共享原则,致力于通过互联互通打造开放、包容、均衡、普惠的经济合作架构。五年来的建设实践表明,建设丝绸之路经济带有助于更好发挥经济全球化的好处,推进更为开放、包容、普惠、平衡、共赢的新型经济全球化②。尽管建设过程中的矛盾和风险难以避免,但在各方平等协商、兼顾各方利益、发挥各方优势的基础上,丝绸之路经济带沿线的经济增长动力将更为强劲、治理机制将更为民主、发

---

① 习近平.共同构建人类命运共同体——在联合国日内瓦总部的演讲[N].人民日报,2017-01-20(2).
② 习近平.共担时代责任,共促全球发展——在世界经济论坛 2017 年年会开幕式上的主旨演讲[N].人民日报,2017-01-18(03).

展水平将更为均衡,沿线国家逐步结为利益共同体、命运共同体和责任共同体,推动形成以"互利共赢"为核心理念的新型国际分工合作关系。[①]

5 年来,包括丝绸之路经济带在内的"一带一路"建设成果丰硕。中国在同诸多亚欧非国家的联合声明中,明确提出共同推进"一带一路"建设,这些国家包括东南亚的缅甸、老挝、柬埔寨、菲律宾、越南等国,南亚的孟加拉国、斯里兰卡、尼泊尔等国,欧洲的俄罗斯、白俄罗斯、德国、波兰、捷克、瑞士等国,中亚的哈萨克斯坦、乌兹别克斯坦、吉尔吉斯斯坦等国,西亚的沙特阿拉伯、阿富汗、伊朗等国,非洲的埃及、摩洛哥、莫桑比克等国。2016 年 9 月,国家发改委公布了第一个"一带一路"多边合作规划——《建设中蒙俄经济走廊规划纲要》,并同联合国开发计划署签订了中国与国际组织之间的第一份共建"一带一路"谅解备忘录。此外,中国政府积极推动"一带一路"倡议同沿线国家的发展规划进行对接,目前已与俄罗斯主导的欧亚经济联盟、哈萨克斯坦的"光明之路"新经济政策、蒙古的"草原之路"等战略实现了对接。表 2.1 汇总了中国同沿线国家签订的部分"一带一路"政策文件。[②]

表 2.1　中外签署的共建"一带一路"政策文件(部分)

类　别	名　称
声明	《中华人民共和国与俄罗斯联邦关于丝绸之路经济带建设和欧亚经济联盟建设对接合作的联合声明》 《中国—东盟产能合作联合声明》 《里加声明》(中国—中东欧开展亚得里亚海—波罗的海—黑海三海港区基础设施、装备合作联合声明)
协议	《中华人民共和国政府与哈萨克斯坦共和国政府关于加强产能与投资合作的框架协议》 《中国商务部和白俄罗斯经济部关于共建"丝绸之路经济带"合作议定书》

① 王颂吉,何昊."一带一路"经济学的理论渊源与研究框架[J].兰州大学学报(社会科学版),2017(3):12.

② 王颂吉,何昊."一带一路"经济学的理论渊源与研究框架[J].兰州大学学报(社会科学版),2017(3):11.

续表

类　别	名　　称
备忘录	《中华人民共和国和格鲁吉亚共和国关于加强共建"丝绸之路经济带"合作备忘录》 《中华人民共和国政府和匈牙利政府关于共同推进丝绸之路经济带和21世纪海上丝绸之路建设的谅解备忘录》 《中华人民共和国国家发展和改革委员会与哈萨克斯坦共和国国民经济部关于共同推进丝绸之路经济带建设的谅解备忘录》 《中华人民共和国商务部和尼泊尔政府财政部关于在中尼经贸联委会框架下共同推进"丝绸之路经济带"建设的谅解备忘录》 《中泰铁路合作谅解备忘录》《中泰农产品贸易合作谅解备忘录》
规划纲要	《建设中蒙俄经济走廊规划纲要》 《中国—中东欧国家合作里加纲要》 《中华人民共和国政府和哈萨克斯坦共和国政府关于"丝绸之路经济带"建设与"光明之路"新经济政策对接合作规划》

资料来源:作者依据公开报道整理。

第一节　丝绸之路经济带的战略定位

一、内涵特征

建设丝绸之路经济带是一个承古开新的重大构想,它赋予古丝绸之路和丝路精神新的时代内涵,把中华民族追求伟大复兴的中国梦与沿线国家人民向往美好生活的梦想紧密连接在一起,为促进全球和平合作与共同发展搭建了一个新型平台。丝绸之路经济带具有深刻的内涵和丰富的特征。

(一)内涵

丝绸之路经济带是中国经济走向世界的重要走廊,是构建人类命运共同体的重要平台。从内涵来看,丝绸之路经济带以"和平合作、开放包容、互学互鉴、互利共赢"的丝路精神为纽带，倡导亚欧非沿线国家和地区共商大计、共建项目、共享收益，开展政策沟通、设施联通、贸易畅通、资金融通、民心相通，在经济领域重点推进基础设施联通、贸易投资便利化、产业分工合作、支点城市建设、国际金融合作，致力于打造开放、包容、均衡、普惠的新型国际合作架构。

丝绸之路经济带辐射整个亚欧非大陆，对于促进亚欧非沿线国家的经济社会发展具有重大意义。从广义范畴来看，丝绸之路经济带东边始于经济繁荣的东亚经济圈，西边直达经济发达的欧盟经济圈，中间是以中亚为中心的泛中亚经济圈，在如此广袤的地域范围内，交通运输网络承担着连接丝绸之路经济带沿线国家的纽带作用。在丝绸之路经济带上，既要建设以航空、高压电网、信息传输为重点的"空中丝绸之路"，又要建设以客运铁路专线、货运铁路专线、高等级公路为重点的"地面丝绸之路"，还要建设以原油管道、天然气管道、成品油管道为重点的"地下丝绸之路"。通过立体综合交通运输网络，丝绸之路经济带把沿线城市群及中心城市连为一体，亚欧非国家共同协调战略规划，加强贸易投资合作，促进货币自由兑换和人民友好往来，可以构成世界上距离最长、面积最大、人口最多、市场规模和发展潜力最广的国际经济合作大走廊。①

（二）特征

丝绸之路经济带这一倡议具有历史性与现实性、区域性与全球性、经济性与综合性三方面特征②。具体如下：

第一，丝绸之路经济带不仅是一个历史性概念，而且是一个现实性概念。从历史性来看，古代中国通过丝绸之路与中亚、西亚、南亚、欧洲、北非等地区建立起密切的商贸联系，促进了中西文化交流和生产力发展，这为亚欧非国家在

---

① 白永秀,王颂吉.丝绸之路经济带的纵深背景与地缘战略[J].改革,2014(3):67-68.
② 白永秀,王颂吉.丝绸之路经济带:中国走向世界的战略走廊[J].西北大学学报(哲学社会科学版),2014(4):32-33.

现代社会加强合作提供了历史纽带。从现实性来看,随着第二亚欧大陆桥、中哈过境铁路、丝绸之路复兴项目、中国西部—欧洲西部公路等项目的建成或加快推进,中国与丝绸之路沿线国家的经贸往来不断加强,政治互信日益提升,这为亚欧非国家共建丝绸之路经济带提供了现实基础。由此可见,丝绸之路经济带传承历史、关照现在、开启未来,不仅具有丰富的历史内涵,而且为亚欧非国家当前和今后开展全方位合作提供了重要平台。

第二,丝绸之路经济带不仅是一个区域性概念,而且是一个全球性概念。从区域性来看,丝绸之路经济带建设区域主要涉及古丝绸之路沿线国家,包括东亚、中亚、西亚、南亚、北亚、北非、欧洲等地区,这使得丝绸之路经济带具有明显的区域性特征,是实现区域经济一体化的重要平台。从国际性来看,丝绸之路经济带连接中国、欧盟、日本、俄罗斯、印度等世界主要经济体,并且随着交通联系的日益紧密和互联网的快速发展,丝绸之路经济带还可以向大洋洲、美洲等地区延伸,在世界范围内具有强大的辐射带动功能,这使得丝绸之路经济带成为经济全球化背景下的宇观经济组织①和国际合作平台。由此可见,丝绸之路经济带同时具有区域性和全球性特征,是推动互利共赢的新型全球化的重要载体。

第三,丝绸之路经济带不仅是一个经济性概念,而且是一个综合性概念。经济合作是建设丝绸之路经济带的基础和主要内容,中国目前已成为俄罗斯和中亚五国最重要的贸易伙伴或投资来源国,亚洲是中国对外经济活动的主要区域,欧洲是中国第一大贸易伙伴,非洲则是中国重要的投资目的地和贸易伙伴。通过共建丝绸之路经济带,中国与亚欧非国家的经济合作仍有广阔的发展空间。但在建设丝绸之路经济带过程中,相关国家除了加强经济合作之外,还可以在基础设施建设、政治互信、军事交流、社会管理、文化往来、环境保护等领域

---

① 从系统论的角度看,我们把经济组织分为 4 个层次:企业属于微观经济组织,国家内部的区域经济单位属于中观经济组织,一国范围的经济单位属于宏观经济组织,超越一国范围的国际性经济单位属于宇观经济组织。

开展合作。由此可见，丝绸之路经济带不仅是一个经济性概念，而且其内容具有广泛的包容性，是一个综合性概念。

二、空间范围

丝绸之路经济带是一个开放的国际合作平台，它基于但不限于古代丝绸之路的范围。对丝绸之路经济带的空间范围，按照"由易到难、由近及远"的原则，从理论维度可分为核心区、扩展区、辐射区3个层次；按照丝绸之路经济带的现实建设方向，在实践维度包括3条线路。

（一）理论维度

按照"由易到难、由近及远"的原则，丝绸之路经济带可分为核心区、扩展区、辐射区3个层次（图2.1）。其中，核心区包括中国、俄罗斯和中亚五国（哈萨克斯坦、土库曼斯坦、乌兹别克斯坦、吉尔吉斯斯坦、塔吉克斯坦），这是建设丝绸之路经济带的基础；扩展区包括南亚、西亚、东亚、北亚、东南亚的相关国家；辐射区主要是欧洲大陆和非洲地区。[①]

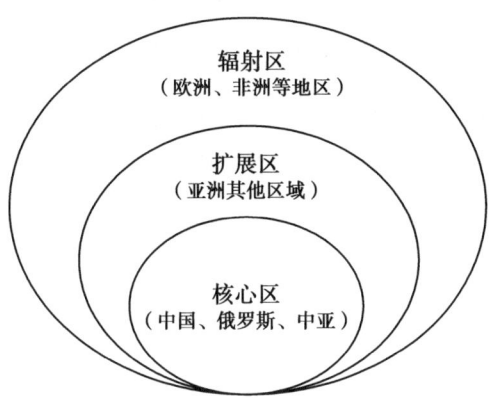

图2.1　丝绸之路经济带的空间范围

---

① 白永秀，王颂吉.丝绸之路经济带：中国走向世界的战略走廊［J］.西北大学学报（哲学社会科学版），2014（4）：32-38.

作为辐射全球的国际经济合作架构,丝绸之路经济带在建设过程中应分阶段、分层次逐步向前推进。从理论维度进行设想,丝绸之路经济带应首先加强核心区建设,实现泛中亚地区的经济一体化,从而为在其他地区加强合作提供示范效应;在此基础上,丝绸之路经济带应向亚洲其他区域扩展,在整个亚洲大陆开展更为紧密的经贸合作,实现亚洲经济一体化;最后,密切亚洲同欧洲、非洲之间的合作,形成连接亚欧非大陆、辐射全球的经济合作平台。

(二)实践维度

从具体实践来看,根据推进"一带一路"建设工作领导小组办公室2017年5月10日发布的《共建"一带一路":理念、实践与中国的贡献》,丝绸之路经济带包括北线、中线、南线三条线路。

丝绸之路经济带的北线从中国西北、东北经中亚、俄罗斯至欧洲、波罗的海。北线涉及的主要区域是中国东北和西北、蒙古、俄罗斯、中亚、东欧、中欧、北欧、西欧。其中,东欧国家包括爱沙尼亚、拉脱维亚、立陶宛、白俄罗斯、乌克兰;中欧国家包括德国、瑞士、波兰、捷克、斯洛伐克、奥地利、匈牙利和列支敦士登;北欧国家包括瑞典、芬兰、挪威、丹麦;西欧国家包括爱尔兰、英国、法国、荷兰、比利时、卢森堡和摩纳哥。丝绸之路经济带北线各区域的经济发展水平存在较大差异,除东欧之外的欧洲国家经济发达,中国东北、西北经济充满活力,中亚、蒙古、俄罗斯、东欧则具有很大的经济发展潜力。

丝绸之路经济带的中线从中国西北经中亚、西亚至波斯湾、地中海。中线涉及的主要区域是中国西北、中亚、西亚、北非、南欧,连接了亚欧非三大洲。中亚包括哈萨克斯坦、吉尔吉斯斯坦、乌兹别克斯坦、塔吉克斯坦、土库曼斯坦等5个国家;西亚包括阿富汗、伊朗、伊拉克、叙利亚、黎巴嫩、巴勒斯坦、以色列、约旦、沙特阿拉伯、也门、阿曼、阿联酋、卡塔尔、巴林、科威特、土耳其、格鲁吉亚、亚美尼亚、阿塞拜疆等国家;南欧包括葡萄牙、西班牙、意大利、圣马力诺、安道尔、梵蒂冈、马耳他、斯洛文尼亚、克罗地亚、波黑、塞尔维亚、黑山、阿尔巴尼亚、马其顿、希腊、罗马尼亚、保加利亚、摩尔多瓦等国家;北非包括埃及、利比亚、突尼斯、阿尔及利亚、摩洛哥等国家。

　　丝绸之路经济带的南线从中国西南经中南半岛至印度洋。南线涉及的主要区域是中国西南、中南半岛和南亚。中南半岛主要以亚太经济圈东南亚经济区域为主，包括越南、老挝、柬埔寨、泰国、缅甸、马来西亚等国家；南亚包括孟加拉国、印度、尼泊尔、不丹、巴基斯坦等国。

专栏 2.1　丝绸之路经济带的六大经济走廊

　　新亚欧大陆桥经济走廊。 新亚欧大陆桥经济走廊由中国东部沿海向西延伸，经中国西北地区和中亚、俄罗斯抵达中东欧。新亚欧大陆桥经济走廊建设以中欧班列等现代化国际物流体系为依托，重点发展经贸和产能合作，拓展能源资源合作空间，构建畅通高效的区域大市场。截至 2016 年年底，中欧班列运行路线达 39 条，开行近 3 000 列，覆盖欧洲 9 个国家、14 个城市，成为沿途国家促进互联互通、提升经贸合作水平的重要平台。中哈国际物流合作项目进展顺利，已成为哈萨克斯坦开展贸易和跨境运输合作的重要窗口。中哈霍尔果斯国际边境合作中心建设稳步推进。比雷埃夫斯港运营顺利，为中希（腊）互利共赢作出贡献。

　　中蒙俄经济走廊。 2014 年 9 月 11 日，中国国家主席习近平在出席中国、俄罗斯、蒙古国三国元首会晤时提出，将"丝绸之路经济带"同"欧亚经济联盟"、蒙古国"草原之路"倡议对接，打造中蒙俄经济走廊。2015 年 7 月 9 日，三国有关部门签署了《关于编制建设中蒙俄经济走廊规划纲要的谅解备忘录》。2016 年 6 月 23 日，三国元首共同见证签署了《建设中蒙俄经济走廊规划纲要》，这是共建"一带一路"框架下的首个多边合作规划纲要。在三方的共同努力下，规划纲要已进入具体实施阶段。

　　中国—中亚—西亚经济走廊。 中国—中亚—西亚经济走廊由中国西北地区出境，向西经中亚至波斯湾、阿拉伯半岛和地中海沿岸，辐射中亚、西亚和北非有关国家。2014年6月5日,中国国家主席习近平在中国—阿拉伯国家合作论坛第六届部长级会议上提出构建以能源合作为主轴,以基础设施建设、贸易和投资便利化为两翼,以核能、航天卫星、新能源三大高新领域为突破口的中阿"1+2+3"合作格局。2016年G20杭州峰会期间,中哈(萨克斯坦)两国元首见证签署了《中哈丝绸之路经济带建设和"光明之路"新经济政策对接合作规划》。中国与塔吉克斯坦、吉尔吉斯斯坦、乌兹别克斯坦等国签署了共建丝绸之路经济带的合作文件,与土耳其、伊朗、沙特、卡塔尔、科威特等国签署了共建"一带一路"合作备忘录。中土双方就开展土耳其东西高铁项目合作取得重要共识,进入实质性谈判阶段。

中国—中南半岛经济走廊。中国—中南半岛经济走廊以中国西南为起点,连接中国和中南半岛各国,是中国与东盟扩大合作领域、提升合作层次的重要载体。2016年5月26日,第九届泛北部湾经济合作论坛暨中国—中南半岛经济走廊发展论坛发布《中国—中南半岛经济走廊倡议书》。中国与老挝、柬埔寨等国签署共建"一带一路"合作备忘录,启动编制双边合作规划纲要。推进中越陆上基础设施合作,启动澜沧江—湄公河航道二期整治工程前期工作,开工建设中老铁路,启动中泰铁路,促进基础设施互联互通。设立中老磨憨-磨丁经济合作区,探索边境经济融合发展的新模式。

中巴经济走廊。中巴经济走廊是共建"一带一路"的旗舰项目,中巴两国政府高度重视,积极开展远景规划的联合编制工作。2015年4月20日,两国领导人出席中巴经济走廊部分重大项目动工仪式,签订了51项合作协议和备忘录,其中近40项涉及中巴经济走廊建设。"中巴友谊路"——巴基斯坦喀喇昆仑公路升级改造二期、中巴经济走廊规模最大的公路基础设施项目——白沙瓦至卡拉奇高速公路顺利开工建设,瓜达尔港自由区起步区加快建设,走廊沿线地区能源电力项目快速上马。

> **孟中印缅经济走廊。**孟中印缅经济走廊连接东亚、南亚、东南亚三大次区域，沟通太平洋、印度洋两大海域。2013 年 12 月，孟中印缅经济走廊联合工作组第一次会议在中国昆明召开，各方签署了会议纪要和联合研究计划，正式启动孟中印缅经济走廊建设政府间合作。2014 年 12 月召开孟中印缅经济走廊联合工作组第二次会议，广泛讨论并展望了孟中印缅经济走廊建设的前景、优先次序和发展方向。

资料来源：推进"一带一路"建设工作领导小组办公室.共建"一带一路"：理念、实践与中国的贡献 [C]//"一带一路"国际合作高峰论坛重要文辑.北京：人民出版社，2017：75-77.

三、建设目标

建设丝绸之路经济带是中国形成全面开放新格局和构建人类命运共同体的重要抓手，其目标是通过开展大范围、高水平、深层次的国际区域经济合作，建成联通亚欧非大陆的国际经济合作架构。

进入 21 世纪以来，世界贸易组织启动的多哈回合谈判难以取得实质进展，各国转而寻求新的国际经济合作模式。在此背景下，双边和诸边区域经济合作成为世界经济发展的重要潮流。据统计，在关税及贸易总协定（GATT）运行期间（1948—1994 年），共收到 124 个区域贸易协定通知；但从 1995 年 WTO 成立到 2014 年 1 月，已收到 583 项区域贸易协定通知[1]，其中 2009 年以来每年向 WTO 通报的区域贸易协定数量平均达到 18 个以上[2]。在区域贸易协定数量增加的同时，自由贸易的范畴也不断拓展，服务贸易自由化、投资便利化、知识产权保护、经济和技术合作等问题日益受到重视。

近年来，除了欧盟、北美自由贸易区、东盟等区域经济合作组织继续平稳运

---

[1] 申现杰，肖金成.国际区域经济合作新形势与我国"一带一路"合作战略[J].宏观经济研究，2014（11）：30-38.

[2] 曹永福.全球区域经济合作新态势与展望[J].国际经济合作，2015（3）：29-32.

行之外,跨太平洋伙伴关系协定(Trans-Pacific Partnership,TPP)经历波折但仍取得成果,跨大西洋贸易与投资伙伴协定(Transatlantic Trade and Investment Partnership,TTIP)、区域全面经济伙伴关系协定(Regional Comprehensive Economic Partnership,RCEP)、亚太自由贸易区(Free Trade Area of the Asia-Pacific,FTAAP)等国际区域自由贸易协定正在加紧谈判。截至 2015 年 12 月 20 日,中国已经同 22 个国家和地区签署了 14 个自由贸易协定[①],国际区域经济合作水平不断提升。但中国目前尚未与美国、欧盟、日本等主要发达经济体达成自由贸易协定,尤其是西方某些发达国家"逆全球化"的背景下,中国必须提出加快推进国际经济合作的新思路。[②]

　　2013 年 9 月 7 日,中国国家主席习近平在哈萨克斯坦访问期间倡议亚欧国家共建"丝绸之路经济带",这一倡议得到丝绸之路沿线国家和地区的广泛响应。建设丝绸之路经济带,就是在丝绸之路沿线空间范围内开展大范围、高水平、深层次的国际区域经济合作,建成联通亚欧非大陆的国际经济合作架构。建设丝绸之路经济带能够引领以互利共赢为核心的新型全球化,从而更好地发挥经济全球化的好处。在此基础上,建设丝绸之路经济带有助于促进世界经济增长更为强劲、治理机制更为民主、发展成果分享更为包容,推动构建平等、和平、繁荣、文明、绿色的人类命运共同体。

专栏2.2　构建人类命运共同体

　　构建人类命运共同体,关键在行动。我认为,国际社会要从伙伴关系、安全格局、经济发展、文明交流、生态建设等方面作出努力。

　　——**坚持对话协商,建设一个持久和平的世界。**国家和,则世界安;国家斗,则世界乱。从公元前的伯罗奔尼撒战争到两次世界大战,再到延续

---

① 竺彩华.中国参与区域经济合作现状与对策[J].国际经济合作,2016(3):10-15.

② 白永秀,王颂吉.丝绸之路经济带战略实施:目标、重点任务与支持体系[J].兰州大学学报(社会科学版),2015(4):1-6.

40余年的冷战，教训惨痛而深刻。"前事不忘，后事之师。"我们的先辈建立了联合国，为世界赢得70余年相对和平。我们要完善机制和手段，更好化解纷争和矛盾、消弭战乱和冲突。瑞士作家、诺贝尔文学奖获得者黑塞说："不应为战争和毁灭效劳，而应为和平与谅解服务。"国家之间要构建对话不对抗、结伴不结盟的伙伴关系。大国要尊重彼此核心利益和重大关切，管控矛盾分歧，努力构建不冲突不对抗、相互尊重、合作共赢的新型关系。只要坚持沟通、真诚相处，"修昔底德陷阱"就可以避免。大国对小国要平等相待，不搞唯我独尊、强买强卖的霸道。任何国家都不能随意发动战争，不能破坏国际法治，不能打开潘多拉的盒子。核武器是悬在人类头上的"达摩克利斯之剑"，应该全面禁止并最终彻底销毁，实现无核世界。要秉持和平、主权、普惠、共治原则，把深海、极地、外空、互联网等领域打造成各方合作的新疆域，而不是相互博弈的竞技场。

　　——坚持共建共享，建设一个普遍安全的世界。世上没有绝对安全的世外桃源，一国的安全不能建立在别国的动荡之上，他国的威胁也可能成为本国的挑战。邻居出了问题，不能光想着扎好自家篱笆，而应该去帮一把。"单则易折，众则难摧。"各方应该树立共同、综合、合作、可持续的安全观。近年来，在欧洲、北非、中东发生的恐怖袭击事件再次表明，恐怖主义是人类公敌。反恐是各国共同义务，既要治标，更要治本。要加强协调，建立全球反恐统一战线，为各国人民撑起安全伞。当前，难民数量已经创下第二次世界大战结束以来的历史纪录。危机需要应对，根源值得深思。如果不是有家难归，谁会颠沛流离？联合国难民署、国际移民组织等要发挥统筹协调作用，动员全球力量有效应对。中国决定提供2亿元人民币新的人道援助，用于帮助叙利亚难民和流离失所者。恐怖主义、难民危机等问题都同地缘冲突密切相关，化解冲突是根本之策。当事各方要通过协商谈判，其他各方应该积极劝和促谈，尊重联合国发挥斡旋主渠道作用。禽流感、埃博拉、寨卡等疫情不断给国际卫生安全敲响警钟。世界卫生组织要发挥引领作用，加强疫情监测、信息沟通、经验交流、技术分享。国际社会应该加大对非洲等发展中国家卫生事业的支持和援助。

——坚持合作共赢，建设一个共同繁荣的世界。发展是第一要务，适用于各国。各国要同舟共济，而不是以邻为壑。各国特别是主要经济体要加强宏观政策协调，兼顾当前和长远，着力解决深层次问题。要抓住新一轮科技革命和产业变革的历史性机遇，转变经济发展方式，坚持创新驱动，进一步发展社会生产力、释放社会创造力。要维护世界贸易组织规则，支持开放、透明、包容、非歧视性的多边贸易体制，构建开放型世界经济。如果搞贸易保护主义、画地为牢，损人不利己。经济全球化是历史大势，促成了贸易大繁荣、投资大便利、人员大流动、技术大发展。本世纪初以来，在联合国主导下，借助经济全球化，国际社会制定和实施了千年发展目标和2030年可持续发展议程，推动11亿人口脱贫，19亿人口获得安全饮用水，35亿人口用上互联网等，还将在2030年实现零贫困。这充分说明，经济全球化的大方向是正确的。当然，发展失衡、治理困境、数字鸿沟、公平赤字等问题也客观存在。这些是前进中的问题，我们要正视并设法解决，但不能因噎废食。我们要从历史中汲取智慧。历史学家早就断言，经济快速发展使社会变革成为必需，经济发展易获支持，而社会变革常遭抵制。我们不能因此踟蹰不前，而要砥砺前行。我们也要从现实中寻找答案。2008年爆发的国际金融危机启示我们，引导经济全球化健康发展，需要加强协调、完善治理，推动建设一个开放、包容、普惠、平衡、共赢的经济全球化，既要做大蛋糕，更要分好蛋糕，着力解决公平公正问题。

——坚持交流互鉴，建设一个开放包容的世界。"和羹之美，在于合异。"人类文明多样性是世界的基本特征，也是人类进步的源泉。世界上有200多个国家和地区、2 500多个民族、多种宗教。不同历史和国情，不同民族和习俗，孕育了不同文明，使世界更加丰富多彩。文明没有高下、优劣之分，只有特色、地域之别。文明差异不应该成为世界冲突的根源，而应该成为人类文明进步的动力。每种文明都有其独特魅力和深厚底蕴，都是人类的精神瑰宝。不同文明要取长补短、共同进步，让文明交流互鉴成为推动人类社会进步的动力、维护世界和平的纽带。

——坚持绿色低碳，建设一个清洁美丽的世界。 人与自然共生共存，伤害自然最终将伤及人类。空气、水、土壤、蓝天等自然资源用之不觉、失之难续。工业化创造了前所未有的物质财富，也产生了难以弥补的生态创伤。我们不能吃祖宗饭、断子孙路，用破坏性方式搞发展。绿水青山就是金山银山。我们应该遵循天人合一、道法自然的理念，寻求永续发展之路。我们要倡导绿色、低碳、循环、可持续的生产生活方式，平衡推进2030年可持续发展议程，不断开拓生产发展、生活富裕、生态良好的文明发展道路。《巴黎协定》的达成是全球气候治理史上的里程碑。我们不能让这一成果付诸东流。各方要共同推动协定实施。中国将继续采取行动应对气候变化，百分之百承担自己的义务。

资料来源：习近平.共同构建人类命运共同体——在联合国日内瓦总部的演讲[N].人民日报，2017-01-20(2)．

第二节　丝绸之路经济带的重点建设任务

丝绸之路经济带建设以政策沟通、设施联通、贸易畅通、资金融通、民心相通为主要内容，涉及经济、政治、社会、文化、生态等多个领域。我们认为，经济合作是丝绸之路经济带建设的基础和重点，从经济合作视角看，丝绸之路经济带旨在构建联通亚欧非大陆的新型国际合作平台。要实现这一目标，丝绸之路经济带必须加快推进以下五方面的工作：基础设施联通、贸易投资便利化、国际产能合作、支点城市建设、国际金融合作。其中，基础设施联通为丝绸之路经济带提供硬件支持,贸易投资便利化为丝绸之路经济带提供营商环境支持,国际产能合作为丝绸之路经济带提供经济载体,支点城市建设为丝绸之路经济带提供空间载体,国际金融合作为丝绸之路经济带提供资金条件。

一、基础设施联通

加快丝绸之路经济带基础设施建设,打通亚欧大陆东西方向陆上合作通道,既是丝绸之路经济带建设能否成功的关键,也是丝绸之路经济带人员、商品、资金自由流动的物质载体。2015 年 3 月 28 日,国家发展改革委、外交部、商务部联合发布的《推动共建丝绸之路经济带和 21 世纪海上丝绸之路的愿景与行动》中,明确提出基础设施互联互通是"一带一路"建设的优先领域。

交通基础设施领域应加强以下三方面工作:一是铁路设施建设。加快推进第一、第二亚欧大陆桥①的现代化改造,主要包括各国轨道标准的统一,推进建立统一的全程运输协调机制及现有铁路的电气化升级;推进渝新欧国际货运班列的常态化运行;推进中国—印度、中国—巴基斯坦、中国—吉尔吉斯斯坦等关键路段的铁路贯通。二是公路设施建设。推进中国西部至欧洲西部公路、中塔公路、中吉乌公路等关键公路的建设;协助中亚、南亚部分国家升级现有公路道路标准,提升亚欧大陆的公路通达水平。三是航空设施建设。加快丝绸之路经济带沿线国家机场设施的现代化升级改建,拓展建立民航全面合作的平台和机制,推进沿线国家的直飞航空线路开通,实现沿线国家航空领域的互通有无。

能源基础设施领域应加强以下两方面工作:一是油气管道建设,加快中亚天然气管道及原油管道的建设进度,探索建设中国喀什—巴基斯坦伊斯兰堡—

---

① 第一亚欧大陆桥又称西伯利亚大陆桥,东起俄罗斯的符拉迪沃斯托克,横穿西伯利亚大铁路后经由莫斯科最终抵达荷兰鹿特丹港,全长约 13 000 千米。第二亚欧大陆桥又称新亚欧大陆桥,东起中国连云港,向西经中国新疆进入哈萨克斯坦,再经俄罗斯、白俄罗斯、波兰、德国,最终抵达荷兰鹿特丹港,全长约 10 800 千米。

伊朗的油气运输通道,启动中俄东线、西线天然气管道建设,形成丝绸之路经济带沿线油气产量大国与消费大国的能源管道互联互通。二是推进跨境电力与输电通道建设。加快中亚国家的电网现代化升级改造,提高该地区的输变电工作效率;开发中亚地区丰沛的水电及风能资源,缓解用电需求紧张问题;加快中国—中亚的电网联通工作,实现地区跨国间冬夏季的水火互济,提高清洁能源利用水平,促进区域节能减排。

通信基础设施领域应加强以下三方面工作:一是加快欧亚陆地光缆向沿线国家的辐射,实现丝绸之路经济带沿线国家全域的跨境电信设施联通,共同推进跨境光缆等通信干线网络建设;二是协调丝绸之路经济带沿线国家电信网络技术标准的统一,提高信息传输的效率;三是扩大丝绸之路经济带沿线国家的信息交流与合作,加快协调建设丝绸之路经济带大数据计算分析中心,在灾害应急和生态保护等领域开展基于大数据的应用服务示范。

二、贸易投资便利化

贸易投资便利化是对国际贸易投资制度、程序和规范的简化与协调,是实现丝绸之路经济带国际区域经济合作的重要推动力。丝绸之路经济带沿线国家众多,各国贸易投资条件迥异,应当从战略上重视贸易投资便利化问题。丝绸之路经济带沿线区域蕴含巨大的贸易投资潜力,亚洲开发银行预测从2010—2020年,亚太地区基础设施投资总需求高达8万亿美元,但能够到位的投资只占50%[1],如果能够进一步提高投资规模和效率,产生的效益将非常明显。2015年OECD贸易便利化指标(TFI)显示,全面实施贸易便利化协定的国家贸易成本比仅实施最低要求的国家下降1.4~3.9个百分点,边境通关程序成本占总交易成本的2%~15%[2]。丝绸之路经济带广大的中间区域大多属于发展中国家,

---

① 沈铭辉.亚太地区基础设施投资PPP合作模式:中国的角色[J].国际经济合作,2015(3):33-38.
② 张建平,樊子嫣."一带一路"国家贸易投资便利化状况及相关措施需求[J].国家行政学院学报,2016(1):23-29.

市场化程度较低,贸易投资壁垒较多,如果各国共同降低贸易和投资成本,推进贸易投资便利化,可以为促进丝绸之路经济带沿线的国际区域经济合作创造条件。

推进丝绸之路经济带贸易投资便利化,应依照地缘空间和次序安排进行顶层设计,并采取相关措施来削减贸易投资壁垒。在空间范围上,应根据丝绸之路经济带不同地域的贸易投资状况,逐步有针对性地推进泛中亚地区、亚洲地区、欧亚大陆的贸易投资便利化;在次序安排上,应优先与条件成熟的地区国家进行合作,不受地缘关系远近的限制。此外,提高贸易投资便利化还应从以下两方面措施着手:一是加强贸易投资便利化的机制与能力建设,可以共同设立丝绸之路经济带贸易投资便利化委员会,以此来协调各国在贸易投资便利化方面的措施,并落实各国领导人在各项国际会议上达成的促进贸易投资便利化的决定。二是要营造良好的贸易投资环境,各国协同合作加强制度建设,增强政策法规和行政程序的公开透明度,营造公开、透明的营商环境。

三、国际产能合作

国际产能合作是丝绸之路经济带国际区域经济合作的核心内容,肩负着促进区域内国家产业转型、经济发展的重任。中国与丝绸之路经济带沿线国家在产业发展水平上存在梯度差异,为国际产能合作的实施提供了基础。通过加强丝绸之路经济带国际产能合作,一方面可以推动中国实现产业转型升级,加快构建开放型经济新体制;另一方面能够满足丝绸之路经济带沿线发展中国家的产业发展需求,提升其产业发展水平。随着丝绸之路经济带国际产能合作的深化,有望建立容纳更多发展中国家、更加开放和优势互补的国际产业分工合作架构,推动丝绸之路经济带沿线国家实现产业协同发展,逐步建成经济融合、互利共赢、发展成果共享的利益共同体和命运共同体。

当前丝绸之路经济带国际产能合作的主要平台是中国同相关国家共建经

贸产业园区。国际产能合作的前提是准确把握目标国家的发展需求、寻找合作契合点，以政府推动、企业主导、互利共赢为主要原则，实施项目带动，推动中国优质的产品和服务、先进的技术和标准"走出去"。国际产能合作的内容广泛，除了帮助伙伴国家补齐产业短板之外，还应注重在传统产业升级、新兴产业开发等方面加强合作。境外经贸产业园区在丝绸之经济带产业分工中发挥着平台作用，是中国企业"走出去"的落脚点，也是带动当地产业集群式发展的火车头。在丝绸之路经济带各类经贸产业园区内，应促进各类生产要素自由流通，为自由贸易区建设积累经验和基础。

当前丝绸之路经济带国际产能合作的路线和内容以新亚欧大陆桥、中蒙俄、中国—中亚—西亚、中国—中南半岛、中巴、孟中印缅等六大经济走廊及与其相对应的产业合作为主。六大经济走廊基本构成丝绸之路经济带的骨架，其中新亚欧大陆桥是从中国向西横贯亚欧大陆，应突出物流产业合作；中蒙俄和中国—中亚—西亚经济走廊偏重基础设施建设、能源合作开发，因此能源资源开发及深加工业、新能源产业、装备制造业、轻工食品业等行业是产能合作的主要内容；中巴经济走廊注重石油运输，因此物流产业、能源资源开发及深加工业、装备制造业可作为未来主要合作内容；孟中印缅和中国—中南半岛经济走廊，强调与东盟国家加深经贸联系，应把电子信息产业、纺织服装业、轻工食品业、建材产业作为这两条经济走廊产能合作的主要内容。

四、支点城市建设

城市是区域经济的增长极，可以通过集聚扩散效应带动周边区域发展。20世纪 90 年代以来，以 Krugman（克鲁格曼）、Masahisa Fujita（藤田昌久）、Henderson（亨德森）等为代表的经济学家把地理因素引入经济学研究之中，论证了经济活动的空间集聚和分散问题，他们认为城市集聚建立在规模经济和市场作用的基础之上，可以在区域范围内产生溢出效应，因此应重视城市在区域经济发展中的作用①。丝绸之路经济带跨越亚欧非三大洲,在如此广袤的地域范围内加强国际区域合作,必须充分发挥支点城市的辐射带动作用。丝绸之路经济带支点城市建设的目标,是在加强支点城市建设的基础上,通过提升支点城市之间的分工合作水平,从空间上支撑起丝绸之路经济带的三条主要线路,从而为丝绸之路经济带"串轴""结网"和各领域全方位合作提供战略支点。

要加强丝绸之路经济带支点城市建设,我们认为应从以下三方面着力。一是明确各支点城市的功能定位。各支点城市在发展基础、产业结构、地理区位、交通设施、政策法规等方面存在很大差异,因此不可能追求统一的发展模式,各支点城市应依托各自的比较优势明确功能定位,通过差异化、特色化路径来提升自身发展水平。二是发挥支点城市对城市群的带动作用。支点城市要实现可持续发展,必须同周边的中小城市、小城镇形成有效的协作关系:一方面中小城市和小城镇可以向支点城市集聚优质生产要素,另一方面支点城市能够辐射带动中小城市和小城镇的发展,在此基础上,以支点城市为中心的城市群内部可以逐步实现合理分工,从而全面提升区域经济社会发展水平。三是加强支点城市之间的分工合作。在推进各个支点中心城市建设的基础上,还应加强丝绸之路经济带三条线路及经济走廊上的支点城市之间的分工合作,通过价值链分工等多种方式构建丝绸之路经济带支点城市发展轴,进而发挥支点城市发展轴对沿线区域的引领作用,逐步实现丝绸之路经济带的大合作、大发展、大繁荣,推动形成开放、包容、均衡、普惠的国际经济合作架构。

五、国际金融合作

丝绸之路经济带建设过程中,应充分发挥国际金融合作的资源配置功能,促进沿线各国实现共赢发展。丝绸之路经济带横贯亚欧非大陆,沿线国家众

---

① 冯俊新.经济发展与空间布局:城市化、经济集聚和地区差距[M].北京:中国人民大学出版社,2012:22-23.

多，各国金融制度各异，因此应着力构建多边金融合作机制。

在构建多边金融合作机制的过程中，创立多边金融机构显得尤为重要。多边金融机构倡导多种来源的资本之间开展合作，可以在丝绸之路经济带建设中充分发挥金融支持作用。目前，中国倡导设立的亚洲基础设施投资银行和丝路基金，正在为丝绸之路经济带沿线国家和地区的基础设施建设、产业和贸易合作等领域提供金融支持。亚洲基础设施投资银行与丝路基金的侧重点和运营方式不同。亚投行的侧重点在于为相关项目提供间接融资；丝路基金则定位于中长期开发投资基金，通过以股权为主的多种投融资方式来撬动更多资金参与"一带一路"项目建设①。今后，除了进一步发挥亚投行和丝路基金在丝绸之路经济带建设中的金融合作功能外，还应进一步同沿线国家开展多种形式的金融合作，各类金融机构之间形成层次清晰、互为补充的丝绸之路经济带金融合作网络，支撑丝绸之路经济带建设的顺利推进。

专栏 2.3　"一带一路"建设中的"五通"

丝绸之路经济带沿线各国资源禀赋各异，经济互补性较强，彼此合作潜力和空间很大。以政策沟通、设施联通、贸易畅通、资金融通、民心相通为主要内容，重点在以下方面加强合作。

政策沟通。加强政策沟通是"一带一路"建设的重要保障。加强政府间合作，积极构建多层次政府间宏观政策沟通交流机制，深化利益融合，促进政治互信，达成合作新共识。沿线各国可以就经济发展战略和对策进行充分交流对接，共同制定推进区域合作的规划和措施，协商解决合作中的问题，共同为务实合作及大型项目实施提供政策支持。

设施联通。基础设施互联互通是"一带一路"建设的优先领域。在尊重相关国家主权和安全关切的基础上，沿线国家宜加强基础设施建设规划、

---

① 王俊岭.同世界分享"一带一路"商机——访丝路基金有限责任公司[N].人民日报(海外版),2018-03-27(6).

技术标准体系的对接，共同推进国际骨干通道建设，逐步形成连接亚洲各次区域以及亚欧非之间的基础设施网络。强化基础设施绿色低碳化建设和运营管理，在建设中充分考虑气候变化影响。抓住交通基础设施的关键通道、关键节点和重点工程，优先打通缺失路段，畅通瓶颈路段，配套完善道路安全防护设施和交通管理设施设备，提升道路通达水平。推进建立统一的全程运输协调机制，促进国际通关、换装、多式联运有机衔接，逐步形成兼容规范的运输规则，实现国际运输便利化。推动口岸基础设施建设，畅通陆水联运通道，推进港口合作建设，增加海上航线和班次，加强海上物流信息化合作。拓展建立民航全面合作的平台和机制，加快提升航空基础设施水平。加强能源基础设施互联互通合作，共同维护输油、输气管道等运输通道安全，推进跨境电力与输电通道建设，积极开展区域电网升级改造合作。共同推进跨境光缆等通信干线网络建设，提高国际通信互联互通水平，畅通信息丝绸之路。加快推进双边跨境光缆等建设，规划建设洲际海底光缆项目，完善空中（卫星）信息通道，扩大信息交流与合作。

贸易畅通。投资贸易合作是"一带一路"建设的重点内容。宜着力研究解决投资贸易便利化问题，消除投资和贸易壁垒，构建区域内和各国良好的营商环境，积极同沿线国家和地区共同商建自由贸易区，激发释放合作潜力，做大做好合作"蛋糕"。沿线国家宜加强信息互换、监管互认、执法互助的海关合作，以及检验检疫、认证认可、标准计量、统计信息等方面的双多边合作，推动世界贸易组织《贸易便利化协定》生效和实施。改善边境口岸通关设施条件，加快边境口岸"单一窗口"建设，降低通关成本，提升通关能力。加强供应链安全与便利化合作，推进跨境监管程序协调，推动检验检疫证书国际互联网核查，开展"经认证的经营者"（AEO）互认。降低非关税壁垒，共同提高技术性贸易措施透明度，提高贸易自由化便利化水平。拓宽贸易领域，优化贸易结构，挖掘贸易新增长点，促进贸易平衡。创新贸易方式，发展跨境电子商务等新的商业业态。建立健全服务贸易促进体系，巩固和扩大传统贸易，大力发展现代服务贸易。把投资和贸易有机结合起来，以投资带动贸易发展。加快投资便利化进程，消除投资壁垒。加强双边投资保护协定、避免双重征税协定磋商，保护投资者的合法权益。

资金融通。 资金融通是"一带一路"建设的重要支撑。深化金融合作，推进亚洲货币稳定体系、投融资体系和信用体系建设。扩大沿线国家双边本币互换、结算的范围和规模。推动亚洲债券市场的开放和发展。共同推进亚洲基础设施投资银行、金砖国家开发银行筹建，有关各方就建立上海合作组织融资机构开展磋商。加快丝路基金组建运营。深化中国—东盟银行联合体、上合组织银行联合体务实合作，以银团贷款、银行授信等方式开展多边金融合作。支持沿线国家政府和信用等级较高的企业以及金融机构在中国境内发行人民币债券。符合条件的中国境内金融机构和企业可以在境外发行人民币债券和外币债券，鼓励在沿线国家使用所筹资金。

加强金融监管合作，推动签署双边监管合作谅解备忘录，逐步在区域内建立高效监管协调机制。完善风险应对和危机处置制度安排，构建区域性金融风险预警系统，形成应对跨境风险和危机处置的交流合作机制。加强征信管理部门、征信机构和评级机构之间的跨境交流与合作。充分发挥丝路基金以及各国主权基金作用，引导商业性股权投资基金和社会资金共同参与"一带一路"重点项目建设。

民心相通。 民心相通是"一带一路"建设的社会根基。传承和弘扬丝绸之路友好合作精神，广泛开展文化交流、学术往来、人才交流合作、媒体合作、青年和妇女交往、志愿者服务等，为深化双多边合作奠定坚实的民意基础。

资料来源：国家发展改革委，外交部，商务部.推动共建丝绸之路经济带和 21 世纪海上丝绸之路的愿景与行动［M］.北京：人民出版社，2015.

3

编织新网络：
从交通纽带到设施联通

基础设施是任何经济活动得以持续进行的重要载体，它从根本上决定着经济交流地域范围的广度、涵盖领域的深度以及合作效率的高低。两千多年前，西汉王朝派遣使者张骞两次从长安启程冒险西行，穿过戈壁沙漠，越过冰雪高原，开辟了横贯东西、融通欧亚的中西交流通道——丝绸之路，也同时催生了敦煌、喀什等交通枢纽城市的兴起。自"一带一路"倡议提出以来，丝绸之路跨越灿烂且厚重的历史，以更加丰富多样的形态和更加包容多维的内涵焕发出了全新的生命力。具有新的时代内涵的"一带一路"要求丝绸之路经济带基础设施发展以交通基础设施建设为突破口，以能源基础设施建设与通信基础设施建设为重要内容，逐步实现沿线各国交通枢纽由零散独立分布向互联互通的转化。

根据《推动共建丝绸之路经济带和21世纪海上丝绸之路的愿景与行动》的阐述，丝绸之路经济带基础设施互联互通是指"在尊重相关国家主权和安全关切的基础上，沿线国家宜加强基础设施建设规划、技术标准体系的对接，共同推进国际骨干通道建设，逐步形成连接亚洲各次区域以及亚欧非之间的基础设施网络"①。这表明丝绸之路经济带的基础设施建设应实现以下3个方面的联通：一是丝绸之路经济带骨干通道的建设和联通；二是在设施联通标准上的衔接；三是丝绸之路经济带沿线国家及其次区域之间形成完善的基础设施建设网络，在布局形态上体现出超越地域差异的互联互通。

第一节　丝绸之路经济带的交通设施联通

在丝绸之路经济带基础设施联通中，交通设施联通占据极其重要的地位。丝绸之路经济带交通设施联通，就是以经济走廊为框架，加快沿线的铁路、公路、航空基础设施建设，实现更加便捷高效的人员往来和货物流动。

---

① 国家发展改革委,外交部,商务部.推动共建丝绸之路经济带和21世纪海上丝绸之路的愿景与行动[M].北京:人民出版社,2015:9.

一、古丝绸之路的道路联通

自从凯撒身着丝绸在罗马大剧院受到热捧后,精美绚丽的丝绸便成了古罗马、古埃及上流人群的宠儿。古丝绸之路是延绵在亚欧大陆北部的商路。绸、绫、缎等中国古代丝绸手工艺制品,通过这条贯穿亚欧的商路被源源不断地运往中亚和欧洲,史学家便把这条沟通中西方的商路统称为丝绸之路。丝绸之路跨越两千多年的悠悠岁月,见证了跌宕起伏的历史更迭。

(一)古丝绸之路的道路状况

丝绸之路交通网的构建,从历史上看是由诸多区域性帝国的内部道路相互连通,进而形成了完整的丝绸之路交通网。因此,古丝绸之路的交通网络是一个随时代变迁、随古代区域性帝国兴衰、随亚欧大陆地形走势变化而变通的交通纽带。在古丝绸之路交通通道的联通中,波斯帝国(西亚)、罗马帝国(欧洲)、贵霜帝国(中亚)、中国(两汉、唐、宋、元、明、清)等区域性帝国对丝绸之路交通网络的修建起到了主要作用。

古丝绸之路沿线国家中最先开展大规模道路修建的国家是波斯帝国(公元前4世纪),其境内修建道路长达2 400多千米,可从古巴比伦城向东抵达中国、古印度等地。波斯帝国之后,罗马帝国在不断对外征战中继续加强交通路网建设。一方面,罗马帝国以地中海沿线为基,经地中海直至北非、地中海诸岛;另一方面,由小亚细亚到巴尔干半岛,沿多瑙河不断向西建设西行道路。

中国自古以来便十分重视交通道路的修筑和交通网络的完善。自秦朝建立了中国第一个统一的封建王朝后,为了控制全国36个郡县,秦朝采取了统一道路建设和车辆制造标准的政策。秦朝以咸阳为中心,先后修建了通往上郡(今陕西北部)的上郡道,向东北方向通往太原等地的临晋道,向东南方向途经函谷关通往东郡、陈郡、济北郡等地的东方道,经武关连接南郡等东南地区的武关道,出秦岭通四川的栈道,出今陇县通宁夏、甘肃的西方道,出今陕西淳化县通九原郡的直道(秦直道)，从今南京市到今秦皇岛的滨海道等。

两汉时期(公元前206—公元220年)，随着河西走廊区域划归两汉中央政府管辖，进一步完善了中原地区通往西域的交通通道建设。中原地区与西亚、中亚、南亚等地的交通往来逐步形成了相对稳定的通道，形成了古丝绸之路的基础形态。隋唐时期(581—907年)，随着唐王朝完成对西域诸国的控制并设立"安西四镇"作为中央政府控制西域的机构，打通天山北麓丝路分线，进一步将西线打通至中亚。蒙元时期(1271—1368年)，随着蒙古帝国的大规模西征，蒙古帝国以及随后形成的元王朝版图面积空前巨大，并在统一的政治版图下实现了草原丝绸之路、绿洲丝绸之路、南方丝绸之路三条丝绸之路并行的局面。

（二）近代丝绸之路的交通设施演进

在内忧外患、战火连天的中国近代，陇海铁路的修建成为丝绸之路交通设施发展演进的浓重一笔。1899年，清政府正式筹建卢汉铁路支线——汴洛线，这也标志着陇海铁路的建设正式拉开序幕。1912年，汴洛、洛潼、西潼、开徐海清四部分开始进行形式上的合并，陇海铁路线的建设和完善由此进入了一个新的发展阶段。1912年9月，中国政府与比利时签订了修建1 800千米陇海铁路的借款合同，并以汴洛铁路为基础向东西方向同时建设。1915年5月，陇海铁路开封经商丘至徐州段铁路(277千米)建成通车。1923年陇海铁路东段徐州至海州198.3千米铁路竣工。到1927年，陇海铁路已向西延伸至河南灵宝。南京政府时期，陇海铁路又陆续完成灵宝至潼关段(1931年)、潼关至西安段(1934年)、西安至宝鸡段(1936年)和宝鸡至天水段(1945年)。中华人民共和国成立后，陇海铁路继续向西延伸，到1952年完成天水至兰州段铁路修建。1985年经国务院批准北疆铁路乌鲁木齐至乌苏段正式开始修建，1990年9月中国兰新铁路与苏联土西铁路在中苏边境顺利接轨，这标志着东起中国陇海—兰新铁路途经中亚地区直抵大西洋西岸的亚欧铁路大动脉全线贯通，这也是继西伯利亚铁路后连接亚欧大陆的第二条洲际铁路，又被称为"新亚欧大陆桥"。

表 3.1　陇海铁路各段建设情况表

铁路段名称	始建时间	通车时间	里　程	所在历史时期	地　点
汴洛铁路	1904	1909	183 千米	晚清政府	开封—洛阳
汴徐铁路	1913	1915	277 千米	北洋国民政府	开封—商丘—徐州
徐海铁路	1920	1923	198 千米	北洋国民政府	徐州—海州
汴灵铁路	1920	1927	—	北洋国民政府	开封—灵宝
灵潼铁路	1930	1931	72 千米	南京国民政府	灵宝—潼关
潼西铁路	1932	1934	131 千米	南京国民政府	潼关—西安
西宝铁路	1935	1936	173 千米	南京国民政府	西安—宝鸡
宝天铁路	1939	1945	154 千米	南京国民政府	宝鸡—天水
天兰铁路	1950	1953	—	中华人民共和国时期	天水—兰州

资料来源:郭少丹.清末陇海铁路研究(1899—1911)[D].苏州:苏州大学,2015:16-30.

二、交通设施联通的现状

丝绸之路经济带沿线的中国、俄罗斯和以哈萨克斯坦为代表的中亚五国，在基础设施建设方面已经取得了很大成就,促进了国家间的贸易增长。

中国作为当前全球最大的发展中国家,近年来在推动国家基础设施建设方面取得了十分显著的建设成果。截至 2016 年年底,中国公路总里程 469.63 万千米,其中高速公路总里程突破 13 万千米,公路网密度达到 48.92 千米/百平方千米。铁路建设方面,2015 年全国铁路营业里程达到 12.4 万千米,其中高铁营业里程超过 2.2 万千米,是世界上高速铁路投资运营里程最长的国家。航空建设方面,截至 2016 年年末中国共有颁证民用航空机场 218 个,其中定期航班通航机场 216 个,定期航班通航城市 214 个。2015 年旅客吞吐量达到 1 000 万人次以上的机场有 28 个,年货邮吞吐量达到 10 000 吨以上的机场有 50 个[①]。

---

① 　数据来源于交通部公布的《2016 年交通运输行业发展统计公报》。

俄罗斯幅员辽阔，其广阔的国土面积和复杂多变的地理环境使得交通基础设施建设尤为重要，因此俄罗斯在铁路、公路、航空和水运等交通设施建设上有一定基础。截至2014年，俄罗斯公路网建设总里程达到110万千米，至2009年年底铁路运营里程为15.4万千米，其中电气化铁路总里程7.53万千米，是全球电气化铁路里程数最高的国家。民航建设领域，俄罗斯民航机场总数达到232座，其中国际机场71个。航空运输企业共有46家，其中年运力超过100万人次的大型航空企业达到11家。目前中国国内多家航空公司已开通到莫斯科、圣彼得堡等城市的直航班机，中俄之间的航空运输更加便捷。但需要指出的是，俄罗斯的交通设施存在以下两方面问题：一是交通设施地区分布不均，其领土内欧洲部分分布多，亚洲地区分布少；二是俄罗斯现有绝大多数交通设施多是在苏联时期修建，由于使用年限较长，设施较为陈旧。

中亚五国中，哈萨克斯坦经济发展状况最好，其基础设施建设情况位居中亚首位。截至2014年，哈萨克斯坦铁路运营总里程达到1.42万千米，其中电气化线路3 700千米，占铁路运营总里程的27%；公路9.68万千米，但高速公路较少。塔吉克斯坦当前的交通主要以公路为主，占全国运输总量的85%，公路总里程1.37万千米，铁路仅有600多千米。乌兹别克斯坦交通基础设施建设情况较好，现有公路总里程约1.8万千米，铁路总里程约4 000千米，且其铁路网络和建设水平从整体来看优于中亚其他国家。吉尔吉斯斯坦的主要交通运输方式为公路运输，2014年年底通车公路总里程约为3.4万千米，铁路总里程数仅为400多千米，并且铁路网被分割为互不相连的南北两部分。

表3.2　丝绸之路经济带各地区陆运交通设施建设情况

国家/地区	里程 （千米）		线路里程比重 （%）		地均密度 （千米/万平方千米）		人均密度 （千米/万人）	
铁路/公路	铁路	公路	铁路	公路	铁路	公路	铁路	公路
中国	111 800	4 463 913	19.2	24.5	116.5	4 650	0.8	33
中国西部八省	28 637	1 506 757	4.9	8.3	70.8	3 723	1.2	60

续表

国家/地区	里程 （千米）		线路里程比重 （％）		地均密度 （千米/万平方千米）		人均密度 （千米/万人）	
俄罗斯	85 248	1 283 387	14.6	7	5.0	75	6.0	90
独联体三国	28 259	265 438	4.8	1.5	33.4	314	4.8	45
中亚五国	22 674	304 273	3.9	1.7	56.8	762	3.5	47
南亚四国	79 418	5 008 903	13.6	27.5	161.9	10 214	0.5	31
西亚(中东)	32 524	1 228 849	5.6	6.7	50.2	1 897	1.0	39
中东欧 16 国	70 058	1 169 917	12.0	6.4	526	8 784	5.7	95
欧盟 28 国	216 926	5 565 294	37.2	30.5	484.3	12 423	4.3	109
合计/平均	583 056	18 226 904	100	100	27.4	856	1.3	42

资料来源:《中国统计年鉴 2015》、欧盟统计署、世界银行数据库、WorldFactbook;中国、欧洲及部分亚洲国家为 2014 年数据,其他国家多为 2012 年数据。表中合计值为中国与其他国家的线路里程加总。

经过千年历史的演变,当下丝绸之路经济带沿线国家之间已初步搭建起了由铁路、公路、航空等多种交通方式形成的立体交通运输网络。铁路方面,从中国新疆的阿拉山口和霍尔果斯铁路口岸换装出境,接哈萨克斯坦铁路网,经阿斯塔纳、莫斯科最终可抵达鹿特丹等欧洲波罗的海沿岸城市,线路全长约11 000千米。还可经阿拉木图向南,到达中亚、西亚、波斯湾、北非等地区。丝绸之路经济带沿线,多标准的轨距造成现有跨境铁路运输效率低下。

公路设施的互联互通卓有成效,丝绸之路经济带公路网络建设已基本成型。从中国境内公路网驱车向西出发,可以抵达中亚、西亚、欧洲大部分地区。按照具体走向划分,丝绸之路经济带公路网又可分为北线、中线和南线三大公路系统。北线公路从中国新疆阿拉山口口岸出发,横穿哈萨克斯坦、俄罗斯、白俄罗斯、波兰进入西欧。中线公路自中国新疆伊尔克什坦口岸出境,横穿中亚、西亚国家进入欧洲公路网。南线公路由新疆出境到达伊朗后可沿 AH72、AH75

等国际公路抵达波斯湾，也可由伊朗穿过伊拉克，途经约旦、埃及到达非洲。

民航建设方面，截至 2016 年，丝绸之路经济带沿线已有 28 国与中国签订民航通航双边协定。其中，中俄建成了 5 条航线；中哈建成 2 条航线；中塔建成北京—杜尚别直飞航线；中乌（乌兹别克斯坦）建成 2 条直飞航线；中吉建成北京—比什凯克直飞航线；中土（土库曼斯坦）建成 2 条直飞航线。中印建成 4 条航线，中巴建成北京—伊斯兰堡直飞航线，中孟建成昆明—达卡直飞航线。中东国家中，中国与伊朗、沙特、阿联酋等均已建立起直飞航线，西欧国家中已经建立起普遍直飞航线。2015 年，中国开通北京—明斯克—布达佩斯航空航线，结束了中国与中东欧国家无直飞航线的历史。

三、交通设施联通的趋势

（一）联通愿景

第一，交通运输网络化。2015 年发布的《推动共建丝绸之路经济带和 21 世纪海上丝绸之路的愿景与行动》明确提出丝绸之路经济带要建设中蒙俄、新亚欧大陆桥、中国—中亚—西亚、中国—中南半岛、中巴、孟中印缅等六大国际经济合作走廊。近年来，丝绸之路经济带交通基础设施建设聚焦六大国际经济合作走廊深入开展国际合作。可以预想到，各国跨境铁路和公路的建设将互相支撑，从而形成陆上国际运输通道网络，国际机场的建设和国际直航航线的不断开通将进一步完善空中国际运输通道网络，从而加快构建丝绸之路经济带的综合交通运输网络。丝绸之路经济带辐射的地域范围较广，面临着复杂的政治、地理环境，因此交通基础设施的互联互通发展趋势不仅要求综合交通运输网络的丰富和完善，还需加强综合交通枢纽建设，进一步强化联动性。

第二，交通运输便利化。近年来，丝绸之路经济带沿线国家间的交通基础设施项目建设如火如荼，这片搭建在广袤的欧亚大陆上的交通网正经历着"从线到面"的蓬勃发展。交通运输网络的便利化程度，是衡量丝绸之路经济带交通基础设施建设互联互通水平的重要指标。当前许多沿线国家开始把目光聚焦于此,致力于改善国际交通运输便利化的各项条件,如提高通关效率、改善运输环境等。在中国的积极促成和丝绸之路经济带沿线各国的广泛参与下,未来丝绸之路经济带交通基础设施联通的主要发展趋势就是国际间运输的便利化:在基础设施建设标准上,国际建设技术标准的统一将缩短跨境运输的时间,降低运输成本;在边境口岸报关方面,沿线各国将通过签署更多运输协定,不断推进通关"单一窗口"和"一站式作业",使货物运输的通关效率大大提高;在运输环境方面,随着国际间行业规范程度的提高和国际间法律监督制度的完善,通关口岸运营过程中的执法行为将更加规范,提供国际运输服务各个环节的经营能力和服务能力将进一步提高。在这一过程中,不仅需要政府间的官方协商和合作,更需加强对承担国际交通运输业务的相关企业进行转型升级方面的引导,提升这类企业的跨境经营能力和国际竞争力。

第三,联通管理智能化。信息化、智能化、大数据、"互联网+"已成为新时代经济社会发展的重要标志,它们体现并影响着我们工作生活的方方面面。在这一背景下,普及信息服务、创新"互联网+交通运输"已成为现代交通运输发展的趋势。目前,"一卡通"在城市交通中的便捷已无须多言,甚至有许多地区为促进区域发展实行区域大范围内的一卡通用,为消费者带来了极大的便利。截至2018年年初,杭州、西安等城市还开通了利用手机支付软件扫码搭乘地铁的服务。不难想象,随着信息技术的发展和智能化操作的普及,若是对行驶于亚欧大陆上的运输班列推行类似"一卡通"等支付凭证的跨境使用,运输效率将大大提高。互联网企业的迅速发展和壮大催生了各类信息平台的建设进展,为智能化高效管理提供了基本的技术支持。在丝绸之路经济带基础设施建设不断取得丰硕成果的背景下,互联网企业与政府、交通运输行业协会以及各承建企业之间的信息整合和完善,将建立起有效的信息服务管理平台,不仅可以为交通基础设施建设和交通运输往来提供动态信息管理服务,还可以通过区域实时动态的更新和危险警报信息的推送提高交通运输的安全性。当前,丝绸之路经济带沿线国家正在加紧对本区域内的交通运输设施进行信息化升级改造,移动支付、电子货运单、电子信息标签等手段将逐渐应用到交通运输领域,推动整个运输流程的信息识别和信息跟踪,进一步推进整个管理过程的智能协调调度。

第四,联通方式现代化。千年之前,驼队伴着悠悠驼铃声一步步走出漫漫丝路;千年之后,现代化铁路、公路和航空等现代交通方式使得丝绸之路经济带不再道阻且长,一日千里的风驰电掣进一步拉近了东西方的距离。未来,科学技术的发展和应用将进一步催生现代交通方式的优化和更迭,丝绸之路上的交通基础设施联通的方式将更加多元化和现代化。近年来,中国正在利用自身高铁修建的技术优势推动丝绸之路经济带高速铁路建设计划的实施。相信不远的将来,连接中国云南经老挝等东南亚国家直抵新加坡的丝绸之路经济带南线高速铁路网,连接中国、哈萨克斯坦与俄罗斯的中线高铁网络将成为现实。随着交通运输科技发展的日新月异,丝绸之路经济带上传统的交通运输方式将会被更加现代化的工具所取代,未来的丝绸之路经济带交通基础设施也将会更加现代化。

(二)当前重点

第一,统一建设标准。当前丝绸之路经济带沿线国家铁路轨距和公路运输技术标准存在差异,严重制约了丝绸之路经济带交通运输效率的提升。应积极探讨新亚欧大陆桥的标准化轨距改造问题,在不改变中亚国家及俄罗斯等独联体国家宽轨系统的情况下,在新亚欧大陆桥中段新修标准轨道,实现新亚欧大陆桥全线准轨线路运营。与此同时,新亚欧大陆桥的中间段及中亚国家、俄罗斯的东部铁路应加快电气化升级,完善铁路配套设施。

第二,提高运行效率。在新亚欧大陆桥铁路货运量不断升高的同时,东西向货运量的严重不平衡问题是亚欧大陆铁路运输成本高昂的又一诱因。随着中国国内消费需求量的增加和需求多样化、高端化,中国依托新亚欧大陆桥进口中亚及欧洲国家的商品数量会不断增加。在这一背景下,应通过增加进口贸易来组织返程货源,逐步实现"满载而去,满载而归"。丝绸之路经济带沿线国家众多,国际联运的效率与通关口岸的建设水平、通关手续的复杂程度有着很大的关系。一方面,沿线各国需要不断提高口岸基础设施建设水平,为货物运往目的地减少运输对接时间;另一方面,还需进一步推动国际联运通关手续的简化。通过改革通关作业模式(如采取"一票通关"等方式)、建立货物运输实时跟踪查询的信息平台等方式提高通关效率。

第三,完善协调机制。随着丝绸之路经济带建设的不断深入,亚欧大陆上的国际运输线将会不断增加,特别是各地国际班列的相继开通,使得丝绸之路交通动脉的发展在整体上呈现出良好态势。在此过程中,各方难免会因缺乏协同合作而产生利益冲突,导致包括争抢货源、竞相压价等在内的恶性竞争问题,因此应加强统筹,通过建立国际协调机制对交通运输进行规范整合,为丝绸之路经济带交通运输基础设施建设的良性发展"保驾护航"。通过各国交通运输部门的政策引导,铁路、海关和运营公司等的积极参与,可以逐步成立专业的合作协调组织:一方面,通过及时的沟通谈判,确定具有权威性的运费定价标准,确定规范的运输线路,改善运输低效和运力浪费等问题;另一方面,建立信息互通平台,为运费调整和物流集散动态的更新提供便利。

第二节　丝绸之路经济带的通信设施联通

一、古丝绸之路的信息联通

张骞出使西域时的漫漫长路,在历史的精心打磨之下成了联结东西方熠熠生辉的丝绸之路。无论是古代还是当下,这条交通要道对促进中国和中亚、西亚、南亚、北非以及欧洲之间的经济文化交流都有着重要意义。为了保证丝绸之路沿线国家之间的有效交流,满足各国之间沟通的需要,如何传递信息就成为人们需要重点解决的问题之一。

烽燧是丝绸之路上出现的最古老和最原始的信息传递方式之一。通过在烽火台燃烟(白天)或点火(夜晚)来传达边疆军情,这是古代边疆传递战况最为重要和便捷的通信方式。随着西汉时期丝绸之路的开通,这种信息传递方式被带到了西域,成了这条连通东西方道路上最早的信息互通途径。为了加强对丝绸之路的行政管理,保障地区的安宁和国家间的往来顺利,西汉王朝还制定了一套较为完善的烽燧修筑体系,对烽燧修筑的规格、间隔距离、信号表达等问题的标准提出了规定,这在一定程度上使得丝绸之路沿线各国之间的信息传递更加便捷有效。但这种早期的通信方式有着明显的不足之处,不仅极易受到天气环境的影响,而且传递信息的内容太过单一,在信息沟通方面具有较大的局限性。因此,这种方式主要适用于战争期间军情的传递。

驿站是古代丝绸之路上最主要的通信设施,在信息传递和联通上起着至关重要的作用。春秋战国时期,中原地区开始陆续出现邮亭等正式机构来传递官府文书。张骞两次西域之行,开辟了汉朝与中亚、西亚、南亚甚至欧洲各国之间的通信道路,丝绸之路上各个国家开始通过邮传的方式互通有无。在此后的数千年,盈千累万的驿站在沙漠和绿洲中扎根生长,在现代通信方式普及之前,驿站始终承担着信息传递的重任。

据史籍记载,汉朝时已经出现了基本的驿传制度,对传递文书的分类、次序、时间、人员的登记管理方法已初步形成,汉朝官府在丝绸之路通道上每30千米设置一处驿站,且内设邮舍供往来传递人员停留歇宿。唐朝的国力昌盛和开放融合的社会氛围,极大地促进了丝绸之路上各国之间的贸易往来和文化交流,当时朝廷以丝绸之路为主干道,以陆路邮驿和水路邮驿为辅,在丝绸之路南、北、中三条古道上建立了旗布星峙的邮驿机构。宋代在此基础上进一步增设邮驿机构,大约每5~10千米设置1个邮铺。为应对紧急消息的传递,还出现了类似于现代社会中邮政特快专递的"急递铺"。元代是一个开疆拓土的朝代,随着征讨战事的大范围进行,通往西域等广大地区的驿站建设数量也不断增加,为沟通西亚、南亚及欧洲各地之间的官方交流和民间往来提供了基础。

明代以前,古丝绸之路上的通信驿站只用作官方文书的传递,民间通信则主要依靠个人通过马匹、骆驼等中途难以更换的工具进行,效率较低。明朝永乐年间的民间文化交流和贸易往来频繁,专门负责民邮事务的机构"民信局"应运而生。清朝时期,古丝绸之路上的驿站建设主要用于清政府对边疆地区的管理和统治。清政府将设在新疆、蒙古一带的邮传驿站称作"军台",主要负责西北地区的文书传递,形成了以乌鲁木齐为中心,以古丝绸之路的交通要道为主线的邮驿通信体系。至乾隆年间,仅新疆境内就有拜卒、役夫538人,驿马807匹。至清朝晚期,清政府在新疆天山南北共设置军台、驿站、营塘等邮传驿站186座,邮驿线路总里程14 435里(1里=500米,下同)①。

清朝光绪年间,清政府在乌鲁木齐设立了新疆官点总局,电信开始成为丝绸之路上新的通信方式。近百年来,科学技术的快速发展为通信领域带来了一场巨大的革命,电力的应用和互联网络技术的普及使得固定电话、移动电话、宽带网络等成为当代社会的主要通信设备,以跨境光缆等为主的通信干线网络成为丝绸之路上各个国家和地区开展交流合作的通信基础设施。

二、通信设施联通的现状

当前,丝绸之路经济带沿线国家的互联网用户数量逐年增加,互联网已经在丝绸之路信息联通中扮演核心角色。以中国、俄罗斯和中亚五国为例(图3.1),2008—2013年哈萨克斯坦互联网用户数增长幅度最大,年均增长率超过50%;俄罗斯、中国、哈萨克斯坦三国的互联网用户均超过世界同期水平,塔吉克斯坦、吉尔吉斯斯坦、乌兹别克斯坦和土库曼斯坦则处在世界平均数量之下,但乌兹别克斯坦近年来增速较快。土库曼斯坦的互联网用户数2013年仅占世界平均水平的25.17%,其互联网发展严重滞后。

丝绸之路沿线国家的互联网用户数变化情况只是区域信息基础设施建设发展水平的一个缩影。国家信息中心于2016年发布的《"一带一路"沿线国家

---

① 王志强,姚勇.清代新疆台站体系及其在边疆开发中的作用[J].西域研究,2007(4):29-35.

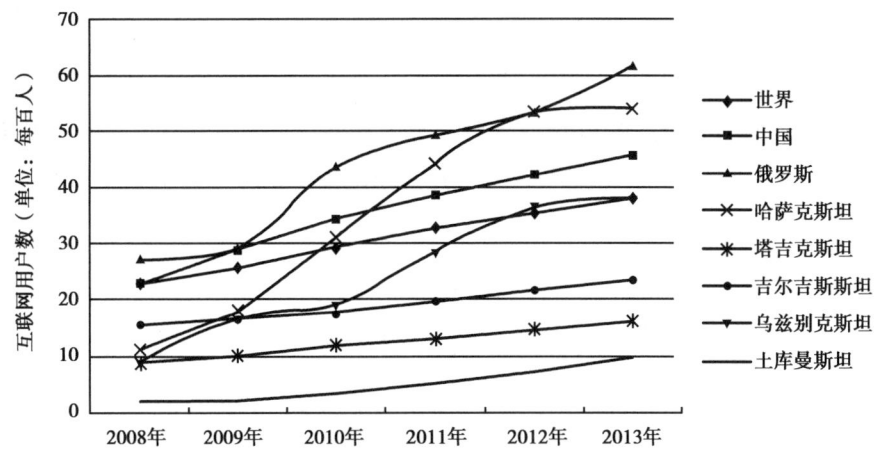

图 3.1　丝绸之路沿线主要国家历年互联网用户数

资料来源：全球宏观经济数据［EB/OL］.新浪财经,2015-1-2.

信息基础设施发展水平评估报告》给出了更令人信服的答案。报告通过对丝绸
之路沿线国家 ICT 基础情况（如宽带的速度和资费）及 ICT 应用情况（移动电
话、计算机、宽带等的普及率）进行测算和分析,对丝绸之路经济带沿线区域的
通信基础设施发展水平进行了较为全面的测评（表 3.3）。

表 3.3　丝绸之路经济带沿线主要国家的通信基础设施发展水平指数

国　家	ICT 基础			ICT 应用			
	宽带速度	宽带资费	固定电话普及率	移动电话普及率	计算机普及率	固定宽带普及率	移动宽带普及率
俄罗斯	10	9.9	6.29	12	8.77	7.18	7.91
哈萨克斯坦	4	9.78	6.04	12	7.99	5	7.18
吉尔吉斯斯坦	2	7.25	1.75	12	2.17	1.42	8.22
土库曼斯坦	6	8.94	2.95	12	1.23	0.02	1.31
乌兹别克斯坦	2	8.82	2.07	8.8	1.11	1.37	2.87
塔吉克斯坦	2	8.68	1.3	11.83	1.23	0.03	1.14
新加坡（参照）	10	9.89	8.8	12	10.86	10.12	12

资料来源：杨道玲,王憬澈,李祥丽."一带一路"沿线国家信息基础设施发展水平评估报告［J］.电子
政务,2016(9):2-15.

表 3.3 是根据报告梳理出的丝绸之路沿线几个国家的通信基础设施发展指数,从中可以看出:与通信基础设施发展水平较高的新加坡相比,以俄罗斯和中亚五国为代表的丝绸之路沿线国家通信基础设施发展整体水平不高。其中俄罗斯和哈萨克斯坦发展水平相对较高,其余四国则在整体排名中处于相对较低的位置。在信息通信技术的应用上,各国移动电话的普及率较高,但固定电话、计算机、宽带的普及率都较低,特别是土库曼斯坦、塔吉克斯坦等国。加强丝绸之路经济带的通信基础设施建设,不仅是区域经济发展的要求,更是各国加快经济社会发展的迫切需要,丝绸之路经济带通信设施互联互通正当其时。

三、通信设施联通的趋势

(一)联通愿景

2015 年 12 月,习近平主席在第二届世界互联网大会上提出:"网络的本质在于互联,信息的价值在于沟通。只有加强信息基础设施建设,铺就信息畅通之路,不断缩小不同国家、地区、人群间的信息鸿沟,才能让信息资源充分涌流。"[①]丝绸之路经济带沿线各个国家之间实现真正的互联和沟通,正是通信基础设施联通建设的目标和愿景。丝绸之路经济带上的通信设施建设愿景可分为三个维度:硬件设施联通、通信产业联通、信息交流共享。

第一,硬件设施联通。随着多条跨境陆地光缆的建成,中国与包括俄罗斯、蒙古、哈萨克斯坦在内的多个丝绸之路沿线国家之间将逐步开通陆地光缆带,铺就起区域之间的信息高速通道。同时,在众多通信运营商的努力下,将规划筹建更多面向亚洲和欧洲的国际通信业务出入端口。未来几年,丝绸之路经济带沿线国家和地区的 POP 点(信息驿站)数量将进一步增加,确保丝绸之路经济带上的信息互通更加便捷。此外,以香港环球网络运营中心为代表的"信息集散岛"将逐步建立起来,从而承担起通信枢纽的作用,对丝绸之路经济带沿线

---

① 习近平在第二届世界互联网大会开幕式上的讲话[EB/OL].新华网,2015-12-16.

国家和地区的互联网数据进行运营管理。通过提供丝绸之路经济带专线、互联网接入、云计算等有针对性的通信服务，进一步为通信基础设施建设的硬件互联保驾护航。各种类型的通信基础设施建设将进一步完善丝绸之路上的通信设施布局，在丝绸之路经济带上形成较为完善的通信基础设施网络体系。

第二，通信产业联通。21世纪是科学技术飞速发展的时代，技术的不断创新也推动相关产业发展方式的转变，信息产业更是以最快的速度进行着更新迭代。在4G技术开始大范围普及后，5G技术将在未来引领新一轮的通信基础设施建设，通信产业自身将出现新的业态和发展模式。一方面，支持TD-LTE技术的通信运营商数量将不断增加，5G等通信技术的覆盖范围将会越来越广泛，这将进一步提升丝绸之路沿线地区的通信速度和质量。从宏观视角来看，在通信基础设施联通的过程中，沿线国家和地区的信息通信产业受政策引导和市场指向的双重驱动，会逐步开展跨境合作，这不仅有助于提升当地信息产业的通信建设能力和运营维护水平，还有助于促进各国信息产业之间的分工协作，从而为丝绸之路的通信联通建设提供国际供应链。未来，丝绸之路经济带沿线各国之间将持续在技术设备、运营管理、云计算等重点领域推进更加广泛的合作，培育出具有持久生命力的通信产业生态圈。

第三，信息交流共享。两千多年前，张骞出使西域，丝绸之路的贸易往来和文化交流由此展开。知识、文化等信息寄托于文书信件随着骆驼队伍在异域与中国之间往来，促进了丝绸之路上早期的通信往来，也加深了彼此之间的认知和了解。两千多年后，移动互联网已经彻底改变了我们信息交流沟通的方式，使全球社会都进入信息化发展的时代，对丝绸之路上的经济合作、政治互动、文化交流都产生着深刻的影响。可以说，未来的丝绸之路经济带将是"信息丝绸之路"。在经济方面，丝绸之路经济带沿线国家和地区的跨境贸易将依赖信息化的交通运输流程，如电子运单、一站式服务、物流信息跟踪等。跨境投资经营和合作业务的展开，将逐渐规避信息不对称等问题所造成的经济损失，有利于国际业务的顺利进行。随着传统产业与互联网在各种领域的深层次融合，沿线各国的经济发展将出现新兴行业和新兴业态,而各行各业将通过电子通信技术和信息通信渠道(如互联网平台)实现跨国经营和创新发展。此外,丝绸之路上信息基础设施建设的互联互通,将进一步提升区域的信息服务水平。在信息技术不断变革的背景下,信息服务将面向丝绸之路经济带沿线国家和地区多样化的市场、多样化的语言和多样化的个体需求。更高水平的信息服务将线上与线下融合在一起,将传统与智能融合在一起,从而更好地服务于区域经济发展。在政治方面,基于通信设施的互联互通,丝绸之路经济带沿线国家的政府部门将进一步实现数据信息的共享,为公民提供高质量与高效率的公共信息服务,进一步提高民众对丝绸之路经济带发展的参与度。在文化方面,移动互联网的发展已然成为文化交流的主要渠道。比如,丝绸之路经济带沿线国家可通过网络图书馆、博物馆和页面旅行等方式,让其他国家和地区的人民了解本国文化。总的来说,通信基础设施联通对丝绸之路经济带的发展具有重要推动作用,对缩小区域间的数字鸿沟、助力信息时代下的丝绸之路经济带联通、实现丝绸之路经济带的美好发展愿景具有不可替代的硬件支撑作用。

(二)当前重点

第一,硬件设施建设。推进双边跨境陆地光缆建设,实现光纤骨干网络的互联互通,仍是当前丝绸之路经济带沿线国家通信基础设施建设的重点方向。针对丝绸之路经济带沿线区域跨境光缆互不相连、联而不通、通而不畅等问题,各国政府及通信运营商应积极引导跨境陆缆建设合作模式的创新,并通过"容量银行"正确处理现有容量和增量容量之间的关系。由于沿线国家信息基础设施建设整体处于中低水平,对POP点的建设数量提出了更大的需求。丝绸之路经济带沿线国家之间的通信联通,还需要通过卫星系统来提供精准导航、宽带通信、应急通信、安全通信等开放性的公共服务,因此加速国际卫星通信系统的研发、建设和应用,是通信设施联通领域的重点工作。值得注意的是,由"互联网+"带来的产业革命催生了众多信息产业发展的新业态,如何利用互联网的开放性、高效性来创新通信基础设施联通方式,是当前行业发展所关注的焦点。

此外,应将大数据、云计算等技术服务进行整合,尝试在丝绸之路经济带上建立起大型信息集散中心站、数据运营管理中心等信息处理中心,为沿线国家在政治经济等不同领域的交流合作提供信息服务。

第二,信息平台建设。丝绸之路经济带沿线各国和各地区之间的信息不对称,始终是通信互联互通过程中的一大障碍。缓解甚至消除沿线国家之间的信息不对称壁垒,实现信息丝绸之路畅通无阻,必须重视丝绸之路经济带综合信息服务平台的搭建。丝绸之路经济带综合信息服务平台应该是具有权威性、开放性、安全性的信息共享服务平台,通过网络服务平台的规划建设来广泛汇聚各国的海量数据,将海量数据进一步转化为具有应用价值的信息,从而为丝绸之路经济带的通信联通释放出内生动力。

第三,加强资金支持。通信基础设施具有通用性强、适用范围广的特点,建设过程投资量大、建设周期长,且移动物联网等新技术的应用加速着信息基础设施的升级换代,进一步增加了联通建设的成本。因此,通信基础设施建设的资金缺口不单单需要政府、相关国际机构的政策资金倾斜,更需要包括企业在内的各方在融资模式上的创新与完善。一方面,需要根据各方情况选择适应基建要求的 PPP 创新项目,加强政府与社会资本的合作;另一方面,要充分利用亚洲基础设施投资银行等机构的专项发展资金,加大对通信基础设施建设中的应急通信、安全通信等产业链较为薄弱的领域的支持。同时,丝路基金等公共性产业投资基金也可为通信联通项目提供融资支持。通过各方合作,最终建立起以企业为行动主体、以项目建设为载体、以政府和国际机构为引导、各类金融机构和基金组织等社会资本共同参与的多元化融资模式。

第四,完善合作机制。在丝绸之路经济带通信设施互联互通过程中,需要克服各种困难和障碍。其中,加强国家之间的沟通与对话,构建通信设施合作机制尤为重要。一方面,需要利用上海合作组织、APEC 等国际组织和丝绸之路经济带双多边合作机制,为丝绸之路经济带通信基础设施建设在政策层面的沟通与合作提供保障。针对卫星导航和移动互联网建设的技术标准、应用范围,以及企业进行跨境建设过程中所面临的投资合作、资源共享等问题,政府间积极开展对话和友好协商,加快通信基础设施建设步伐。另一方面,通信设施联通的开展,还需要有好的激励机制来调动各方积极参与,特别是充分发挥企业的主体作用,这就需要完善跨国企业之间的合作机制。通信产业的行业协会、国际通信产业联盟等组织可鼓励各运营商积极开展合作,为跨国通信基建业务的组织方式创新、运营模式创新和维护监管机制创新提供制度服务,在丝绸之路经济带通信设施联通上促成更多优质高效的国际合作。

专栏 3.1　丝绸之路经济带通信设施建设的重点工程

乌鲁木齐国际通信出入口局改造升级工程:这是国家网络西向大通道的核心工程,通过改造升级,建立乌鲁木齐与北京、上海等3~4个超级核心节点之间的 T 级互联,部署互联网安全监控平台,完成对国际出口业务的监控和管理,升级乌鲁木齐已有的区域性国际局枢纽语音系统,从而满足中国通往欧洲、中东、非洲的话务量的25%~40%经由新疆通道疏通的要求。

上海合作组织云:这是构建在亚欧信息高速通道建设工程基础之上的重大应用项目,主要体现国家战略,通过"上海合作组织云"的引领和示范作用,推动上合组织各成员国在安全、经贸、文化、旅游、教育等领域更加紧密的合作。利用电子签名进行跨境电子合作,推进各成员国之间在海关、商检、国际物流等方面开展电子数据交换(EDI),实现贸易和投资的便利化;开发建设上海合作组织多语言呼叫中心,为各成员国提供本地语言的信息服务。

亚欧国际数据保税区:这是与"丝绸之路经济带"信息大通道建设相配套的重大产业化项目,旨在通过亚欧信息高速通道为中亚、西亚、南亚和欧洲国家提供基于云计算的数据存储备份,多语种信息资源加工、处理,互联网内容信息的翻译制作等服务。

资料来源:宋建华.加快建设"丝绸之路经济带"信息大通道[N].新疆经济报,2016-10-14(T3).

第三节 丝绸之路经济带的能源设施联通

一、能源设施联通的意义

能源合作是丝绸之路经济带国际合作的重要内容，跨境能源管道的建设、区域电网的互联互通等可以显著提升区域能源服务水平，促进区域经济发展。

一方面，中国与丝绸之路经济带沿线国家在能源产业上具有极强的互补性，这为丝绸之路经济带能源合作提供了基础条件。俄罗斯及中亚各国拥有充足且优质的能源资源。据统计，俄罗斯已探明的天然气蕴藏量高达 48 万亿立方米，石油储量约为 109 亿吨，是世界上自然资源最丰富的国家之一。中亚地区中，哈萨克斯坦仅在所属里海地区的石油储量就高达 164 亿吨，天然气总储量约为 6 万亿立方米。乌兹别克斯坦、土库曼斯坦等国家除了油气资源外，还拥有丰富的风能、水能、太阳能等可再生能源。与此相对应，中国的能源产量远低于能源需求量，是丝绸之路经济带上的最大能源需求方，中国石油对外依存度一度高达 61%。对中国来说，能源基础设施建设的互联互通将有效地缓解中国能源需求压力，走出受制于海上能源运输的困局，对拓宽中国能源供应渠道具有重要意义。而俄罗斯、哈萨克斯坦等国家则可以通过与中国联通能源基础设施，进一步拓宽能源出口市场，建立多元化能源输出通道，从而尽可能地将资源优势转化为经济利益。此外，地缘条件的先天优势为区域能源基础设施联通提供了得天独厚的条件，有利于陆路能源合作的长期性和稳定性。

另一方面，丝绸之路能源基础设施联通对整个区域能源产业链的转型升级和持续发展具有重要意义。能源产业链包括能源开发利用的各个环节，特别是在信息技术快速发展的时代背景下，能源联通的合作领域涉及技术、资金、管理等各个方面。在能源设施互联互通过程中，中国在能源开采冶炼技术、资金、管理上具有优势,可以跟俄罗斯及中亚国家在能源勘探、油气管道和电力设施建设、能源输送运营管理、新能源开发研究等方面协同合作,促进这一区域能源产业链的转型升级与可持续发展,实现各方互利共赢。

二、能源设施联通的现状

(一)油气管道建设现状

中国在丝绸之路经济带沿线能源管道联通建设中扮演着重要角色,积极与沿线各国建立能源管道的互联互通合作。目前中国已经合作建成了包括中哈石油管道、中国—中亚天然气管道、中俄油气管道等多条跨国油气管道,为中国和其他沿线国家之间搭起了能源输送的桥梁。

中哈石油管道线起于哈萨克斯坦的里海沿岸城市阿特劳,途经著名的阿克纠宾油区,向东直至中哈边界的阿拉山口。整个中哈石油管道全线长约2 800千米,年输送原油量达2 000万吨,被称为"丝绸之路第一管道"。从2003年前期工程建设,到2009年二期一阶段工程正式投入运营共历时6年,目前已实现由哈萨克斯坦至中国新疆的全线贯通。截至2018年2月,中哈石油管道已累计安全运行超过4 200天,向中国管输原油超过1亿吨。

中国—中亚天然气管道于2009年开始逐步投产运行,它以土库曼斯坦和乌兹别克斯坦两国的边境城市格达依姆为起点,横穿乌兹别克斯坦和哈萨克斯坦,由新疆的霍尔果斯进入中国,输气能力为550亿立方米/年。这是中国修建的第一条跨国长距离天然气运输管道,它与国内的"西气东输"线相连,全长约1万千米,共分为A、B、C、D(在建)四线,单线长约1 833千米。

中俄原油管道于2011年正式开通,该管道由俄罗斯科沃罗季诺站输送至中国东北地区的大庆站,全线长1 000千米,大部分管线铺设于中国境内,可实现1 500万吨/年的供油量。2018年年初,该管道的二线工程正式投入运营,石油输送量将进一步增至3 000万吨/年。中俄天然气管道呈东西线并行,分别由俄罗斯的伊尔库兹克和克拉斯诺亚尔斯克向南延伸至中国的北京和新疆。

除此之外，中国于2014年与吉尔吉斯斯坦、塔吉克斯坦就天然气管道建设成立管理委员会达成共识，并分别签署了相关协议，为油气管道建设提供了有效的协调合作机制。2017年12月，新的合作项目在乌兹别克斯坦的布哈拉市成立，未来将在此地建设中乌天然气管道调控中心，负责中乌天然气运输设施的调度管理。由此可见，丝绸之路经济带的能源基础设施互联互通不再局限于管道线的铺设，而是越来越注重调控管理、合作机制等方面的完善，在基建项目合作的不断深化中为能源设施互联互通保驾护航。

（二）电力设施建设现状

电力为现代生产生活点亮了希望，成为经济社会发展不可或缺的重要能源。一条条银线的铺设和一座座塔基的架设，为丝绸之路经济带源源不断地输送着电力，"电力丝绸之路"已成为丝路能源联通的重要通道。

近年来，中国的电力基础设施快速发展，"北电南送""西电东送"等大型输电项目的开展显著提高了国内各地区之间的电力联通水平，全国已基本建成广泛覆盖的电力网络。俄罗斯具有丰富的电力资源，该国的电力基础设施建设起步较早，建设体系较为成熟，具有良好的联通基础。中亚各国的电网系统建设呈南北长链式、中部环网型结构，地区内的整合程度较高但开发利用程度较低。值得注意的是，中亚地区煤炭、风能、太阳能、水能资源丰富，为丝绸之路经济带电力设施联通领域的开发合作提供了丰富的可转换资源。基于目前沿线各国现有电网联通水平发展不均、电力短缺、电力开发技术制约等问题，丝绸之路经济带电力设施互联互通从整体看仍处于起步阶段。

中国企业在电网投资、建设和运营等方面具有丰富的经验，是当前与沿线国家进行电网互联的积极践行者。国家电网公司是中国开展对外电网建设项目的领头羊，目前已经在中国和包括俄罗斯、吉尔吉斯斯坦在内的多个丝路沿线国家之间建成了数十条跨国输电线路，为丝路电网的联通做出了基础性的建设工作。截至目前，中国和俄罗斯之间有一条直流输电线路和三条交流输电线路，中国国家电网公司目前通过中俄间的输电线路已累计进口俄罗斯电量约 210 亿千瓦时。中国和吉尔吉斯斯坦之间开展的最大电力合作项目由中国特变电股份有限公司为吉尔吉斯斯坦建成了跨越南北的输变电大动脉，将在很大程度上改善该国南部地区电力短缺的状态，并为未来周边国家之间的电网联通奠定基础。塔吉克斯坦境内原有的三大电网之间处于彼此分隔的状态，中国企业在该国承建的国家主电网工程竣工后，将建成南北送电通道和该国首个输变电效率较高的独立电网。哈萨克斯坦现有的电力网络也具有分散不相连的特点，中国同哈萨克斯坦之间正在积极推进电力基础设施建设领域的合作。

除了中国积极与沿线国家开展的电力互联互通项目以外，各个国家之间也加强了彼此的电力联通建设，出台了发展跨境电力和输电通道互联互通的相关规划：俄罗斯积极与东欧国家寻求扩大电力联网规模的相关合作，促进丝绸之路东部电力市场的统一。2016 年 5 月，吉尔吉斯斯坦、哈萨克斯坦、巴基斯坦与阿富汗四国签署了 CASA—1000 合作协议，计划在四个国家之间建立起互联互通的输电线路，构成四国间的区域性电力联通系统，这对中亚国家之间的能源互联互通具有重要意义。丝绸之路上的各个区域正将本国电力系统的完善和跨国电网的联通作为优化能源配置、促进经济发展的重要举措。

三、能源设施联通的趋势

（一）联通愿景

第一，建立丝路能源俱乐部。丝绸之路经济带沿线国家和地区的能源设施联通项目正在如火如荼进行中，取得了阶段性建设成果。随着参与方合作开展项目数量的不断增加，联通工作中存在的问题已经凸显，包括各国的政策法规之间存在冲突、基础设施建设的技术标准不统一、信息交流不畅等。一个开放共享的能源合作平台呼之欲出。中国国家能源局已经提出了建立能源合作俱乐部的倡议，这将是一个具有开放性和包容性的平台，无论是政府部门、能源企业，还是金融机构和民间智库，都能以务实的态度共同探讨能源合作面临的相关问题，实现信息的即时交流和共享，推动丝绸之路经济带能源基础设施互联互通。随着能源俱乐部的建立，跨国合作的政策规划及协调机制将不断完善，项目开展的技术研究支持和评估咨询等信息服务将专业化，能源设施互联互通未来可期。

第二，打造丝路能源共同市场。中国与其他丝路国家在油气管道、跨境电力传输等方面有着广阔的合作空间，而能源基础设施建设又衍生出了地区内能源金融、能源贸易等多个合作环节，能源设施的互联互通建设为丝路能源共同市场的形成提供了基本的硬件基础。中国是全球能源的主要进口国家之一，经济快速发展带来了能源消费需求的不断增加，受制于欧美的原油期货市场的影响，中国在中东原油进口过程中需支付较高的能源交易成本，陷入能源市场溢价困境。丝绸之路经济带沿线的许多国家都具有丰富的能源储备，这种区位优势和能源禀赋的互补性无疑为打造丝路能源共同市场提供了条件。在"先天优势"和"后天硬件基础"的双重作用下，能源设施联通无疑将推动区域能源共同市场的形成。我们有理由相信，丝绸之路上能源合作的不断深化，将催生出区域性的能源期货交易中心，为丝绸之路经济带上的能源贸易等提供公平的能源市场定价机制和完善的战略储备体系，通过市场调节保持相对平稳的能源供给量和能源供给价格，在满足各方经济利益诉求的同时共同建立起安全、稳定的区域能源市场。

第三，聚焦丝路新能源合作。传统的能源基础设施建设主要是指油气管道、电网铺设和煤炭运输等方面，随着近年来气候异常和环境污染问题愈演愈烈，环境治理和经济发展对传统能源消费结构转型提出了迫切要求，开发和使用新能源成为各国共识。大力发展新能源代替传统能源是未来可以预见的发展趋势，自然也为丝绸之路经济带上能源基础设施互联互通提出了新要求。中国具有包括核能、水能、太阳能等在内的丰富的新能源资源，中亚各国拥有水能、风能、地热能等资源。目前各国已经开始注重对新能源资源的开发和利用，这为丝绸之路上的能源基建合作提供了重要发展方向。

（二）当前重点

第一，能源基础设施的标准化建设。中国与中亚国家在开展能源合作方面以管道运输为主，但各国目前的能源运输设施建设标准存在差异。以各国的管道建设标准为例：中国在整体的油气管道标准化建设中，主要参考了美国的结构体系设置和技术参数设置。包括中亚国家在内的各沿线国家受苏联基础设施建设的影响，在建设标准的确定上不同程度地参照了俄罗斯、欧美、中国等多个标准体系，且在建设采用比例上存在着明显的差异。建设过程中的标准不统一不仅影响施工进程和后续维护管理工作，还会直接影响丝绸之路经济带沿线国家之间的能源合作效率。为此，各国应积极利用合作机制平台等途径共同促进跨国管道的标准化建设，以硬件标准化建设为重心建立统一的技术标准体系，并对跨国管道的工艺设计、计量施工、控制维护等过程进行统一要求。总的来说，建立科学完善的能源基础设施标准化建设体系，需要将技术标准与管理标准统一结合起来，以达到"双管齐下"之效。

第二，区域合作协商机制的完善。当前丝绸之路经济带上虽然已经形成了依托于管道运输，辅之以交通运输的能源输送体系，但如何通过设施联通搭建出丝绸之路上的能源运输网络仍任重而道远。包括长距离管道线、变电站等在内的能源输送基础设施都具有投资成本高、建设周期长和安全风险大等问题，因此需要建立完善的协调和保障机制，从而确保能源基建合作的长期稳定开展。这其中应包括政府间推进能源设施互联互通的协调机制，加强各国之间的能源政策沟通和政策引导，为具体项目的开展提供国家战略层面的有力支持；在能源设施联通过程中，应通过专门的协调机构或组织负责处理跨国能源基础设施在建设、运营管理等方面的问题和矛盾，进一步强化战略协同，维护区域能源合作的稳定进行。不可忽视的是，丝绸之路上复杂的地缘政治条件使得能源联通的安全性受到挑战，只有不断完善能源设施建设的应急合作机制，控制或降低能源运输风险，才能为跨国项目的开展提供安全保障。

第三，能源设施联通的绿色发展。随着全球生态环境治理困境的出现，"绿色发展""环境友好型发展"已成为近些年国际经济社会发展所聚焦的热点。绿色发展是人们对生存环境和生活方式改善的需要，也是丝绸之路经济带沿线各国和地区经济发展转型的需要。能源通道的建设不可避免地会对沿线生态环境造成影响，如何规避可能会造成的生态破坏，提升跨国能源设施建设的生态环境效益，是当下能源设施联通必须关注的重点议题。在未来能源合作项目开展过程中，首先需要设计出能源基础设施建设的环境评估机制，充分考虑对生态环境可能造成的破坏和污染。长远来看，可以通过构建能源基础设施建设的生态指标体系，进一步加强生态效益评估，以环境约束引导设施联通的绿色发展。

4

制定新规则：
从贸易畅通到投资便利化

贸易投资便利化是丝绸之路经济带建设的重要组成部分。可以为丝绸之路经济带建设创造良好的营商环境。按照 WTO（2006、2008）的界定，贸易便利化是指在国际贸易流通的全过程中，相关手续、服务、运输、交易手段、制度的简化和效率提升。投资便利化是指用来简化并协调投资者在对外投资中所涉及的各个环节的程序，目的是为国际投资营造协调、透明、可预见的环境，主要包括投资促进措施、减少投资者权利的束缚、提高行政效率、提供信息服务与技术支持、融资便利化和国际间政策协调顺畅等手段。

第一节　丝绸之路经济带的贸易便利化

一、贸易便利化的历史回顾

汉朝大一统中央集权国家的产生，使得政府极力向外开通商路，政府的支持、管理以及交通条件的改善，使得中国的对外贸易进入一个新的时期。丝绸之路并非单一的交通干道，而是东西连接、南北交错的交通网络。随着交通条件的改善，对外贸易便利性大为提升。魏晋南北朝时期，实行全面的"过所"制度，即颁发通行证，登记包括姓名、商品、国别等信息，并对"过所"的商人进行沿途保护，协助商人购买中原商品，这大大提升了贸易便利性。

唐朝在西域设立安西都护府和北庭都护府两个管理机构，设立驿馆为丝路商人和使者提供食宿便利，加强"过所"制度，并设立藩坊对外商进行管理。此外，唐朝还推动丝绸之路沿线贸易标准的统一，提升了贸易便利化[1]。宋朝北方丝绸之路陆路交通受阻，因此海上丝绸之路贸易获得蓬勃发展。宋朝始终积极推进海外贸易，贸易制度在唐朝的基础上得以加强，开始制定市舶条例，以法律的形式规范对外贸易，提高对外贸易管理的效率，还通过设立藩市、藩学便利外

---

① 李明伟,张旭东.丝绸之路贸易史[M].兰州:甘肃人民出版社,1997:145-146.

商往来,促进了对外贸易的发展。

元朝的陆海交通通达性更胜前代,陆上丝绸之路通道便利,形成了北穿南俄、南贯波斯、东经中亚、西到欧洲的大动脉。元朝政府建立了海陆立体式的驿站网络,驿站分为陆站和水站,这些驿站不仅设在境内,而且遍布中亚和西亚,甚至到达欧洲。元朝的海路贸易管理制度在宋朝的基础上更加完善,制定了中国第一部完整系统的海路贸易管理条例,海路贸易的地区不断扩大。元朝政府鼓励经商,减免商税,保护商道的畅通,保护商人的私有财产,纸币不仅在国内流通而且在国际市场的部分区域也有一定的流通,促进了国际贸易便利化的发展。

明朝郑和下西洋是朝贡贸易的巅峰,亚欧非海上交通网络形成,但朝贡贸易难以为继。明朝中后期的"海禁"政策,影响了中外贸易和中国经济的发展。海禁导致民间海上走私兴起,影响了明朝的国家安全。明朝后期逐步实施开海政策,将之前设立的管理追查走私的靖海官、海防官,改为管理私人海上贸易的机构,发放引票,征收进出口税(包括水饷、陆饷、加增饷),此外对进出口商船的货物进行监督查验,还设立了出口商品交易会。随着欧洲新航路的开辟,经济全球化日渐兴起,传统的区域间贸易被全球性的世界贸易所取代①。

清朝在鸦片战争以前,对外贸易以海上为主,陆上主要是与俄罗斯之间的贸易。清朝推行有限制的开海政策,废除匠籍制度,恢复手工业生产,对盐业、采矿业给予了一定的开放,推动了商业贸易的发展。清朝由多口岸通商变为一口岸通商,与西欧的贸易成为中国海外贸易中的重心。鸦片战争后,西方在工业革命的推动下交通运输方式不断变革,之前的地理范围限制大大减少,贸易便利性提高。这一时期,中国的关税自主权丧失,中国关税税率长期被固定在极低的水平。这一时期的海关管理比中国传统的封建海关有所进步,有统一完整的章程,以及自上而下统一完整的海关行政管理机构,建立了一套行政、人事、税务考核制度,更加廉洁高效。这一时期颁布的商务法规,推动了对外贸易

---

① 高德步,王珏.世界经济史[M].北京:中国人民大学出版社,2001.

的发展。

民国时期,中国进一步对外开放,提出"利用外资,振兴实业"的口号,并且颁布了一系列促进企业设立、商业与贸易发展的法律法规,尤其促进出口贸易的发展,金融保险和交通运输业进步,中国形成了轮船航运体系。这一时期,政府对竞争性进口商品和非竞争性进口商品实行差别税率,并且实行与国际接轨的金本位,大幅削减出口税率,在一定程度上提升了贸易便利化水平。

回顾历史我们发现,丝绸之路开拓和演进的过程中,国际贸易的障碍主要为交通、政府支持与货币结算,丝绸之路横跨亚欧大陆,连接亚洲、欧洲、非洲,路途遥远,交通运输耗费时间长,成本高昂,不利于贸易的开展。因此,交通网络的不断完善,交通运输工具的不断革新,都推动着贸易便利性的提升与运输成本的降低。此外,政府对外开放政策直接影响贸易的畅通,政府对相关贸易法律标准的制定、军事上的保护、政策税收等方面的优惠支持、关境贸易管理的廉洁与效率,都促进了贸易便利性的提升。另外,丝绸之路的货币结算也是影响贸易便利性的一大因素,区域内不同国家实行不同的货币制度,纸币诞生之后促进了区域贸易结算方式的改进,提升了贸易便利性。

二、贸易便利化的现状

第二次世界大战后,美国为推进建立以自身为中心的国际贸易体系,扩大国际贸易市场,促进各国贸易政策的协商与谈判,降低关税和非关税壁垒,推动建立了 GATT(关税及贸易总协定),此后进一步演变为 WTO(世界贸易组织)。GATT 和 WTO 的主要任务是降低关税税率和各种非关税贸易壁垒,协调国际贸易中的摩擦和冲突,促进国际贸易的发展。贸易便利化是国际贸易中的核心问题。随着国际贸易日益多样化,提升贸易便利化的客观要求增强,已经从道路交通、货物运输、通关效率发展到更深层次的贸易便利化形式[1]。

---

① 刘德标.世界贸易组织及其多边贸易规则[M].北京:中国商务出版社,2005.

《贸易便利化协定》于 2014 年正式通过,成为 WTO 第一个多边贸易协议。《贸易便利化协定》主要包括贸易便利化的具体措施在内的四大方面条款。其中贸易便利化措施包括信息的电子化与共享、货物的放行与通关、海关合作、过境手续、边境机构合作、贸易政策的公平性与透明性、贸易纠纷的协商裁决制度等。《贸易便利化协议》可以简化通关手续和国际贸易的程序,整合复杂多样的国际贸易标准,降低国际贸易成本,提高国际贸易效率,促进国际贸易的发展。截至 2017 年 2 月 22 日,包括中国在内的 112 个成员加入《贸易便利化协定》,但全球仍有近半数的国家和地区还未加入。这些未加入的国家大多是欠发达国家和小国,产业竞争力弱,贸易便利化水平十分落后[1]。

目前,丝绸之路经济带沿线的贸易便利化水平总体比较低,而且存在着区域发展不平衡和结构差异。西欧国家在贸易便利化方面处于前列,而中亚、西亚地区的交通基础设施、海关效率较为落后,尚未建立起立体交通网络,海关电子化程度低;俄罗斯以及东欧海关管理较差,管理腐败问题较为严重;中国虽然基础设施建设较好,电子化程度较高,电子商务发展迅速,但是由于管理部门较为繁杂,协调沟通效率较低,而且技术环境标准与国际差异较大;另外区域内的贸易结算主要还是依靠美元,缺少构成一篮子的区域货币结算体系,导致换汇成本与贸易成本太高,不利于国际贸易的开展。

专栏 4.1 跨大西洋贸易与投资伙伴协议(TTIP)

跨大西洋贸易与投资伙伴协议是欧美发起的贸易优惠协定,打造欧美自贸区,议题涉及服务贸易、政府采购、原产地规则、技术性贸易壁垒、农业、海关和贸易便利化等。该协定将不仅仅涉及关税减免,更重要的是消除非关税贸易壁垒,让欧美市场融为一体,包括相互开放银行业、政府采购

---

① 黄志瑾.WTO《贸易便利化协定》评述——多哈回合的突破[J].上海对外经贸大学学报,2014(5):13-20.

等,统一双方的食品安全标准、药品监管认证、专利申请与认证、制造业的技术与安全标准,并实现投资便利化等。该协议若签订,将涵盖目前世界1/2 的 GDP,覆盖世界上较富有的 8 亿人口。但是由于涉及利益分歧,目前欧美国家经历了五轮谈判,仍未取得实质性进展。

资料来源:蔡松锋,张亚雄.跨大西洋贸易与投资伙伴协议(TTIP)对金砖国家经济影响分析[J].世界经济研究,2015(8):79-87.

(一)贸易便利化水平评价

为了对丝绸之路经济带沿线国家及地区的贸易便利化水平有一个更准确的评判,我们采用世界经济论坛制作的贸易便利化指数来衡量。我们将丝绸之路经济带分为北线、中线以及南线区域。考虑到数据的可得性,共选取 71 个国家作为样本,分析其贸易便利化现状,其中北线 25 个国家、中线 36 个国家、南线 10 个国家。样本中既有发达国家也有发展中国家,同时也包含了若干经济发展落后的国家。贸易便利化水平和排名数据来自世界经济论坛发布的《全球贸易便利化报告》,该报告每年由设在瑞士的世界经济论坛进行评估和发布,它对贸易便利化水平的测度得到学术界的广泛认可。《全球贸易便利化报告》将与贸易便利化关系密切的评价分为五大维度,包括市场准入领域、关境管理领域、运输服务领域、信息技术领域以及环境规制。贸易便利化总指数排名见表4.1。

表 4.1　丝绸之路经济带沿线国家贸易便利化总指数排名情况

		2016		2014	
		排名	得分	排名	得分
线路	国家	136 国	1~7	134 国	1~7
北线国家	中国	61	4.49	63	4.36
	俄罗斯	111	3.79	105	3.72

续表

		2016		2014	
		排名	得分	排名	得分
北线国家	蒙古	119	3.66	115	3.55
	哈萨克斯坦	88	4.05	83	4.03
	爱沙尼亚	14	5.32	17	5.16
	拉脱维亚	40	4.86	33	4.87
	立陶宛	29	5.01	37	4.83
	乌克兰	95	3.97	84	4.02
	芬兰	6	5.60	4	5.54
	瑞典	5	5.61	5	5.50
	挪威	17	5.27	16	5.22
	丹麦	12	5.42	10	5.34
	爱尔兰	20	5.27	20	5.15
	英国	8	5.52	6	5.48
	法国	13	5.37	13	5.31
	荷兰	2	5.70	2	5.65
	比利时	10	5.45	11	5.34
	卢森堡	4	5.63	3	5.57
	德国	9	5.49	8	5.40
	瑞士	11	5.45	12	5.32
	波兰	31	4.96	36	4.83
	捷克	25	5.12	27	4.93
	斯洛伐克	34	4.93	40	4.80
	奥地利	7	5.52	9	5.35
	匈牙利	38	4.89	35	4.84

续表

		2016		2014	
		排名	得分	排名	得分
中线国家	哈萨克斯坦	88	4.05	83	4.03
	吉尔吉斯斯坦	113	3.76	98	3.86
	塔吉克斯坦	114	3.74		
	伊朗	132	3.16	130	3.07
	黎巴嫩	90	4.03	92	3.93
	以色列	30	4.99	42	4.74
	约旦	45	4.73	45	4.60
	沙特	67	4.33	56	4.42
	也门	134	2.95	134	2.84
	阿曼	46	4.67	39	4.80
	阿联酋	23	5.23	23	5.05
	卡塔尔	43	4.78	25	4.98
	巴林	42	4.79	41	4.75
	科威特	87	4.07	85	4.02
	土耳其	59	4.52	48	4.54
	塞浦路斯	47	4.61	44	4.71
	格鲁吉亚	41	4.80	46	4.59
	亚美尼亚	68	4.32	54	4.50
	阿塞拜疆	71	4.30	66	4.28
	埃及	116	3.72	111	3.67
	突尼斯	91	4.02	89	3.97
	阿尔及利亚	121	3.51	127	3.20
	摩洛哥	49	4.60	52	4.51

续表

		2016		2014	
		排名	得分	排名	得分
中线国家	葡萄牙	28	5.01	26	4.97
	西班牙	15	5.28	15	5.24
	意大利	36	4.91	43	4.72
	马耳他	33	4.95	32	4.88
	斯洛文尼亚	32	4.96	31	4.88
	克罗地亚	44	4.76	47	4.56
	波黑	83	4.12	75	4.19
	阿尔巴尼亚	60	4.51	64	4.35
	马其顿	56	4.52	59	4.40
	希腊	52	4.55	51	4.53
	罗马尼亚	48	4.61	53	4.51
	保加利亚	53	4.54	50	4.53
	摩尔多瓦	79	4.20	76	4.14
南线国家	越南	73	4.26	87	4.01
	老挝	93	3.98	100	3.81
	柬埔寨	98	3.96	102	3.78
	泰国	63	4.45	72	4.25
	马来西亚	37	4.90	38	4.53
	印度	102	3.91	106	3.72
	巴基斯坦	122	3.51	119	3.40
	孟加拉国	123	3.48	120	3.39
	尼泊尔	108	3.84	112	3.66
	不丹	92	3.98	104	3.77

数据来源：世界经济论坛《全球贸易便利化报告 2014、2016》。

如表 4.1 所示,在丝绸之路经济带北线、中线以及南线国家中,北线国家的贸易便利化总体水平最高,该区域内西欧以及北欧国家的贸易便利化水平差异最小而且贸易便利化程度很高,而中东欧以及蒙古、俄罗斯等国家和地区的贸易便利化水平较低。中线国家的贸易便利化水平两极分化严重,贸易便利化水平高的国家主要是地中海沿岸的南欧国家以及中东发达国家,而中亚国家贸易便利化水平较低。南线贸易便利化水平整体不高,各国差距不大,贸易便利化水平最高的是马来西亚,最低是孟加拉国。中国 2014 年总的贸易便利化水平世界排名为第 63 位,得分 4.36 分;2016 年世界排名为第 61 位,得分 4.49 分。我国贸易便利化水平有所提高,这得益于中国通过"一带一路"建设不断推进自身贸易便利化水平的提升。从贸易便利化总指数的水平现状来看,在丝绸之路经济带的沿线国家中,既有贸易便利化水平排名世界最高的欧洲国家,又有较为落后的国家,区内的贸易便利化水平差异非常大,分布也不均衡。

专栏 4.2 欧盟地区的贸易便利化制度

AEO 制度。《共同体现代化海关法典》首次使用了"经认证的经营者"的概念,并自 2008 年 1 月 1 日起实行该项制度,以简化通关程序。AEO 是世界海关组织(WCO)《全球贸易安全与便利标准框架》的最核心内容之一。AEO 是指"通过海关或其授权的机构认证的,符合 WCO 或相关供应链安全基准的与国际货物贸易及移动相关的企事业单位"。欧盟实施 AEO 制度是基于对供应链安全的考虑。欧盟税务和海关同盟总司认为 AEO 制度不仅适用于进出口商和生产厂商,也适用于如物流服务商、口岸和机场、仓库保管商、运输商等其他商业实体。根据欧盟 EC648/2005 号条例,欧盟授权各成员国政府,可以向符合欧盟统一标准的经营者颁发"经认证的经营者"资格证书,在欧盟关境内适用。上述经营者在欧盟清关时可以获得更为便捷的海关待遇,即在通关时可以减少对货物和文件的检控。即使在受控的情况下,经认证的经营者也会得到优先处理,从而达到节约时间和花费的目标。

"统一清关"制度。2007 年下半年欧盟正式颁布了协调规则下的进出口报关单,贸易商可使用单一行政文件即 SAD-H,并采用电子方式报关。进出口办事处继而根据所得文件进行风险分析,然后将分析结果转交成员国的边境海关办事处,即货物实际进入或离开欧盟的地点。在通常情况下,经认证的经营者只要提交报关单,其货物便可以获得放行,并可直接在欧盟市场内自由流通。2009 年,欧盟颁布了新的海关法实施细则,对实施进出境简易申报制度作出安排,并允许海关分析申报中规定的数据信息,以规避执法风险。

"单一窗口"及"一站式平台"制度。按照"单一窗口"的规定,经营者可以采用电子方式将海关及负责边境管理事务的其他部门要求的资料,递交给一个单一联络点。根据"一站式平台"和针对不同用途而进行的检验将由所有部门同时同地进行。"单一窗口"及"一站式平台"制度大大简化了货物的通关程序,极大地便利了合法经营者。

"电子海关系统"制度。2007 年,欧盟开始着手对电子海关系统和工程框架下的一系列法律法规进行改革,以便在各成员国海关间建立计算机互联系统,并引入统一的风险评估和控制标准。《共同体现代化海关法典》与欧盟的电子清关决议息息相关。前者为电子数据处理技术的采用提供合法依据,后者则决定开发哪些系统及系统投入运作的期限。新的海关法典规定了贸易商与海关部门之间在所有数据、随附文件、决议及通告上的互换均须采用电子数据处理技术。

资料来源:吴敏.欧盟贸易便利化制度及其启示[J].人民论坛,2010(14):136-137.

（二）贸易便利化存在的障碍

第一，标准不统一。丝绸之路经济带沿线各国的贸易管理制度标准存在很大差异，法律法规、检验检疫标准、技术壁垒、电子信息标准、会计与税收制度、知识产权保护、劳工保护等方面大相径庭，如西欧发达国家对商品的技术环境标准较为苛刻，而发展中国家与欠发达国家很难达到，这就形成了隐蔽的贸易壁垒，使整个丝绸之路经济带贸易便利化的提升受到很大的阻碍。

第二，边境管理繁杂。丝绸之路经济带沿线的边境管理涉及海关、检验检疫、税收、工商、外汇管理等众多部门，部门协调不畅，时间耗费长，手续复杂，边境管理效率低下；另外，通关管理的电子信息化程度低，单据信息流转速度慢，时间成本高，贸易便利化成本高。海关对进出口货物及其生产经营企业的风险无法进行有效识别与管理，监管任务繁重，监管效率低下。

第三，交通设施与运输服务不便。丝绸之路经济带沿线国家的港口、机场、车站、公路、铁路等交通基础设施建设差异较大，仍有许多地区的交通设施建设密度小，标准不统一，运输工具与方式单一，不能针对货物的种类与运输特点进行灵活的组合。一些国家的交通换乘衔接差，效率低，运输成本高昂。此外，运输服务质量差，缺少国际化的第三方物流企业，难以提供高效、便捷、成本低廉的专业运输服务。

第四，电子商务发展缓慢。跨境电子商务可以通过将世界范围内的各种商品与服务的买卖需求信息进行整合，通过线上加线下的模式，减少中间环节与交易成本，同时绕过一些贸易壁垒，从而提升贸易便利化水平。跨境电子商务作为一个新兴事物，丝绸之路经济带内的许多国家都开始尝试发展，但是不同国家之间存在着巨大的差异。首先是欠发达地区相关的技术支持与人才培养还不成熟，导致这些地区电子商务发展缓慢。其次是跨境电子商务在支付结算环节存在资金安全风险与严格的监管限制，从而制约了跨境电子商务的发展和贸易便利化水平的提高。

第五，信贷支持与区域贸易结算发展水平不高。目前，丝绸之路经济带沿线缺少能够提供信贷支持的区域金融机构,难以提供跨境信贷支持。此外,在国际贸易中,除了商品交割之外最重要的是资金结算,而丝绸之路经济带沿线大多数的国家与地区的贸易结算与计价货币都是以美元为主,受区外美国经济与美元波动的影响较大,结算交易成本较高,缺少本区域自身的统一的结算与计价货币。

三、贸易便利化的趋势

当前,世界范围内的贸易便利化不断向前发展。贸易便利化的外延有不断扩大的趋势,由最初具体的通关程序、手续、单据流转、检验检疫、海关管理、口岸效率、交通运输服务等与交易成本有关的环节,扩展到整个有利于国际贸易环境构建的方面,所有有利于贸易便捷,有利于货物、资本、人力资源、信息等要素流动的便利化措施,都属于贸易便利化的范畴。① 今后,丝绸之路经济带沿线要加快推进贸易便利化,可从以下方面着力:

(一)构建多边自由贸易协定网络体系

第一,构建双边与多边自由贸易协定网络体系。在充分考虑丝绸之路经济带不同区域经济、文化、资源禀赋优势的情况下,促进区域双边、多边贸易谈判,协商自由贸易协定的签订,构建囊括各方利益的 FTA 网络体系。促进区域经济合作发展,减少区域跨境贸易中的关税、非关税壁垒,协商相关贸易标准、法律等国际准则,减少贸易摩擦和交易成本,促进区域贸易便利化。②

第二,扩展自由贸易协定的领域。随着世界科技不断进步,新经济不断发展,区域合作领域也应该从之前传统的经济领域,向电子商务、数字经济、服务贸易等方面扩展延伸,中国应该在这些领域起到带头作用,做好区域新经济领域合作以及服务环境协调方面的工作。

---

① 朱秋沅.国际贸易便利化发展进程新特征分析[J].国际商务研究,2011(2):9-18.
② 盛斌.WTO《贸易便利化协定》评估及对中国的影响研究[J].国际贸易,2016(1):4-13.

第三,构建多重目标的自由贸易协定网络体系。最早出现的自由贸易协定是为了促进贸易自由与贸易便利,推动贸易经济的发展。丝绸之路经济带沿线国家众多,跨越地区广阔,各地的基础设施、关税、贸易、文化、地缘环境存在很大差异,因此协调区域自由贸易协定体系的构建就不能只是集中在经济领域,还要充分考虑其他的非经济目标,包括技术升级、战略安全、能源战略、政治外交以及宗教文化等方面,构建多重目标的自由贸易协定体系。

（二）建设国际自贸区

第一,构建丝绸之路经济带自贸区网络体系。从周边国家开始,先在边境、贸易港口、通商口岸等地区设立自由贸易区,再向丝绸之路经济带沿线国家逐步推进,形成立足周边、辐射丝绸之路经济带沿线国家、面向全球的自贸区网络体系。自贸区的全方位多领域开放不仅局限于传统的行业与商品贸易,还应该重视服务贸易领域的开放,作为转变经济结构,发展新型贸易模式,提升全球价值链地位,形成以技术、品牌、服务为核心的外贸竞争优势。有序开放金融、教育、文化、医疗、交通运输服务、旅游服务、养老、电子商务、知识产权、环境保护等服务行业,降低外资准入限制以及服务贸易成本。

第二,"一带一路"与自贸区对接。国内目前已形成以上海、广东、天津、福建自贸区为先导,辽宁、浙江、河南、湖北、重庆、四川、陕西的新建自贸区为辐射的自贸区网络体系。根据这些自贸区不同的地缘特征与特色产业,应积极对接"一带一路"沿线国家市场。自贸区在探索本土创新的同时,应当着重开展对外交流,加强对 TPP（跨太平洋伙伴关系协定）、TTIP（跨大西洋贸易与投资伙伴协议）等国际经贸规则最新发展的对接。

第三,实行原产地制度。自贸区理论上出现的最大负面效应就是"贸易偏转",即低关税税率的成员国从区域外的其他国家进口更为便宜的商品,再出售给高关税的成员国,这种贸易偏转的负面效应会抵消自贸区所带来的正面效应,因此必须加强产地管理,加强与自由贸易伙伴原产地电子数据交换,在区域内实行原产地自主声明、相关政府证书核准与海关市场抽查追溯相结合的监督管理制度。

(三)建设国际物流园区

一方面,建设现代化国际物流园区。在丝绸之路经济带沿线的支点贸易城市,加快建设现代化国际物流园区,提升物流园区的信息化、智能化水平,搭建大数据共享物流系统平台,引领和辐射带动区域物流发展。建设集合信息共享功能、集中仓储功能、配送加工功能、多式联运功能、辅助服务功能为一体的综合性现代化物流园区。现代化的物流园区,可以解决入驻园区企业的物流管理需求,根据企业的性质、规模与发展状况以及特色需求,进行针对性的物流建议规划、物流资源整合,提供快速、高效的物流服务。对外可满足政府机构与潜在客户的查询信息分享需求,并与区外机场、港口、车站进行衔接,方便企业的物流运输。

另一方面,实现区域物流信息共享与衔接。实现区域主要城市政府机关、交通枢纽、海关、物流园区等的联通与信息共享,构建电子政务、电子商务、电子海关、电子交通的一体化网络信息平台。电子政务便于政府机关借助网络全面了解企业的经营状况和社会发展状况的信息,提供科学合理的决策与管理,同时有助于区域内的各国家地区政府进行协调与对接。电子商务将跨境网络贸易的交易者直接通过物流形成一站式门对门服务,让企业足不出户就能参与国际贸易,节省了交易的时间与成本。电子海关将物流与通过服务利用电子化信息化的衔接进行无缝处理,通过物流信息了解产品与贸易商的贸易、税收、产品质检、原产地等信息,便于报关流程的简化和通关效率的提高。电子交通可以将产品通过多式联运,路线选择,以及相关路况、车辆调度管理等充分反映,便于企业灵活方便地选择不同的交通运输方式、路线、运输批次等,使企业物流活动更具效率。综合性的网络信息平台,有助于提升贸易便利化水平。

第二节　丝绸之路经济带的投资便利化

一、投资便利化的历史回顾

世界投资活动是随着西方资本主义国家对全球的扩张逐渐发展起来的，因而从工业革命后期开始，真正意义上的国际投资活动才开始发生。不过，全球各国重视投资便利化是从第二次世界大战后才开始的，接下来对这一历史过程进行回顾。

由于各资本主义强国之间的利益分配不均和经济危机的影响，产生了两次世界大战，战争期间各国盛行贸易保护主义，提高贸易投资壁垒，因而各国之间的投资便利化水平大大降低。第一次世界大战前，英国、法国、德国是最重要的对外投资者。战争期间，英国和法国被迫出卖它们对外投资的一部分，来购买急需的战争原料，其他的投资则因为通货膨胀而贬值。战争期间的财政压力，使参战国普遍利用大规模借款和印发纸币来资助战争，从而出现了严重的通货膨胀。国际金融秩序被打乱，正常投资活动受到严重影响。这一时期是国际投资活动低迷期，也是投资便利化的衰退时期。①

第二次世界大战后为恢复重建，美国对欧洲地区实施了"马歇尔计划"，对日本实施了"道奇计划"。到 1952 年，西欧经济基本得到恢复。亚太地区经济也逐渐恢复到战前水平。第二次世界大战后的一系列国际协调行动，建立各类机构和组织，一定程度上有利于投资便利化的发展。到 1958 年年末，欧洲主要工业化国家取消了经常性项目下的外汇管制，这是在欧洲本身的自由化过程中完成的。到 20 世纪 50 年代后期，自由化扩展到了美国的进口和包括美元在内的所有主要货币。这些都有利于投资便利化发展。

---

① 高德步，王珏.世界经济史［M］.北京：中国人民大学出版社，2001.

国际货币基金组织是第二次世界大战后国际货币制度得以推行的组织机构。它运营的最终目的是创造商品和劳务的自由流通,免受贸易限制或国际支付管制阻碍。为此,采取了以下措施:一是通过消除妨碍世界贸易发展的外汇管制,建立以世界性货币自由兑换为基础的多边支付体系;二是稳定国际汇兑,避免各国竞争性货币贬值,用有秩序的方式进行必要的汇率调整;三是通过贷款调整会员国国际收支的暂时失调。

国际复兴开发银行(世界银行)成立的最初目的是为战后经济重建筹集资金,后来扩大到为发展中国家提供援助。在关贸总协定框架下,成员国共同开展了多轮贸易谈判,大力消除关税和非关税壁垒,促进了贸易便利化。

20 世纪五六十年代之后,世界范围内的投资便利化水平逐渐提高,国际投资获得了惊人的发展。发达经济体和新兴市场国家改善投资便利化水平的力度较大,因此国际投资集中流向了发达市场经济国家和新兴工业国。跨国公司在世界直接投资中的地位不断提高,截至 20 世纪 80 年代末,西方发达市场经济国家的对外直接投资中,90%是跨国公司所为[1]。

中国在改革开放后重视投资便利化的作用,通过各种方式引进外资。1993 年以来,中国一直是世界上利用外资的第二大国。与此同时,中国大量引进国外先进技术,大大缩短了中国与世界先进水平的差距。随着中国扩大对外开放的广度和深度,投资便利化水平不断提高。

二、投资便利化的现状

近年来,各国投资便利化水平大大提高,在全球化潮流的驱动下,各国都非常重视吸引外资发展本国经济,因而会对外资开放,并积极提供相关便利条件。丝绸之路经济带区域国家发展水平参差不齐,投资条件也差异很大,发达国家主要的障碍在于某些制度,而发展中国家主要的障碍在于硬件以及制度环境,

---

[1] 高德步,王珏.世界经济史[M].北京:中国人民大学出版社,2001.

因此需要对丝绸之路经济带沿线国家的投资便利化水平进行评价。

为了对丝绸之路经济带沿线国家以及地区的投资便利化水平有一个更准确的评判,我们选取全球竞争力报告中的指标,衡量丝绸之路经济带沿线国家的投资便利化水平。全球竞争力报告由世界经济论坛每年发布,该报告对各国营商环境评价的客观性和权威性受到各国政府、经济组织、学术界认可。全球竞争力报告主要对全球竞争力指数和排名进行统计,这一指数主要包括基础条件、效率提升以及创新和商业成熟度等三个维度。其中,基础条件维度包括基础健康与教育、宏观经济环境在内的四项子指标;效率提升维度包括商品市场效率、劳动力市场效率、资本市场效率在内的六项子指标;创新和商业成熟度维度包括创新性、商业成熟度指标两个子指标。与贸易便利化测度相同,为了能够表现不同区域的便利化水平,将丝绸之路经济带分为北线、中线以及南线区域,考虑到数据的可得性,共选取 71 个国家作为样本,分析其投资便利化现状,其中涉及北线 25 个国家、中线 36 个国家以及南线 10 个国家。样本中既有发达国家也有发展中国家,同时也包含了若干经济发展落后的国家,总的投资便利化水平见表 4.2。

表 4.2 丝绸之路经济带沿线国家的总投资便利化水平排名与得分

		2016		2014	
		排名	得分	排名	得分
线路	国家	136 国	1~7	136 国	1~7
北线国家	中国	28	4.95	28	4.89
	俄罗斯	43	4.51	53	4.37
	蒙古	102	3.84	98	3.83
	爱沙尼亚	30	4.78	29	4.71
	拉脱维亚	49	4.45	42	4.50
	立陶宛	35	4.60	41	4.51

续表

		2016		2014	
		排名	得分	排名	得分
北线国家	乌克兰	85	4.00	76	4.14
	芬兰	10	5.44	4	5.05
	瑞典	6	5.53	10	5.41
	挪威	11	5.44	11	5.35
	丹麦	12	5.35	13	5.29
	爱尔兰	23	5.18	25	4.98
	英国	7	5.49	9	5.41
	法国	21	5.20	23	5.08
	荷兰	4	5.57	8	5.45
	比利时	17	5.25	18	5.18
	卢森堡	20	5.20	19	5.17
	德国	5	5.57	5	5.49
	瑞士	1	5.81	1	5.70
	波兰	36	4.56	43	4.48
	捷克	31	4.72	37	4.53
	斯洛伐克	65	4.28	75	4.15
	奥地利	19	5.22	21	5.16
	匈牙利	69	4.20	60	4.28
中线国家	哈萨克斯坦	53	4.41	50	4.42
	吉尔吉斯斯坦	111	3.75	108	3.73
	塔吉克斯坦	77	4.12	91	3.93
	伊朗	76	4.12	83	4.03
	黎巴嫩	101	3.84	113	3.68

续表

		2016		2014	
		排名	得分	排名	得分
中线国家	以色列	24	5.18	27	4.95
	约旦	63	4.29	64	4.25
	沙特	29	4.84	24	5.06
	也门	138	2.74	142	2.96
	阿曼	66	4.28	46	4.46
	阿联酋	16	5.26	12	5.33
	卡塔尔	18	5.23	16	5.24
	巴林	48	4.47	44	4.48
	科威特	38	4.53	40	4.51
	土耳其	55	4.39	45	4.46
	塞浦路斯	83	4.04	58	4.31
	格鲁吉亚	59	4.32	69	4.22
	亚美尼亚	79	4.07	85	4.01
	阿塞拜疆	37	4.55	38	4.53
	埃及	115	3.67	129	3.60
	突尼斯	95	3.92	87	3.96
	阿尔及利亚	87	3.98	79	4.08
	摩洛哥	70	4.20	72	4.21
	葡萄牙	46	4.48	36	4.54
	西班牙	32	4.68	35	4.55
	意大利	44	4.50	49	4.42
	马耳他	40	4.52	47	4.45
	斯洛文尼亚	56	4.39	70	4.22

续表

		2016		2014	
		排名	得分	排名	得分
中线国家	克罗地亚	74	4.15	77	4.13
	阿尔巴尼亚	80	4.06	97	3.84
	马其顿	68	4.23	63	4.26
	希腊	86	4.00	81	4.04
	罗马尼亚	62	4.30	59	4.30
	保加利亚	50	4.44	54	4.37
	摩尔多瓦	100	3.86	82	4.03
南线国家	越南	60	4.31	68	4.23
	老挝	93	3.93	93	3.91
	柬埔寨	89	3.98	95	3.89
	泰国	34	4.64	31	4.66
	马来西亚	25	5.16	20	5.16
	印度	39	4.52	71	4.21
	巴基斯坦	122	3.49	129	3.42
	孟加拉国	106	3.80	109	3.72
	尼泊尔	98	3.87	102	3.81
	不丹	97	3.87	103	3.80

资料来源:世界经济论坛《全球竞争力报告 2014、2016》。

如表 4.2 所示,在丝绸之路经济带的北线、中线以及南线国家中,北线国家的投资便利化总体水平最高,该区域内西欧以及北欧国家的投资便利化水平差异最小而且投资便利化程度很高,而中东欧的乌克兰、匈牙利、斯洛伐克等国家以及蒙古的投资便利化水平在区域内较为落后。中线国家投资便利化水平两极分化严重,投资便利化水平高的国家主要是以色列、阿联酋、卡塔尔这样的中东富国,而北非国家,如埃及、突尼斯和阿尔及利亚的投资便利化水平较低。南线区域国家投资便利化水平较高的主要是中南半岛的沿海国家如马来西亚、泰国等,而较低的主要是中南半岛的内陆国家如柬埔寨、老挝,以及南亚的大部分国家如巴基斯坦、孟加拉国等。

中国投资便利化水平 2014 年和 2016 年都排名第 28 位,2014 年得分为4.89分,2016 年得分为 4.95 分,位于世界上游水平,这归功于中国近年来开放资本市场,宏观经济环境以及投资环境大为改善。从总的投资便利化水平现状来看,丝绸之路经济带沿线国家分布较为广泛,各国的投资便利化水平差异非常大,得分分布也不均衡。

专栏 4.3　G20 全球投资指导原则

2016 年 G20 杭州峰会通过的《G20 全球投资政策指导原则》,是国际社会首次在多边机制内就全球投资规则达成共识。《指导原则》为各国投资政策的制定以及国际投资协定的谈判提供了政策指引。在全球投资体制缺失情况下,这无疑将有助于推动全球投资政策的协调与合作,建立一个更加开放、透明、有利于可持续发展的国际投资政策环境。《指导原则》确立的九大原则涵盖了国际投资体制的所有核心要素,为建立面向未来的全球投资体制框架奠定了基础。

为了建设开放、透明和有益的全球投资政策环境,促进国际国内投资政策协调,促进包容的经济增长和可持续发展,二十国集团成员提议以下非约束性原则,为投资政策制定提供总体指导。这一原则的基本框架包含了以下内容:

①认识到全球投资作为经济增长引擎的关键作用,政府应避免与跨境投资有关的保护主义。

②投资政策应设置开放、非歧视、透明和可预见的投资条件。

③投资政策应为投资者和投资提供有形、无形的法律确定性和强有力的保护,包括可使用有效的预防机制、争端解决机制和实施程序。争端解决程序应公平、开放、透明,有适当的保障措施防止滥用权力。

④投资相关规定的制定应保证透明及所有利益相关方有机会参与,并将其纳入以法律为基础的机制性框架。

⑤投资及对投资产生影响的政策应在国际、国内层面保持协调,以促进投资为宗旨,与可持续发展和包容性增长的目标相一致。

⑥政府重申有权为合法公共政策目的而管制投资。

⑦投资促进政策应使经济效益最大化,具备效用和效率,以吸引、维持投资为目标,同时与促进透明的便利化举措相配合,有助于投资者开创、经营并扩大业务。

⑧投资政策应促进和便利投资者遵循负责任企业行为和公司治理方面的国际最佳范例。

⑨国际社会应继续合作,开展对话,以维护开放、有益的投资政策环境,解决共同面临的投资政策挑战。

上述各项原则相互联系,应视为整体。上述原则基于各国国际承诺,考虑到其国内和更广泛的可持续发展目标和重点,可为制定国际国内投资政策提供参考。

资料来源:二十国集团全球投资指导原则[N].人民日报,2016-09-07(21).

三、投资便利化的趋势

第一,加强自贸区建设。自贸区对于贸易投资便利化的作用主要体现在以下四个方面:一是制度改革先行。比如在投资方面,外商投资企业实行负面清单外备案制，而对外投资由发展改革委和商务部的审批改为备案制，简化对外投资的流程。二是实行外商投资企业的负面清单。简化了外商投资企业的设立程序，需要提供的文件也大大减少。三是自由贸易试验区更开放，限制更少。四是自贸区金融制度的改革促使利率市场化，降低企业融资成本。自贸区的这些先行先试的措施，有利于贸易投资便利化的发展。同时，自由贸易试验区也能发挥示范作用，提供先进经验和制度供给，有利于为中国贸易投资便利化改革提供借鉴，也可以为沿线国家的贸易投资改革提供启示。丝绸之路经济带在实施自贸区战略的过程中，应重视以下两点：一方面，应结合不同区域发展现状，开展不同水平的自由贸易区建设。丝绸之路经济带沿线的不同区域，经济开放水平、外向性程度、战略重要性都有很大差异，因此应该结合不同区域的特点与现状采取不同策略。另一方面，应合理选择自贸区战略支点，实现"点—线—面"辐射的自贸区网络。中国应根据不同地区合理选择自贸区对象，采取由"点"到"线"到"面"的 FTA 战略，逐步形成全方位、多层次的丝绸之路经济带开放格局。

第二，对接国际高标准的投资贸易规则。国际经贸规则正从传统的关税减让、市场准入等措施向知识产权、环境保护、竞争政策、政府采购等方面延伸，沿线国家需要提出对接国际高标准投资贸易规则体系的具体措施和政策建议。例如在知识产权保护方面，沿线国家对融入知识产权国际合作大局表现出积极态度，各国都开始行动。如土耳其已经签订了 13 个知识产权国际协议，2015 年提出制定知识产权国家战略的计划，其专利局致力于成为世界领先的知识产权机构。国内自贸试验区的发展正处于快速进步阶段，金融和航运等服务行业开放力度的加大、投资准入前国民待遇和负面清单模式的试行等新政策试验，都为中国建设高标准自贸区积累了宝贵经验。

第三，促进金融支持便利化。金融支持是国际贸易与投资得以顺利开展的前提，尤其是在现代信用社会当中，在国际贸易与投资中完全动用自有现金的模式已经不复存在，而是以票据结算、银行资金划转、贸易借贷以及相关投融资等相关金融支持下开展的国际贸易与投资,因此金融支持便利化是促进贸易与投资便利化的重要举措。提升丝绸之路经济带区域内的金融支持便利化,一是构建区域多层次的资本市场,构建满足区域投融资的短期借贷市场、货币结算市场、债券与股票市场,拓宽交易者和企业的投融资渠道,促进贸易与投资的发展;二是通过人民币离岸金融业务的放宽,中国商业银行海外分支结构的建立,以及与丝绸之路经济带区域内央行和相关金融机构的合作,助推人民币跨境结算以及人民币离岸金融市场的建立,企业简化结算手续、降低交易结算成本和财务投资成本,提升区域内的贸易投资便利化水平;三是建立丝绸之路经济带区域性金融支持机构,在后续可以采取多种创新模式,如 PPP 模式进行运营投资,带动民间资金和多国社会资金共同参与,带动丝绸之路经济带贸易投资便利化水平的提升①。

专栏 4.4　亚洲基础设施投资银行

亚洲基础设施投资银行(Asian Infrastructure Investment Bank,AIIB)简称亚投行,是一个政府间性质的亚洲区域多边开发机构。重点支持基础设施建设,成立宗旨是为了促进亚洲区域的基础设施互联互通和经济一体化进程,并且加强中国同其他亚洲国家和地区的合作,是首个由中国倡议设立的多边金融机构。亚投行的总部设在北京,法定资本 1 000 亿美元。截至 2017 年 12 月 19 日,亚投行有 84 个正式成员。

2013 年 10 月 2 日,习近平主席提出筹建亚投行的倡议。2014 年 10 月 24 日,包括中国、印度、新加坡等在内 21 个首批意向创始成员国的财长和授权代表在北京签约,共同决定成立亚投行。2015 年 12 月 25 日,亚洲基础设施投资银行正式成立。2016 年 1 月 16 日至 18 日,亚投行开业仪式暨

---

① 王保忠,何炼成,李忠民,等.金融支持"丝绸之路经济带"建设的重点方向及对策研究[J].经济纵横,2015(5):61-65.

理事会和董事会成立大会在北京举行。亚投行的治理结构分理事会、董事会、管理层三层。理事会是最高决策机构，每个成员在亚投行有正副理事各一名。董事会有12名董事，其中域内9名，域外3名。管理层由行长和5位副行长组成。亚投行意向创始成员国按大洲分，亚洲34国，欧洲18国，大洋洲2国，南美洲1国，非洲2国，总计57国。此后，亚投行成员国经历了四轮扩容。

2017年3月23日，亚投行宣布批准比利时、加拿大、埃塞俄比亚、匈牙利、爱尔兰、秘鲁、苏丹共和国、委内瑞拉、阿富汗、亚美尼亚、斐济、中国香港地区和东帝汶13个新成员加入，成员总数达到70个。

2017年5月13日，亚投行宣布批准7个新成员加入亚投行，成员总数达到了77个。在新成员名单中，有3个亚太区域内国家和4个亚太区域外国家，分别是巴林、塞浦路斯、萨摩亚、玻利维亚、智利、希腊和罗马尼亚。

2017年6月16日，亚投行第二届理事会年会在韩国开幕，理事会批准汤加、阿根廷和马达加斯加成为亚投行新成员。至此，亚投行成员总数扩至80个。

2017年12月19日，亚投行理事会宣布批准通过库克群岛、白俄罗斯、瓦努阿图和厄瓜多尔4个成员加入亚投行，成员总数达到84个。

资料来源：苏煜.亚洲基础设施投资银行成立的重要性剖析[J].中国经贸，2015(10)：132.

第四，加强海外投资保险。海外投资保险制度是政府用于保护本国海外投资者利益的重要制度。海外投资保险的承保风险为投资国征收、汇兑限制、战争及政治暴乱以及政治风险，海外投资者可以向本国的保险公司申请投保，若承保范围内的风险事故发生，并且对投资者造成了损失，将由保险机构对其进行补偿。除此之外，保险公司还应积极创新保险品种、设计多种多样的保险产品来满足企业的融资需求，从而增强其走出去的能力。随着保险资金投资的市场化程度加深，在未来保险资金可通过为中资企业提供专项基金、债权股权结合、优先股、资产证券对冲基金、私人股本基金等多种方式进行投资。这不仅能提升保险资金的运用效率,同时也能为丝绸之路经济带建设提供丰富多样的保险融资渠道。

第五,促进投资基金的发展。丝绸之路经济带沿线国家众多,区域内基础设施、能源开发与产业发展极不均衡,尤其是在经济欠发达的东欧、中亚等地区,这些领域的发展极为落后,贸易环境比较恶劣,缺少改善贸易便利条件和促进贸易发展的资金。为了促进丝绸之路经济带沿线的基础设施建设、能源开发、重大项目等的资金支持,中国牵头成立了丝路基金和亚投行作为区域金融支持机构。应该充分发挥两者的潜力与互补作用,展开全方位的合作,完善区域支持机构体系,促进服务范围、投资领域的扩大,融资模式的创新,更好地促进丝路经济带沿线区域投资便利化的提升。

专栏 4.5　丝路基金

2014 年 11 月 8 日,习近平主席宣布中国出资 400 亿美元成立丝路基金。2014 年 12 月 29 日,丝路基金有限责任公司在北京注册成立,并正式开始运行。

丝路基金是由中国外汇储备、中国投资有限责任公司、中国进出口银行、国家开发银行共同出资,依照《中华人民共和国公司法》,按照市场化、国际化、专业化原则设立的中长期开发投资基金,重点是在"一带一路"发展进程中寻找投资机会并提供相应的投融资服务。

丝路基金秉承商业化运作、互利共赢、开放包容的理念,尊重国际经济金融规则,通过以股权为主的多种市场化方式,投资于基础设施、资源开发、产业合作、金融合作等领域,促进共同发展、共同繁荣,实现合理的财务收益和中长期可持续发展。

基金性质:丝路基金可以看作 PE(私募基金),但比一般 PE 回收期限要放得更长一些。丝路基金与亚投行之间的不同在于,亚投行是政府间的亚洲区域多边开发机构,在其框架下,各成员都要出资,且以贷款业务为主。而丝路基金有类似 PE 的属性,主要针对有资金且想投资的主体加入,且股权投资可能占更大比重。丝路基金投资期限比较长,但是追求效益和回报,不含有外援性或捐赠性的资金来源。丝路基金投资方向为有战略意义的中长期项目,同时,股权投资基金也可以和别的融资模式相配合。在"一带一路"建设的背景下,需要将一些可以做出中长期承诺的资金,用于"一带一路"有关项目的建设,包括相关产业行业的发展,也包括通信、道路等基础设施建设。

运行模式:基金在运行中一贯强调"市场化、国际化、专业化"方向以及"对接、效益、合作、开放"原则。在巴基斯坦的"首单"将丝路基金的投资模式具象化。本次投资是采取股权加债权的方式,一方面直接投资承建项目的三峡南亚公司占有部分股权,另一方面中国进出口银行牵头的银团为项目提供贷款。通过这个项目,可以预见丝路基金今后可能会继续使用的投资模式:在对外投资运作中,借力中国企业的人才、行业和技术优势和海外投资经验,实现风险管控。同时,帮助企业提高融资能力,加强企业对项目的经营管控能力,支持企业更好、更高质量地"走出去"。

资料来源:①人民银行:丝路基金起步运行[EB/OL].中国政府网,2015-02-16.②韩森.丝路基金的"五个 W 和一个 H"[EB/OL].新华网,2015-04-21.

第六,加快推进人民币国际化进程。推进人民币国际化可以减少贸易结算中出现的汇兑损失、汇率风险以及换汇时间成本与手续,减少国际贸易投资成本,同时也可以为丝绸之路经济带的实体经济与贸易提供结算与服务支持,促进贸易投资便利化。今后,推进人民币国际化应从以下四个方面着力:一是扩大货币互换范围。目前,中国货币互换的对象主要集中在发达国家、主要的贸易伙伴国以及邻国,而且货币互换类型也主要是与日元、卢布、英镑、韩元、欧元等主要货币的互换,无论是货币互换协议的对象国还是货币的范围都比较狭窄,仍需进一步扩大与丰富。二是推进人民币跨境计价与结算。为此,应加快中国银行机构等金融机构走出去的步伐,不断放开国外金融机构的人民币结算与试点业务,为提高货币结算奠定坚实的基础,进而推动石油、天然气、煤炭、铁矿石等大宗商品使用人民币计价,减少贸易中货币繁复兑换的汇率波动风险与成本损失,改善区域贸易投资便利化条件。三是逐步推进外汇市场改革。包括推进市场利率化改革,逐步形成由市场供需决定,并参考一篮子国际货币的人民币弹性汇率机制,减少人民币的国际套汇、套利,防范金融风险。四是构建成熟的人民币离岸市场。在境外设立综合计价、交易、投融资、结算功能的人民币离岸金融中心,推进丝绸之路经济带沿线的西亚、中东欧、南亚、西欧、中亚等地区发展区域性人民币离岸金融中心,改善丝绸之路经济带贸易投资便利化条件。

5

协调新发展：
从产品输出到产能合作

国际产能合作已成为丝绸之路经济带经贸合作的重要内容,同时意味着中国将通过建设丝绸之路经济带实现从产品输出向产能合作的转型升级。本章首先分析中国在丝绸之路经济带经济合作中,从产品输出转向产能合作的背景与意义;接下来从中国政府出台的政策文件、推进国际产能合作的方式、六大经济走廊的国际产能合作进展等 3 个方面,考察中国推进丝绸之路经济带国际产能合作的现状;最后在既有文献基础上,展望丝绸之路经济带国际产能合作的趋势。

第一节　从产品输出转向产能合作的背景与意义

大力发展外向型经济、不断融入全球产业分工体系是中国对外开放的重要内容。改革开放以来,中国沿着上述路径发展,并迅速成长为“世界工厂”。在这一过程中,中国出口规模也经历了快速增长,2009 年至今始终保持世界第一大出口国地位。经过改革开放 40 年的发展,中国经济从微观的要素和企业特征,到中观的产业结构特征,再到宏观的国际经济环境,都发生了许多转变。这些转变决定了中国必将转变过去承接国际产业转移、输出工业产品的单一面貌,转向内涵更为丰富的国际产能合作。

中国先后提出“一带一路”倡议和国际产能合作方略,在对外经济合作中二者呈现出相互搭配、相互支撑的局面。这鲜明地显示出,在“一带一路”国际经济合作中,中国已经不再局限于产品输出,更是转向推动国际产能合作,即“实现从产品输出向产业输出的提升”①。

所谓国际产能合作,“是国与国之间生产能力的合作,是围绕生产能力建设、转移和提升开展的互利共赢的国际产业投资合作,是以企业为主体,以共赢为目标,以发展制造业、建设基础设施、开发资源能源为主要内容,以直接投资、承包工程、装备贸易和技术合作为主要形式的综合性合作”②。国际产能合作方

---

① 国务院关于推进国际产能和装备制造合作的指导意见[EB/OL].中国政府网,2015-05-16.
② 徐绍史,等.“一带一路”与国际产能合作——行业布局研究[M].北京:机械工业出版社,2017:2.

略的提出,反映了中国对外开放战略的深刻变化,标志着中国对外开放进入新阶段,是应对中国经济转型升级和国际经济形势变化调整的综合策略,是对传统国际贸易、国际投资等概念的超越和整合,赋予了"走出去"更丰富的内涵和更高的层次,具有重要的理论和实践意义。"一带一路"倡议则为推动国际产能合作提供了平台,国际产能合作天然地成为"一带一路"经济合作的重要内容,并为"一带一路"协调新发展提供动力。

一、时代背景

（一）国内背景

中国经济当前处于转型升级的关键阶段,经济增速、经济结构和增长动力正处于深刻调整之中,继续依靠传统模式分享全球化收益的空间日益缩小。

第一,传统要素禀赋的比较优势发生显著变化,中国资本、技术、产能"走出去"的内生动力进一步增强。在改革开放前期,中国要素禀赋的结构特征是劳动力和土地等要素成本具有明显比较优势,而资本、技术等要素相对短缺,这决定了必然要扩大对外资的开放程度,发展外向型经济。然而,在经济高速增长40年后,中国的要素禀赋特征发生了显著变化。一方面,劳动力和土地等传统要素的成本优势逐渐消退;另一方面,在资本和技术等要素上逐渐积累了相对于其他发展中国家新的比较优势。要素禀赋的变化给予产业转型升级内生动力,不同类型的内生动力导致不同的"走出去"行为。例如,一部分产业会因谋求更低的生产成本要对外输出、转移;一部分产业因要谋求开拓更大的市场,在距离目标市场更近的地区投资建厂;还有一部分产业因谋求向产业链、价值链高端攀升,摆脱在全球价值链分工中面临的"低端锁定"和"高端封锁"困境,选择在发达国家开展研发合作。

第二,中国企业在全球范围配置资源的诉求和趋势不断上升。回顾改革开放40年中国对外开放战略的演进历程不难发现,前30年的重点在"引进来",

近十年来的重点转向了引人注目的"走出去"。在政府政策推动、生产率提高、寻求更大国际市场等多重因素的作用下,中国企业对外投资步伐明显加快,投资规模加速上升。从中国对外直接投资流量总额来看,2015 年以来中国超越日本成为世界第二大对外直接投资国,2016 年中国对外投资流量同比增长34.7%,占全球当年流量总额的 13.5%。在中国对外直接投资中,非金融类对外直接投资占比达到 92.4%[①]。

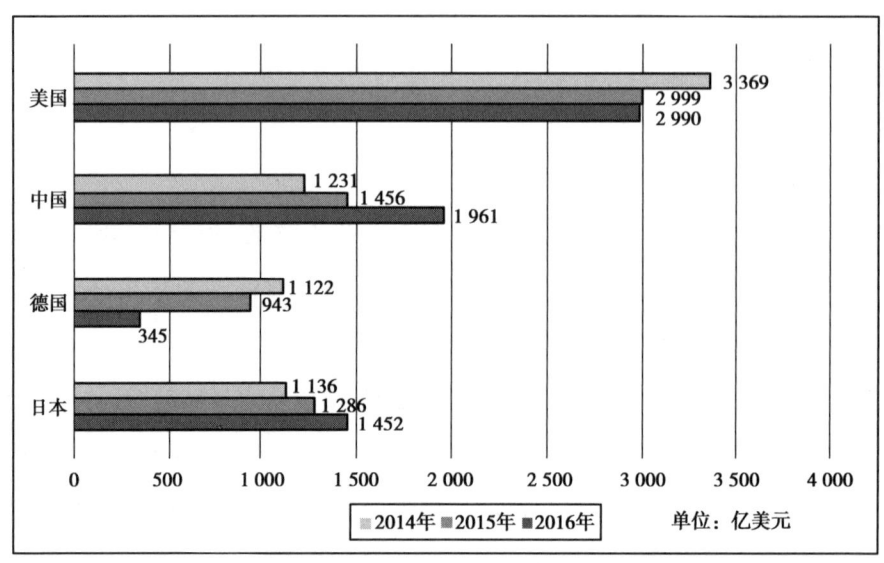

图 5.1　2014—2016 年美中德日四国对外直接投资流量对比

数据来源:中国对外直接投资来源于商务部、国家统计局、国家外汇管理局发布的《中国对外直接投资统计公报》(2014—2016),其他国家(地区)统计数据来源于联合国贸发会议发布的《世界投资报告》(2014—2017)。

中国企业国际竞争力的快速上升,构成了中国对外直接投资快速增长的主要推动力。2017 年《财富》杂志发布的世界 500 强企业名单中,中国有 115 家企业上榜,仅次于美国,居世界第二位。这些企业所属行业涵盖了能源、金融、机

[①]　数据来源于《中国对外直接投资统计公报 2016》。

械、化工、电子信息、互联网、通信等大多数领域①。截至 2016 年底,中国 2.44 万家境内投资者在国(境)外共设立对外直接投资企业 3.72 万家②,分布在 190 个国家(地区),年末境外企业资产总额达到 5 万亿美元③。中国企业在全球范围寻求配置资源的趋势,更体现在跨国并购和绿地投资上。从数据上看,以跨国并购为主,绿地项目为辅。2012—2016 年,中国企业跨国并购案例数有增无减,2016 年再创新高,达到 772 起,并购投资金额达到 2 640 亿美元。同一时期,中国企业在海外的绿地投资数目有所下降,这显示寻求转型升级成为中国企业对外投资的关键特点④。

(二)国际背景

从国际经济来看,2008 年全球经济危机暴露了各国经济中普遍存在的结构性问题。在危机后,各国进行的产业和外贸政策调整使国际经济形势处于深度变革之中。同时,危机后新一轮产业技术革命也正在孕育萌发。近年来,德国、美国等发达国家先后宣布实施"工业 4.0""再工业化"等计划,不仅抢占新一轮产业技术革命高地,而且力图实现制造业回流。同样不可忽视的是,贸易保护主义在美国等发达国家抬头,中国成为美国发起贸易战的主要对象。以上种种因素都挤压了中国利用传统优势继续参与全球产业链、价值链的扩展空间。当然,机遇仍然存在,中国与美欧等发达国家的经济联系在总体上仍然十分紧密,产业分工的基本格局短期内难以改变。此外,亚洲、非洲、拉美等区域的广大发展中国家经济发展诉求仍然十分强烈,工业化和城市化存在很大提升空间,整体意义上的市场容量非常庞大。国际背景具体如下:

一方面,危机后部分发达国家实施再工业化政策给中国产业发展和转型升级带来挑战。2008 年金融危机后,发达国家政府出于推进自身结构性改革的考

---

① 数据来源于财富中文网。
② 对外直接投资企业,指境内投资者直接拥有或控股 10% 及以上投票权或其他等价利益的境外企业。
③ 数据来源于《中国对外直接投资统计公报 2016》。
④ 数据来源于由中国全球化智库(CCG)发布的《2016—2017 年中国企业对外投资十大趋势》。

虑,不断强调加强本国制造业,美国推出并实施"再工业化"战略,德国制定并实施了新一轮提升工业发展水平的"工业4.0"计划。上述发达国家推出的产业政策,不仅反映其政府意志,而且建立在其自身基于自动化、物联网、人工智能等新领域的技术优势之上,同时也受中国要素价格相对上升的影响。特别是2017年1月特朗普就任美国总统以来,美国不断强调再工业化战略和制造业回归,并不时推出保护主义色彩浓厚的外贸政策。若再考虑到美国相对中国更明显的技术和人才优势、能源和土地成本优势以及更高的劳动生产率,那么从理论逻辑上看,以上因素将对中国向产业链、价值链高端升级造成重大压力。当前全球正处于新一轮产业技术革命的前夜,上述发达国家采取的再工业化战略、制造业回归战略不仅能够巩固原有的制造业优势,还将借此在新产业技术革命中占据绝对领先地位,以新技术重塑全球产业链和价值链,继续保持在全球产业链和价值链上的领导地位。

专栏5.1 美国商务部禁止美企业向中兴通讯出口产品

2018年4月16日,美国商务部发布声明,中兴通讯公司违反与美国政府去年达成的和解协议,将对该公司执行为期7年的出口禁令,这意味着7年内美国企业不能向中兴提供产品。

中国商务部新闻发言人随后表示,中方一贯要求中国企业在海外经营过程中,遵守东道国的法律政策,合法合规开展经营。中兴公司与数百家美国企业开展了广泛的贸易投资合作,为美国贡献了数以万计的就业岗位。希望美方依法依规,妥善处理,并为企业创造公正、公平、稳定的法律和政策环境。商务部将密切关注事态进展,随时准备采取必要措施,维护中国企业的合法权益。

根据中兴通讯与美国财政部、商务部和司法部2017年3月达成的和解协议,中兴通讯同意支付约8.9亿美元罚金。同时,美国商务部针对中兴的3亿美元罚金和为期7年的出口禁令被暂缓执行。

美国商务部当天发表的声明说，在 2016 年和解协议谈判期间，以及 2017 年暂缓执行期间，中兴违反了相关和解协议内容。

2016 年 3 月，美国政府以中兴通讯及其三家关联公司违反美相关出口禁令为由，将中兴列入出口限制名单，限制美国供应商向中兴出口包括芯片在内的美国产品。在 2017 年 3 月和解协议达成后，中兴被美国政府从美国出口限制名单中移除，中兴与美国供应商的业务恢复正常。

作为全球主要综合通信解决方案提供商之一，中兴通讯与众多美国供应商保持着良好的合作关系，为全美近 13 万个高科技就业岗位提供支持。专家指出，由于中兴通讯与不少美国企业合作密切，美国政府对中兴的出口管制措施将使高通、英特尔等这些中兴在美国的供应商也蒙受损失。

资料来源：金旼旼，江宇娟.美商务部禁止美企业向中兴通讯出口产品［EB/OL］.新华网，2018-04-17.

另一方面，广大发展中国家加速推进工业化和城市化进程，承接国际产业转移和开展国际产业合作的需求强劲并呈上升态势。包括新兴市场国家在内的广大发展中国家，在工业化、城市化上都具备一定后发优势和较大的提升空间。但就发展中国家自身而言，其工业化和城市化普遍受国内资本、技术、人才和产业基础等因素的制约，存在较大的投资缺口和技术限制。无论是参照日本、韩国和中国经验还是理论推导，扩大对外开放、支持引进外资、积极承接国际产业转移就成为广大发展中国家的主要政策选项。中国同东南亚国家在国际贸易、同非洲国家在对外援助方面已经积累了一定合作经验。"一带一路"倡议提出之后，中国产业积极"走出去"，中国政府倡导的"开放、包容、普惠、均衡"的合作理念得到了亚欧非沿线国家的广泛认同，经济合作的空间得以大大拓展。在此背景下，中国积累的资本、技术和产业优势，可以跟沿线发展中国家承接国际产业转移的需求有效结合起来，从而实现互利共赢。

二、重大意义

在丝绸之路经济带建设中,中国对外经贸合作由倚重产品输出转向推进国际产能合作,这对解决中国经济结构性矛盾、培育全球性跨国企业、实现沿线国家互利共赢、提升中国在全球产业分工体系中的地位具有重大意义。

第一,有利于解决中国经济的结构性矛盾。中国经济的结构性矛盾在供需结构上的体现,就是存在严重的结构性失衡问题,且主要源于供给侧。在劳动力成本优势消退、劳动密集型产业逐渐丧失竞争力的情况下,能够适应需求结构升级的有效供给不足,高端产业或者产业内的高附加值环节有效供给不足。与此同时,过去几十年高速增长阶段形成的一批过剩产能在艰难寻找出路。推动丝绸之路经济带国际产能合作,能够通过对外贸易、投资、工程承包等多重方式,为中国的优质富余产能对接外部市场需求,一方面能够输出一部分国内相对富余的优势产能,另一方面能够扩大国内优势产能的国际市场,培育国际竞争力,有利于要素有序流动、资源高效配置,因而是解决中国经济结构性矛盾的有效途径。

第二,有利于培育中国的全球性跨国企业。从中国经济自身的转型升级,到在全球经济中扮演领导者角色,都离不开一大批具备全球竞争力的跨国企业。尽管我国在诸多领域已经涌现出一批具备一定竞争力的跨国企业,但与欧美发达国家相比,在"所有权优势"方面仍然存在较大差距。丝绸之路经济带国际产能合作奉行政府推动、企业主导的原则,这为中国企业提供了更大的资源配置空间和市场空间,前者有助于降低企业生产成本,后者有助于提高企业的生产能力利用率。更重要的是,国际产能合作搭建了推动中国企业向价值链高端攀升的框架,企业既可以与发展中国家开展顺梯度产能合作,又可以与发达国家开展逆梯度产能合作,前者有助于企业将资源专注投入到高附加值生产环节、研发、营销和品牌建设,后者有助于企业适应和制定全球商业规则和技术标准。

第三，有利于与沿线国家实现互利共赢，打造利益共同体。互利共赢既是一种理念，也是一种实践原则，是丝路精神的灵魂。在现实中，互利共赢实现的基础在于沿线各国在经济领域，特别是在产业上开展符合各自比较优势的合作，并以一种激励相容的利益分享机制来保障，最终实现丝绸之路经济带沿线国家的共同发展，为改善世界经济秩序贡献正能量。推进丝绸之路经济带国际产能合作，能够发挥各方比较优势，促进生产要素自由流动、资源优化配置和市场深度融合，让沿线发展中国家搭乘中国发展的"快车"，为沿线国家加快自身工业化和城市化进程提供助力，不断扩大互利共赢关系的现实基础，共同打造利益共同体。

第四，有利于提升中国在全球产业分工体系中的地位。从全球价值链的角度观察各国在全球产业分工体系中的地位，不难发现，美欧日韩等发达国家仍然占据价值链高端位置，新兴经济体和广大发展中国家总体参与度较低，且处在资源产品供应和加工组装等中低端环节。中国当前正努力实现的产业升级，正处于从低端的加工组装环节向中高端研发设计和高附加值零部件环节攀升的过程中。新一轮科技革命蓄势待发，全球经济格局的深度调整，为中国等后发国家提升国际产业分工地位提供了更多机遇。尽管在短期中国并不具备在价值链高端领域的控制和领导能力，但却具备了充足的实力在新兴经济体和广大发展中国家产业分工合作中扮演"领头羊"角色。通过开展丝绸之路经济带国际产能合作，中国企业将逐步建立起覆盖亚欧非大陆发展中国家的跨国生产和贸易网络，有助于提升中国在全球产业分工体系中的地位。

第二节　丝绸之路经济带的国际产能合作现状

一、中国政府出台的政策文件

无论是丝绸之路经济带倡议还是国际产能合作，都是由中国政府首倡并推动的。分析丝绸之路经济带国际产能合作现状,必须首先对中国政府已出台的相关政策文件加以细致梳理。已有的相关政策文件,对丝绸之路经济带和国际产能合作的基本内涵、重点内容做出了顶层设计,成为各方落实倡议、开展合作的基准参照,也是理论研究的重要素材。我们选取对丝绸之路经济带产能合作具有重要意义的 5 项文件进行梳理(见图 5.2),分别是 3 项纲领性文件——《推动共建丝绸之路经济带和 21 世纪海上丝绸之路的愿景与行动》《共建"一带一路":理念、实践与中国的贡献》《"一带一路"国际合作高峰论坛圆桌峰会联合公报》,以及 2 项具体的政策性文件——《国务院关于推进国际产能和装备制造合作的指导意见》《关于加强国际合作提高我国产业全球价值链地位的指导意见》。

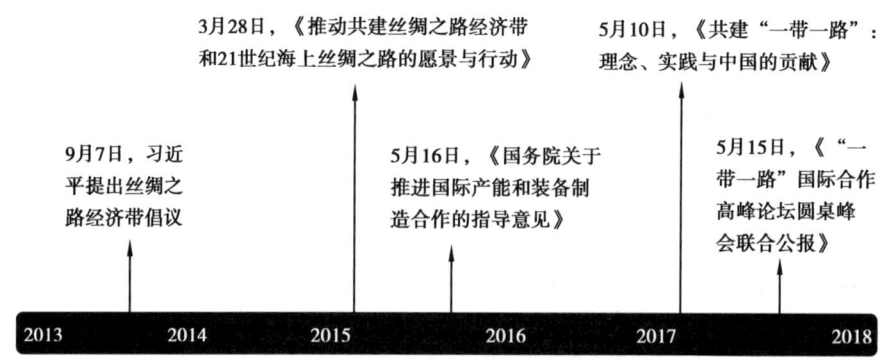

图 5.2 丝绸之路经济带国际产能合作相关政策文件时间轴

2015 年 3 月 28 日,国家三部委联合发布《推动共建丝绸之路经济带和 21 世纪海上丝绸之路的愿景与行动》(简称《愿景与行动》)。《愿景与行动》被称为共建"一带一路"的顶层设计框架。其中,"贸易畅通"这一节给出了"一带一路"产业合作的重点领域、合作内容与方式、基本遵循等①,为随后"国际产能合作"的提出奠定了基础。

2015 年 5 月 16 日,国务院发布《关于推进国际产能和装备制造合作的指导

---

① 基本遵循包括"优势互补、互利共赢"原则,"在投资贸易中突出生态文明理念,加强生态环境、生物多样性和应对气候变化合作,共建绿色丝绸之路"。

意见》（以下简称《指导意见》）。《指导意见》中首次提出"国际产能合作"："将我国产业优势和资金优势与国外需求相结合……将与我装备和产能契合度高、合作愿望强烈、合作条件和基础好的发展中国家作为重点国别，并积极开拓发达国家市场……将钢铁、有色、建材、铁路等作为重点行业，大力推进国际产能和装备制造合作"。[1] 自此之后，推进国际产能合作与丝绸之路经济带建设无论在理论还是政策实践中，都形成了相互支持的关系：国际产能合作丰富了丝绸之路经济带经贸合作的形式，丝绸之路经济带为国际产能合作提供了平台。表5.1 在《指导意见》提出的国际产能合作重点行业的基础上，对行业属性进行了划分。

表 5.1　丝绸之路经济带国际产能合作重点行业的分类

大　类	重点行业	具体模式
消费品类国际产能合作	轻纺、汽车、通信等	在东道国绿地投资建设消费品加工组装、零部件生产基地；对东道国相关行业开展并购、股权投资
资本品类国际产能合作	工程机械、船舶与海洋、航空航天等	以股权投资等形式获取东道国工程机械、船舶、装备制造等行业企业股权；开展相关行业技术合作；绿地投资建立零部件生产基地
资源类国际产能合作	钢铁、有色、化工、建材等	以出口、租赁等形式向东道国提供相关装备、技术和服务；在东道国绿地投资建设资源生产设施；绿地投资、股权投资建设资源深加工基地；并购东道国资源生产设施；并购东道国资源深加工企业；以基础设施建设类项目换取东道国资源开发建设权
研发类国际产能合作	通信、航空航天等	在东道国建立研发中心；开展技术研发合作、人才培养培训以及商业服务
基础设施类国际产能合作	铁路、电力等	以 PPP、BOT、EPC 等形式参与东道国基础设施建设；以出口、租赁等方式为东道国企业提供基础设施建设相关的装备设备；以绿地投资在东道国建立基础设施建设企业；以股权投资等形式获取东道国相关企业的股权

资料来源：作者整理。

---

[1]　国务院关于推进国际产能和装备制造合作的指导意见[EB/OL].中国政府网,2015-05-16.

2017 年 5 月 10 日，在"一带一路"国际合作高峰论坛召开前，中国推进"一带一路"建设工作领导小组办公室发布了《共建"一带一路"：理念、实践与中国的贡献》，展现"一带一路"倡议从理念到蓝图、从方案到实践的历程，既能增进国际社会对倡议的理解和认同，又对外展示共建"一带一路"已取得的成果。有关产能合作的内容集中体现在文件的"扩大产能与投资合作"这一节。更为关键的是，从《共建"一带一路"：理念、实践与中国的贡献》关于产能合作的表述及其相关新闻报道中，可窥探出中国推进这项工作的大致思路，即选择重点国别——派出专项工作组对接磋商——共同拟订并草签合作文件——领导人出访会见并签署合作文件——开展规划、政策、信息、项目等多层次对接合作，而共建（双边）边境经济合作区和境外经贸合作区，则成为"一带一路"国际产能合作的重点平台。①

2017 年 5 月 15 日，"一带一路"国际合作高峰论坛圆桌峰会发布了《"一带一路"国际合作高峰论坛圆桌峰会联合公报》（以下简称《联合公报》），这是"一带一路"建设的又一关键节点。《联合公报》成为指导未来一个时期"一带一路"建设的纲领性文件。在《联合公报》中，增加了关于产能合作的新表述。在合作目标中提出"欢迎推进产业合作、科技创新和区域经济一体化，推动中小微企业深入融入全球价值链"；在合作原则中强调"充分认识市场作用和企业主体地位，确保政府发挥适当作用，政府采购程序应开放、透明、非歧视"，强调"项目的经济、社会、财政、金融和环境可持续性，促进环境高标准，同时统筹好经济增长、社会进步和环境保护之间的关系"；在合作举措上，强调"加强创新合作"——支持电子商务、数字经济、科技园区等领域的创新行动，明确提出"推动全球价值链发展和供应链联接"，再次强调"加强新兴产业、贸易、工业园区、跨境经济园区等领域合作"。②

此外，习近平主席在"一带一路"国际合作高峰论坛开幕式演讲中指出："产

---

① 共建"一带一路"：理念、实践与中国的贡献［EB/OL］.新华网,2017-05-10.
② "一带一路"国际合作高峰论坛圆桌峰会联合公报［EB/OL］.新华网,2017-05-15.

业是经济之本。我们要深入开展产业合作，推动各国产业发展规划相互兼容、相互促进，抓好大项目建设，加强国际产能和装备制造合作，抓住新工业革命的发展新机遇，培育新业态，保持经济增长活力。"①

除了上述 4 个文件之外，还有一个间接相关的政策文件也需要引起我们的重视，即 2016 年 12 月 1 日由国家商务部、国家发展改革委、科技部等 7 部委联合发布的《关于加强国际合作提高我国产业全球价值链地位的指导意见》。"全球价值链"这一概念首次出现在国家层面的政策文件的标题之中，且该文件由国务院 7 部委联合发布，足见其意义之重大。文件指出，"一国能否从参与全球化中获益，日益取决于能否成功融入全球价值链、能否在全球价值链中某一特定环节占据新的竞争优势"，"鼓励企业高效整合利用全球知识资本、科技资源，实现加强国际合作与推进产业转型升级良性互动"，"通过实施'一带一路'重大合作倡议、国际产能合作，参与全球价值链合作规则的探索"，"走出去与引进来相结合，主动构筑全球价值链"。②

二、中国推进丝绸之路经济带国际产能合作的方式

自《国务院关于推进国际产能和装备制造合作的指导意见》发布以来，在各级政府和各类企业的推动下，产能合作已取得成效，并在共建共享丝绸之路经济带中发挥着重要作用。从组织实施的角度，我们认为中央政府强力推动下的多重协同联动机制化合作，是目前丝绸之路经济带国际产能合作的最大特征。

一是建立双多边产能合作机制，对接重点国家和区域组织。在双边层面，中国已与哈萨克斯坦、马来西亚等 30 多个沿线国家签署了产能合作文件；在多边层面，中国推动发表《中国—东盟产能合作联合声明》《澜湄国家产能合作联

① 习近平在"一带一路"国际合作高峰论坛开幕式上的演讲[EB/OL]."一带一路"国际合作高峰论坛官方网站,2017-05-14.
② 商务部等七部门出台《关于加强国际合作提高我国产业全球价值链地位的指导意见》[EB/OL].商务部网站,2016-12-01.

合声明》等重要文件①。通过把产能合作纳入机制化轨道,中国与有关国家开展规划、政策、信息、项目等多种形式的对接合作,共同为企业合作铺路搭桥。

二是建立中央和地方协同联动机制,推动各级政府参与产能合作。产能合作不仅仅是中央政府的事,国家之间的合作文件签署之后,地方政府也要积极行动起来,为本省(市)企业参与产能合作做好"服务"工作。截至 2016 年 11 月,国家发展改革委已与重庆、河南、河北、浙江等 21 个省(市)分别签署了《推进国际产能和装备制造合作协议》(见表 5.2),通过委省协同联动机制指导地方立足产业实际,与重点国家开展合作对接,合力推进国际产能合作②。

表 5.2　国家发展改革委与地方政府签署的推进国际产能和装备制造合作协议

省/市	重点内容
重庆	将重庆打造成国际产能合作示范城市 重点领域:汽车摩托车、有色冶金、装备、建材、化工等 重点区域:非洲、中东和中东欧 重点企业:重庆化医集团、重庆力帆、重庆对外经贸集团、重庆能源集团等
湖南	重点领域:工程机械、海工装备、轨道交通、电子信息、矿产资源勘查开发等 重点区域:东南亚、中亚、大洋洲、南美、非洲 重点企业:华菱钢铁、中联重科、三一、中车、湘电、远大、特变电等
河北	将河北省作为国际产能和装备制造合作示范省 重点领域:钢铁、水泥、光伏、玻璃等 重点区域:南非、塞尔维亚等 重点企业:河钢集团、霸州新亚、邢台德龙、冀东发展集团等
浙江	重点领域:钢铁、水泥、汽车、石化、船舶和海洋工程、远洋渔业、风电等 重点区域:"一带一路"沿线、亚洲周边、非洲及中东欧国家 重点企业:青山钢铁、恒逸石化、巨石、华立、康奈集团等

---

① 我国与"一带一路"沿线国家产能合作机制广泛建立[EB/OL].国新网,2017-05-12.

② 21省市同国家发改委签《推进国际产能和装备制造合作协议》[EB/OL].中国一带一路网,2016-11-22.

续表

省/市	重点内容
广东	重点领域：产业园区、电力、有色、石化、农业等 重点区域："一带一路"沿线国家尤其是东南亚、南亚国家 重点企业：珠海华发、广东交通、广州港、珠海港控股、广东粤电集团等
吉林	重点领域：汽车、轨道交通、钢铁、有色、电力、化工、水泥、农林牧等 重点区域：亚洲周边、非洲及中东欧国家 重点企业：长客股份、一汽集团等
河南	重点领域：钢铁、有色、纺织、建筑、水泥、电力、化工等 重点区域：亚洲周边国家、非洲、南美及中东欧国家 重点企业：宇通客车公司、中信重工机械公司、安阳钢铁、贵友实业集团等
陕西	重点领域：能源化工、建材、有色、轻纺、电力、通信、航天航空、机械等 重点区域：丝绸之路经济带沿线国家、拉美、非洲及中东欧国家 重点企业：陕煤业化工、陕汽集团、法士特、合容电气、欧中材料科技
内蒙古	将内蒙古打造成国际产能合作新样板 重点领域：钢铁、有色、建材、电力、化工、轻纺、农牧业开发等 重点区域：东北亚、东南亚、非洲、大洋洲以及北美洲国家
江西	重点领域：矿产资源、轻工纺织、有色金属、光伏新能源等 重点区域：亚洲周边国家和非洲国家
湖北	重点领域：钢铁、水泥、平板玻璃、汽车零部件、光电子信息、光伏、电力等 重点区域：亚洲周边国家、非洲及中东欧国家
甘肃	重点领域：石油化工、冶金、有色、装备制造等 重点区域：塔吉克斯坦、吉尔吉斯斯坦、印度尼西亚等国 重点企业：金川集团、白银公司、酒钢集团、八冶集团等
江苏	重点领域：轻纺、石化、冶金、建材、机械、轨道交通、船舶和海洋工程等 重点区域：印度尼西亚、柬埔寨、埃塞俄比亚、俄罗斯等国
广西	重点领域：钢铁、有色、汽车、工程机械、建材等 重点区域：东南亚、非洲及中东欧国家
四川	重点领域：装备制造、电子信息、冶金建材、化工、轻纺、农产品加工等 重点区域："一带一路"沿线20个国家和部分非洲国家 重点企业：新希望集团等

续表

省/市	重点内容
福建	重点领域:采矿、有色、汽车、渔业、建材、船舶、轻纺、通信、工程机械等 重点区域:21 世纪海上丝绸之路沿线国家和地区 重点企业:福耀玻璃集团、福建鼎瑞公司、吴钢集团、武夷实业、紫金矿业等
山东	重点领域:钢铁、有色、工程机械、轮胎、炼化、建材、装备、化工、轻纺等 重点区域:巴基斯坦、印度尼西亚、匈牙利等国 重点企业:如意科技集团、南山铝业、魏桥创业集团、烟台万华等
云南	重点领域:电力行业、装备制造、冶金、化工建材、轻工、物流等 重点区域:南亚、东南亚、北美、非洲及中东欧国家等
安徽	重点领域:建材、汽车、钢铁、有色、光伏、工程机械、农业、生物化工等 重点区域:亚洲周边国家、欧洲、非洲及南美洲等
上海	重点领域:能源、电力、汽车、钢铁、港口、船舶和海洋工程、通信、建材等
辽宁	将辽宁打造成国际产能和装备制造合作新样板 重点领域:电力、机床、工程机械、船舶、海洋工程及石油装备、轨道交通等 重点区域:亚洲周边国家、非洲及中东欧国家等 重点企业:沈阳特变电工集团、沈阳北方重工集团、沈鼓集团

注:表中文件签署时间截至 2016 年 11 月 22 日。

资料来源:作者根据中国一带一路网 2016 年 11 月 22 日文章《21 省市同国家发改委签署〈推进国际产能和装备制造合作协议〉》整理得来。

三是央企、民企、协会协同推动企业参与产能合作。国家发展改革委在协调企业和行业协会参与产能合作过程中,扮演协调对接和支持引导角色。目前来看,中央企业被视为推动国际产能合作的主力军,国家发展改革委通过国资委与重点央企对接,使用类似于"项目发包"的形式与央企建立起协同机制。为调动民营企业参与国际产能合作的积极性,国家发展改革委通过全国工商联与重点民营企业建立协同机制。与 12 家重点行业协会建立协同机制,支持成立了中国钢铁行业国际产能合作企业联盟、中国有色金属国际产能合作企业联盟、中国电力国际产能合作企业联盟、中国轻工国际产能合作企业联盟、中国工程机械行业国际产能合作企业联盟、中国通信行业国际产能合作企业联盟等12个平台，全面推进国际产能合作①。

四是通过与发达国家共同开发第三方市场的方式开展产能合作。与发展中国家合作的重点是国际产业转移与承接、设立境外产业合作区，与发达国家合作的重点是在技术研发等高端领域合作，以及共同开发第三方市场。例如，在工程机械和汽车行业，中国企业已在欧美多国建立了技术研发中心，对一些拥有优质资产和技术的业内企业进行了并购。

五是以最高领导人出访和举办"一带一路"国际会议，带动项目签署和落地。从各类对中国领导人出访等外交活动的新闻报道中，不难发现这条规律。无论是习近平总书记还是李克强总理的国事访问，随行的都有专为访问国家"定制"的中国企业家团队。在访问期间，两国领导人不仅签署双边产能合作协议，而且还会就相关项目的对接、落实进行磋商。以举办高规格"一带一路"国际会议搭建产能合作磋商平台，汇聚各国政要、企业家、专家学者于一堂，面对面的交流使合作意愿从无到有，并转化为合作行动，进而产出成果。

三、六大经济走廊上的国际产能合作

丝绸之路经济带包含中巴经济走廊、中蒙俄经济走廊、孟中印缅经济走廊、中国—中南半岛经济走廊、中国—中亚—西亚经济走廊、新亚欧大陆桥经济走廊，这六大经济走廊是承载国际产能合作的主要区域。从区域经济学的角度看，丝绸之路经济带是"一种路域经济，是依托重要经济通道形成的产业合作带，是因道路辐射带动形成的生产力布局及区域经济发展体系"。② 丝绸之路经济带建设不可能平均用力，特别是在建设初期，综合考虑地理、经济、外交等多

---

① 尤舒.2015年国际产能合作实现"两快两增"[EB/OL].国家发展改革委网站,2016-02-14.
② 赵可金.一带一路从愿景到行动[M].北京:北京大学出版社,2015:214.

种因素确定先行区域、取得先行成果、发挥示范效应,是中国推动这一倡议落地的理性选择。经济走廊则是"经济要素在一定地理区域内不断聚集和扩散而形成的一种特殊的经济空间形态"。[①]

表5.3呈现了丝绸之路经济带六大经济走廊内主要国家的 GDP、人均GDP、中国直接投资流量额以及中国承包工程合同金额。从国家构成和经济发展水平数据中不难发现,六大经济走廊的划分综合考虑了走廊内国家在地理、经济和外交上的联系程度和合作基础,其自身"将是一个从产业集群到贸易投资便利化,从贸易投资便利化到区域基础设施一体化、区域经济一体化的动态演进过程"。[②] 因此,丝绸之路经济带的六大经济走廊,实质上是区域内主要城市、主要交通运输干线及其背后的经济活动和市场规模的综合体,域内大城市依托交通运输干线,发挥经济集聚和辐射作用,连接带动不同等级规模的城市实现经济社会发展,从而形成一条点状密集、线状延伸、面状辐射的生产、流通一体化的带状经济区域,因而自然而然地成为承载国际产能合作的主要区域。

此外,丝绸之路经济带国际产能合作会根据不同国家和行业的特点,有针对性地采取贸易、投资和承包工程等方式推进。[③] 产能合作的核心是产业输出,因此中国对外直接投资的数据更能反映国际产能合作的核心内容。鉴于此,我们选取中国对六大经济走廊内主要国家的出口额、直接投资流量额和承包合同金额三大指标,分析丝绸之路经济带国际产能合作现状,并进一步分析2013年丝绸之路经济带倡议提出以来中国对六大经济走廊国家直接投资的变化情况。

---

① 卢光盛,邓涵.经济走廊的理论溯源及其对孟中印缅经济走廊建设的启示[J].南亚研究,2015(2):1-15.

② 王金波."一带一路"经济走廊与区域经济一体化:形成机理与功能演进[M].北京:社会科学文献出版社,2016.

③ 国务院关于推进国际产能和装备制造合作的指导意见[EB/OL].中国政府网,2015-05-16.

表 5.3　中国与丝绸之路经济带六大经济走廊经济合作概况

经济走廊名称	主要国家	GDP（千亿美元）	人均 GDP（万美元）	中国货物出口额（万美元）	中国直接投资流量额（万美元）	中国承包工程合同金额（万美元）
中巴经济走廊	巴基斯坦	2.84	0.15	1 723 265	32 074	1 217 954
中蒙俄经济走廊	蒙古	0.11	0.28	98 853	−2 319	96 668
	俄罗斯	12.83	0.89	3 733 960	296 086	207 592
孟中印缅经济走廊	孟加拉国	2.21	0.14	1 430 063	3 119	494 934
	印度	22.64	0.17	5 839 776	70 525	181 141
	缅甸	0.67	0.13	818 765	33 172	198 075
中国—中南半岛经济走廊	越南	2.03	0.22	6 109 409	56 017	346 410
	马来西亚	2.96	0.95	3 766 016	48 891	719 767
	老挝	0.16	0.24	98 696	51 721	516 002
	泰国	4.07	0.59	3 718 273	40 724	396 516
	柬埔寨	0.18	0.12	392 868	41 968	141 819
中国—中亚—西亚经济走廊	哈萨克斯坦	1.34	0.75	829 232	−251 027	261 303
	吉尔吉斯斯坦	0.07	0.11	560 542	15 155	45 143
	塔吉克斯坦	0.07	0.09	172 508	21 931	59 693
	伊朗	3.93	0.49	1 641 727	−54 966	152 261
	土耳其	8.58	1.08	1 668 664	62 831	316 481
	以色列	3.19	3.73	817 429	22 974	16 609
	黎巴嫩	0.51	1.1	210 033		422
	约旦	0.38	0.55	295 440	158	4 285

续表

经济走廊名称	主要国家	GDP（千亿美元）	人均GDP（万美元）	中国货物出口额（万美元）	中国直接投资流量额（万美元）	中国承包工程合同金额（万美元）
中国—中亚—西亚经济走廊	沙特阿拉伯	6.53	2.08	1 865 090	40 479	607 221
	也门	0.37	0.13	169 234	-10 216	3 510
	阿曼	0.59	1.5	214 769	1 095	81 475
	阿联酋	3.46	3.6	3 006 695	126 868	184 526
	卡塔尔	1.85	7.6	151 565	14 085	112 364
	巴林	0.31	2.4	79 049		
	科威特	1.21	2.9	300 088	14 444	201 400
	塞浦路斯	0.19	2.23	46 184	176	
	格鲁吉亚	0.14	0.37	74 524	4 398	17 824
	亚美尼亚	0.11	0.35	11 108		
	阿塞拜疆	0.54	0.57	34 588	136	1 806
新亚欧大陆桥经济走廊	波兰	4.69	1.24	1 509 406	2 510	4 143
	德国	33.57	4.09	6 521 403	40 963	63 914
	荷兰	7.77	4.56	5 744 721	1 346 284	16 921
	白俄罗斯	0.47	0.49	109 001	5 421	272 327
	俄罗斯	12.83	0.89	3 733 960	296 086	207 592
	哈萨克斯坦	1.34	0.75	829 232	-251 027	261 303

数据来源：①GDP和人均GDP为各国2016年数据，来自世界银行数据库；②中国货物出口额为2016年数据，均来自UNcomtrade数据库，分类方式为HS编码；③中国直接投资流量额和中国承包工程合同金额为2015年数据，前者来自《2015年中国对外直接投资统计公报》（2016年数据未公布国别数据），后者来自《中国贸易外经统计年鉴2016》；④空格表示数据缺失。

从中国出口额数据来看，在六大经济走廊内，2016 年中国出口排名前十位的国家是德国、越南、印度、荷兰、马来西亚、俄罗斯、泰国、阿联酋、沙特阿拉伯、巴基斯坦，以周边发展中国家为主。其中，对德国出口额为 652.14 亿美元，对越南出口额达到 610.94 亿美元，印度和荷兰紧随其后，总量不相上下。从绝对量上看，中国出口额远超对外直接投资流量额和承包工程合同金额，这表明在当前阶段贸易仍然是国际产能合作的重要方式，但随着丝绸之路经济带国际产能合作的深入推进，中国企业加快"走出去"步伐，对外直接投资和承包工程合同金额也将迎来较快增长。

从对外直接投资流量来看，在六大经济走廊内，2015 年中国对外直接投资流量额排名前十位的国家是荷兰、俄罗斯、阿联酋、印度、土耳其、越南、老挝、马来西亚、柬埔寨、德国，发达国家占比近一半，南亚和东南亚国家占比一半。其中，对荷兰直接投资流量达到 134.63 亿美元，超过其他 9 个国家的总和。从前十位国家分布特征来看，中国在丝绸之路经济带国际产能合作中具有很强的技术寻求型特征，同时也具备明显的市场扩张型和资源寻求型特征。

从承包工程合同金额来看，在六大经济走廊内，2015 年与中国承包工程合作金额排名前十位的国家是巴基斯坦、马来西亚、沙特阿拉伯、老挝、孟加拉国、泰国、越南、土耳其、白俄罗斯、哈萨克斯坦，以周边亚洲国家和发展中国家为主。其中，与巴基斯坦合作承包工程合同金额达到 121.80 亿美元，约为第二位马来西亚和第三位沙特阿拉伯的总和。不难发现，这些国家一部分是资源密集型国家，如沙特阿拉伯、哈萨克斯坦，一部分是经济发展迅速、城市化进程加快的国家，如越南、马来西亚、巴基斯坦等国。这也反映了当前这些国家与中国开展国际产能合作的需求和重点所在。

（一）中巴经济走廊

巴基斯坦位于南亚次大陆西北部，天然气、石油和煤铁等资源丰富。2016 年经济总量在全球经济体中位列第 25 名，在发展中国家中处于中上游水平。中巴经济走廊从中国新疆喀什经红其拉甫山口到伊斯兰堡，再连接瓜达尔港，辐射国内乌鲁木齐、西宁和银川等城市,覆盖巴基斯坦境内卡拉奇出口加工区(信德省)、Risalpur 出口加工区(沙浦)、Sialkot 出口加工区(旁遮普省)、Gujranwala 出口加工区(旁遮普省)和 Khairpur 经济特区(信德省)等经济开发区域。

基于中巴两国高度政治互信和长期经济合作关系,中巴经济走廊作为一个整体毫无疑问地成为整个丝绸之路经济带的旗舰项目。从中国对巴基斯坦直接投资数据来看,2013 年丝绸之路经济带倡议提出后,众多中巴合作项目开工,带动直接投资额迅猛增长,2014 年达到 10 亿美元的高峰,是 2013 年 5 倍之多(见图 5.3)。尽管 2015 年这一数据出现下降,但中国和巴基斯坦间较强的产业互补性依然意味着未来巨大的合作空间。

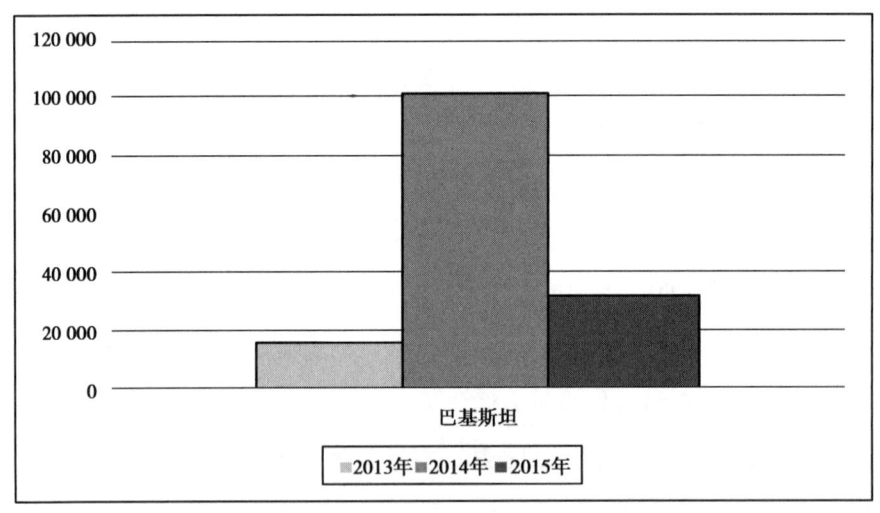

图 5.3　中国在中巴经济走廊的直接投资流量(万美元)

当前,中巴经济走廊建设已经成为中巴经济领域合作的核心内容。当前双方合作的重点主要是瓜达尔港、交通基础建设以及能源合作等基础性领域。双方通过在基础性领域的高效务实合作,为深层次的中巴产能合作提供基础和合作经验。

专栏 5.2　巴基斯坦卡西姆港燃煤电站项目

卡西姆港燃煤电站(简称"卡西姆火电站")由中国电力建设集团海外投资有限公司和卡塔尔王室控股的 AMC 公司共同出资建设,预计总投资额将达到 20.85 亿美元,其中中国进出口银行将会提供 75% 的资金贷款。卡西姆火电站建成之时将会拥有两台 66 万千瓦超临界机组,总装机容量为 132 万千瓦,年均发电量约 90 亿千瓦时。

能源结构调整。卡西姆港燃煤电站是中巴经济走廊多个项目中最先开始动工的能源项目,待燃煤电站完全建成时,它将会弥补巴基斯坦国内 20% 的电力缺口。"煤代油"的方式将很大程度上降低巴基斯坦国内发电的成本,优化升级原有的电力系统,大大提高发电的稳定性。

就业创造效应。卡西姆火电站的建造,为当地创造了大量的就业岗位和工作机会,火电站建成之后的运营和维护期间同样也会为当地提供大约 500 个工作岗位。该项目不仅能够吸纳本地优秀的人力资源,也能够带动当地经济的发展。

卡西姆港燃煤电站是中国电建在海外最大的投资项目,中国电建秉持着投资先导的原则,创造了产业化一体化"集群式"走出去的样板,不再是从前"单打独斗"或者盲目"抱团出海",中国火电在通往国际化道路上更进了一步。该项目不仅让中国火电行业"走出去",更带动了中国的标准、技术、设备、资金等"走出去"。卡西姆港燃煤电站是中巴双方互惠互利、合作共赢的典范,为其他项目提供了现实示范样板。

资料来源:作者整理,中国电力承建卡西姆港燃煤电站项目已现壮阔面貌[EB/OL].中国起重机械网,2016-09-01.

(二)中蒙俄经济走廊

中蒙俄经济走廊的大致路线是从中国的北京、天津、大连经二连浩特、满洲里、绥芬河,再经蒙古至俄罗斯抵达波罗的海,覆盖了中国华北、东北和内蒙古的多个城市,以及满洲里、二连浩特和绥芬河(东宁)、吉林延吉(长白)重点开发实验区等多个开发区。蒙古和俄罗斯资源种类多且储量丰富,例如西西伯利亚油气田、蒙古戈壁煤矿铜矿、蒙古乔巴山铀铅锌矿、俄罗斯远东金铁多金属成矿区等。

相较于蒙古,俄罗斯拥有较好的经济和科技基础,但蒙古、俄罗斯近几年的经济发展受内外多重因素冲击都面临较大困难,因此也提升了与中国开展经济合作的意愿。2015 年 7 月 9 日,中国、蒙古和俄罗斯三国领导人在乌法签署了关于建设中蒙俄经济走廊规划纲要的谅解备忘录。2016 年 6 月 23 日,三国在乌兹别克斯坦签署了《建设中蒙俄经济走廊规划纲要》,这是"一带一路"框架下的第一个多边合作规划纲要,有效推动了丝绸之路经济带、欧亚经济联盟以及"草原之路"倡议的对接①。

图 5.4 展示了丝绸之路经济带倡议提出后中国对蒙古和俄罗斯的直接投资情况。显然,蒙古目前依然是经济走廊中的短板,俄罗斯以其丰富的能源吸引了大量中国直接投资。

(三)孟中印缅经济走廊

孟中印缅经济走廊联通昆明,途径缅甸曼德勒、孟加拉国达卡和印度加尔各答,最终直达印度洋,包含磨憨边境贸易区自由经济区以及大量边境贸易城市,辐射昆明、大理、腾冲等多个中国西南地区的大中型城市。印度经济发展势头良好,作为南亚第一大国在亚欧大陆乃至全球的影响力不断提升,与中国经济的竞争与合作并存。孟加拉国和缅甸经济发展相对滞后,但都具备大规模廉价劳动力和潜在消费市场,因而具备承接中国产能转移的条件。

图 5.5 展示了丝绸之路经济带倡议提出后,中国在孟中印缅经济走廊内的直接投资流量数据。2013 年以来,中国对印度直接投资流量快速增长,三年间

---

① 资料来源:建设中蒙俄经济走廊规划纲要[EB/OL].中国一带一路网,2016-06-23.

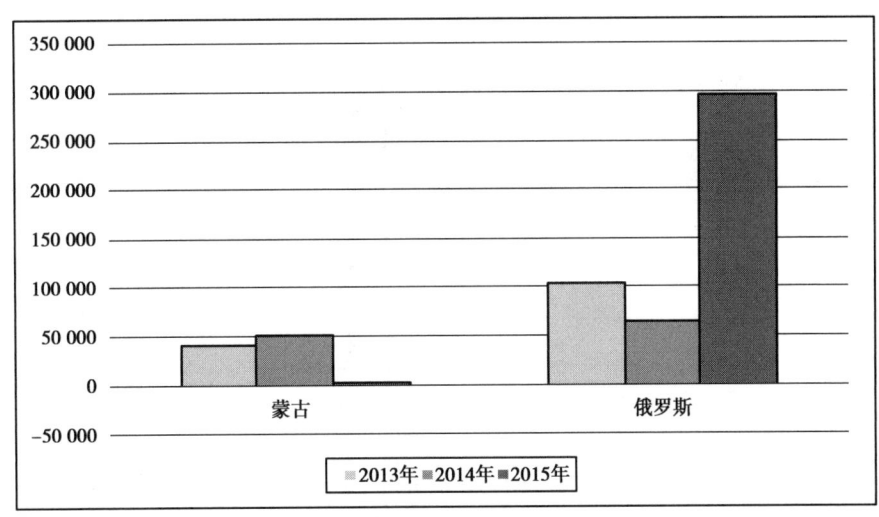

图 5.4　中国在中蒙俄经济走廊的直接投资流量（万美元）

增长了约 5 倍，而在孟加拉国和缅甸的直接投资并未出现明显增长。若与其他经济走廊相比，中国在该走廊中对各国的直接投资流量的绝对值并不高。这也从一个侧面反映了区域内国家对中国"一带一路"倡议的态度。"一带一路"是共商、共建、共享的互利共赢之路，印度作为新兴市场国家的重要代表，应秉持开放的态度参与到"一带一路"倡议中来，开展更加包容、务实和共赢的合作，为南亚乃至亚欧经济发展积极贡献力量。

（四）中国—中南半岛经济走廊

中国—中南半岛经济走廊从中国昆明和南宁起，经老挝、越南、柬埔寨，联通泰国、马来西亚，同时辐射带动了从贵阳、重庆、成都至广州、深圳等国内城市，该经济走廊覆盖了亚洲当前经济最活跃的国家和地区。在境外资源上，该走廊内有马来盆地油气区、泰国盆地油气区、越北断块—长山有色金属成矿带、红远—上传龙铝土矿产带等重要资源产地。

更为重要的是，由于一衣带水的地理临近关系，20 世纪 90 年代以来特别是进入 21 世纪后，中国与中南半岛国家的经贸往来日益频繁。中南半岛国家大多具备比中国更加廉价的劳动力，同时具备良好的海上运输条件，在"一带一

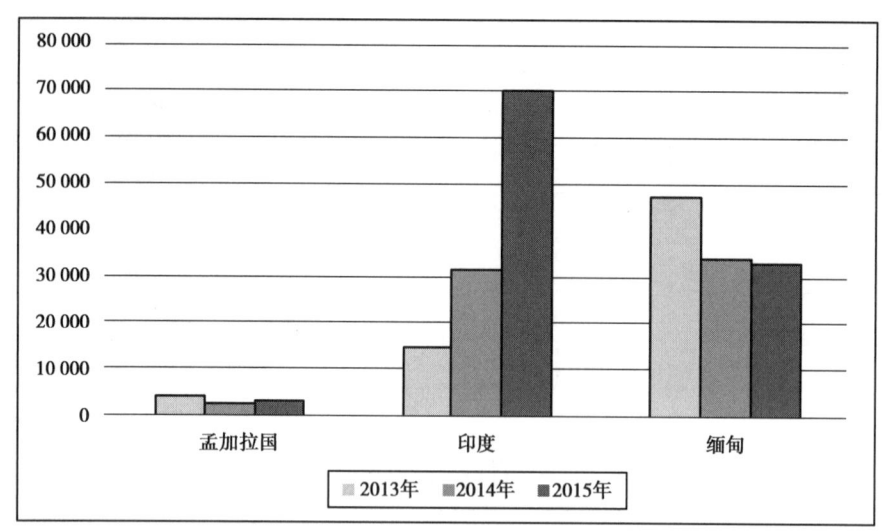

图 5.5　中国在孟中印缅经济走廊的直接投资流量(万美元)

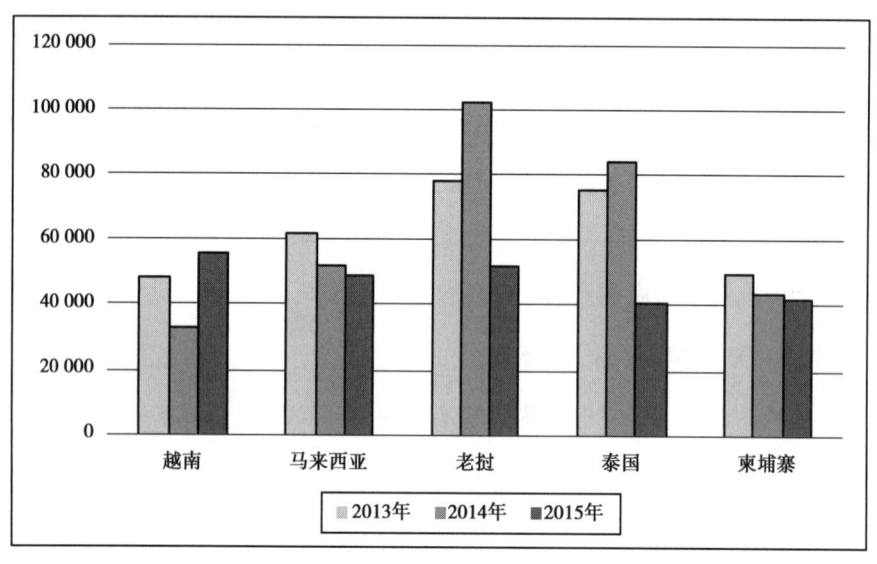

图 5.6　中国在中国—中南半岛经济走廊的直接投资流量(万美元)

路"倡议和国际产能合作方略提出之前,许多中国企业,特别是中小企业在中南半岛国家已经进行了产业合作和转移。丝绸之路经济带国际产能合作倡议的提出和实施,契合中国与中南半岛国家各自的发展需求,将进一步扩大既有合作的广度和深度。根据图5.6,综合丝绸之路经济带倡议提出后三年的数据,老挝是中国在该经济走廊直接投资流量规模最大的国家,泰国次之,但二者在2015年均出现较大下滑;而中国对越南直接投资流量在2015年出现快速增长,并超过老挝和泰国。总体来看,中南半岛国家近年来的经济增长在全球表现亮眼,其发展阶段、发展意愿和资源禀赋为未来一个时期的较快增长提供了潜力,也意味着中国—中南半岛国家的国际产能合作具有很大的挖掘空间。

专栏5.3　中老铁路

中老铁路全线采用的都是中方设备、中国技术标准,这是首个主要由中国投资建设运营、与中国境内铁路直接相连的国外铁路项目。中老铁路总长418千米,建成之后速度可达160千米每小时,项目由中老边境进入老挝境内向南一直通向老挝的首都万象,总计投资金额达400亿元人民币,中方和老挝按照七比三的股权比例共同承建,预计2020年建成通车。

中老铁路把老挝与东盟其他国家联系起来。中老铁路改善了老挝国内基础设施差的局面,为其实现从"陆锁国"到"陆联国"的愿景提供了强力的支持。铁路预计还将连接泰国、马来西亚等国家,真正意义上实现东盟地区的互联互通,促进中国与东盟的合作。

自中老铁路项目实施以来,源源不断的外资、先进技术和人力资源涌入老挝,为老挝吸引了一大批优秀的资源。同时,老挝也结合自身优势,进一步加强和其他周边国家的贸易往来,促进人文交流,积极发展本国旅游业,降低生产成本,提供就业岗位,有助于推动老挝长期可持续发展。

资料来源:万志新,等."一带一路"与国际产能合作国别合作指南[M].北京:机械工业出版社,2017:55-56.

(五)中国—中亚—西亚经济走廊

中国—中亚—西亚经济走廊涵盖的国家数量多、范围广,从中国新疆乌鲁木齐出发,经哈萨克斯坦、吉尔吉斯斯坦、塔吉克斯坦、乌兹别克斯坦、土库曼斯坦、伊朗,抵达波斯湾和阿拉伯半岛,辐射带动国内的西宁、银川、喀什等城市。若按人均 GDP 对该经济走廊内的国家排名,第一梯队的国家有卡塔尔、以色列、阿联酋、沙特阿拉伯、塞浦路斯、科威特、巴林,以上国家人均 GDP 均超过两万美元,而其他国家经济发展水平相对较低且参差不齐。

众所周知,该经济走廊内从油气到矿产等自然资源的种类和储量均十分丰富,例如北方-南帕斯油气区、高尔达克海相含钾盆地大型钾盐矿等。但同时,该经济走廊的地缘政治、宗教文化、社会安全在六大经济走廊中是最复杂的,国家间的经济发展水平差异、宗教文化差异也十分突出。这在很大程度上增加了中国企业开展贸易和投资活动的风险,对深入推进国际产能合作形成了许多限制。从图 5.7 的数据中也能发现,除阿联酋、土耳其、沙特阿拉伯之外,中国对其他国家的直接投资水平均处于较低水平且波动较大。

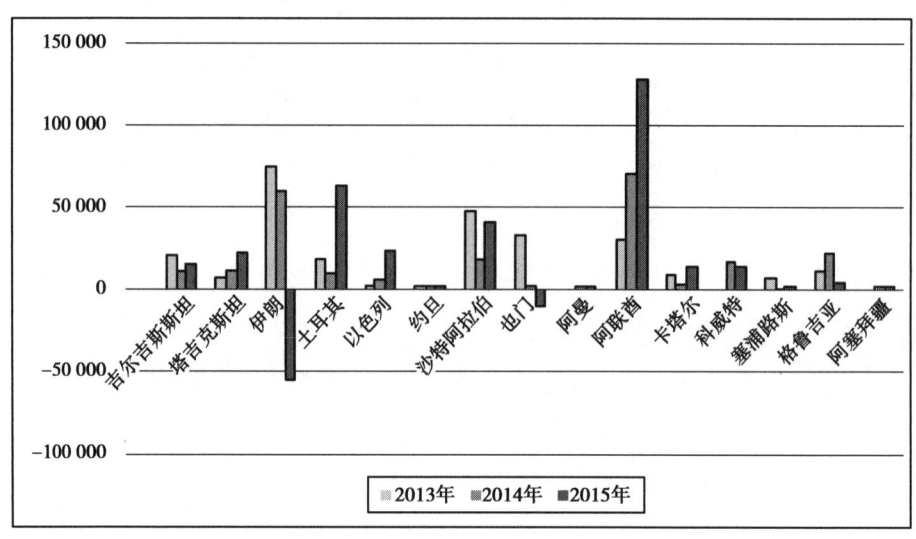

图 5.7　中国在中国—中亚—西亚经济走廊的直接投资流量(万美元)

(六)新亚欧大陆桥经济走廊

新亚欧大陆桥经济走廊东起中国连云港,途经中亚、东欧、中欧,西抵荷兰鹿特丹,涉及中国、哈萨克斯坦、俄罗斯、白俄罗斯、波兰、德国、荷兰等 7 个国家,是连接亚欧大陆东西的核心动脉,带动辐射中国的连云港、青岛、日照、徐州、郑州、洛阳、西安、兰州、乌鲁木齐等多个城市。该经济走廊内同样蕴含着丰富的自然资源,例如楚河-萨雷苏河铀矿区、图尔盖洼地铁矿带、南图尔盖盆地油气田等。

新亚欧大陆桥经济走廊的西端是经济发展水平很高的西欧国家,中端和东端则是发展中国家,经济走廊上的经贸往来呈现出发达国家和发展中国家在全球产业分工体系中的不同位置。在中国经济快速增长的过程中,先是欧洲发达国家的企业带领资本流向中国;伴随中国经济实力和国际影响力日益增强,中国的货物及资本则源源不断地通过新亚欧大陆桥流向欧洲。图 5.8 描述了从丝绸之路经济带倡议提出至 2015 年,中国在新亚欧大陆桥经济走廊国家的直接投资流量变化情况。通过与其他经济走廊的横向对比,该经济走廊吸引的中国直接投资总量是最大的,综合反映了该区域良好的市场环境、机遇和先进技术,以及它们对中国资本的吸引力。

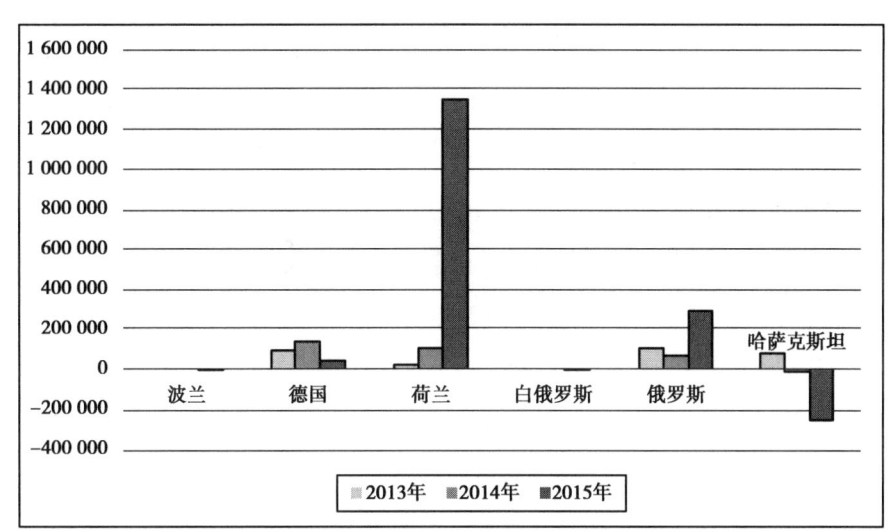

图 5.8　中国在新亚欧大陆桥经济走廊的直接投资流量(万美元)

新亚欧大陆桥见证了中国同西方自古以来的经贸往来,也见证了中国与欧洲国家在产业分工与合作关系上的变迁,更将在推进丝绸之路经济带国际产能合作的新时代发挥更大作用,见证更大辉煌。

可以预计的是,未来一段时期,随着国际产能合作的不断扩展,带动各类生产要素在经济走廊内国家间不断聚集和扩散,进而实现中国与沿线国家要素资源禀赋的价值实现与增值。在这一过程中,通过空间集聚的自我强化作用,推动沿线空间经济结构产生变化,促进区域产业配套能力提升和产业链分工布局不断优化,经济走廊沿线国家间的产业间、产业内、产品内分工不断延伸和扩展,不仅会对沿线国家产业集群的形成与发展起到积极的促进作用,还会为中国与沿线国家参与和构造区域价值链奠定基础①。

第三节　丝绸之路经济带的国际产能合作趋势

对于丝绸之路经济带国际产能合作的未来趋势,我们认为应从以下 3 个层次看待这一问题。

首先,丝绸之路经济带国际产能合作涉及的产业范围、国家范围将进一步扩展,国际产能合作将因其在中国对外经济政策中的作用和地位不断凸显而上升为国家战略。在未来较短的时间内,必将出现丝绸之路经济带国际产能合作产业范围和国家范围的扩展。目前,中央层面关于国际产能合作的政策文件是2015 年 5 月国务院发布的《关于推进国际产能和装备制造合作的指导意见》。该文件提及了 12 个国际产能合作的重点行业。按照前面的分类办法,能源资源类和基础设施类行业,在当前丝绸之路经济带国际产能合作中处于比较核心的位置。但随着丝绸之路经济带建设逐步深入,沿线国家互联互通水平将日益提高,市场开放度和要素流动水平也将随之提升,国际产能合作的范围将自然而然地扩展。未来丝绸之路经济带国际产能合作可能覆盖中国大多数行业领域。产业范围的不断扩展,为具备不同资源禀赋条件的国家提供了更广阔的产

---

① 王金波.“一带一路”经济走廊与区域经济一体化:形成机理与功能演进[M].北京:社会科学文献出版社,2016.

能合作空间。因此，这是丝绸之路经济带国际产能合作第一个层次的未来趋势。

其次，丝绸之路经济带国际产能合作将推动形成由中国和沿线国家共同构成的产业链、价值链分工体系。众多既有的研究都指出，中国可以通过"一带一路"倡议形成一个新型的产业分工体系，可将其称为价值链或是以"一带一路"为范围的大区域价值链（白永秀 等，2015①；孟祺，2016②；蓝庆新 等，2016③；赵江林，2016④；黄先海 等，2017⑤；刘志彪，2017⑥；张辉 等，2017⑦）。我们在这一点上与上述文献的判断是一致的。进一步到如何描绘这一新型产业分工体系的问题上，我们的观点与既有的文献存在一定差异。在既有的文献中，较有代表性的有张辉等（2017）、蓝庆新等（2016）。这些文献将"一带一路"倡议和全球价值链"双环流"结构结合起来分析，认为"一带一路"国际产能合作有助于推动形成以中国为枢纽的全球价值链"双环流"体系。所谓"双环流"结构，一个环流位于中国与北美、西欧经济体以及日韩等发达国家之间，另一个环流则在中国与亚非拉等发展中国家或地区之间（见图5.9）。在这一过程中，中国要实现从被发达国家引领到中国引领发展中国家融入全球价值链的转变，逐步实现协调一致的利益网络。

我们与上述代表性观点的不同之处在于，中国不仅能在所谓全球价值链"双环流"中扮演枢纽角色，更在于通过"一带一路"国际产能合作在未来扮演引领角色。具体而言，中国并不会始终扮演发达国家最终消费品的生产者、提供者，并不会始终在全球产业链和价值链中处于中、低端位置，中国的愿景在于

① 白永秀，王颂吉.价值链分工视角下丝绸之路经济带核心区工业经济协同发展研究[J].西北大学学报(哲学社会科学版)，2015(3)：41-49.

② 孟祺.基于"一带一路"的制造业全球价值链构建[J].财经科学，2016(2)：72-81.

③ 蓝庆新，姜峰."一带一路"与以中国为核心的国际价值链体系构建[J].人文杂志，2016(5)：29-34.

④ 赵江林.大区域价值链：构筑丝绸之路经济带共同利益基础与政策方向[J].人文杂志，2016(5)：21-28.

⑤ 黄先海，余骁.以"一带一路"建设重塑全球价值链[J].经济学家，2017(3)：32-39.

⑥ 刘志彪.重构基于内需的全球价值链是振兴中国制造的路径选择[J].学术界，2017(11)：247-248.

⑦ 张辉，易天，唐毓璇.一带一路：全球价值双环流研究[J].经济科学，2017(3)：5-18.

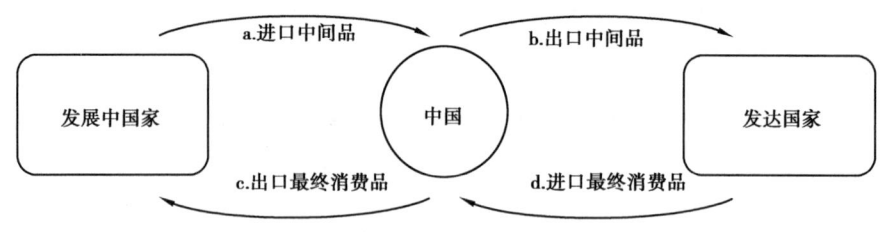

图5.9　全球价值链双环流结构

通过开展"一带一路"国际产能合作,促进自身产业升级、对外产业转移和对外投资,更好地配置全球资源,进而跃升到全球产业链和价值链的高端位置。更为重要的是,如果中国在既有的西方发达国家控制的全球价值链中无法实现这一跃升,那么,通过"一带一路"国际产能合作,中国还可以选择逐步构建起自身引领的,并且更具包容性的新型国际产业分工体系,带动更大范围的发展中国家实现经济增长,这是对既有的西方发达国家控制的国际分工体系的改进。因此,这是丝绸之路经济带国际产能合作第二个层次的未来趋势。

最后,丝绸之路经济带国际产能合作将成为新型全球化的重要推动力。从经济全球化的历史来看,经济全球化的动力基础发源于工业革命,因此少数西方发达国家推动并主导了第一次和第二次经济全球化进程。前两次工业革命的进程并不是鲜花铺就的,时至今时,世界上大多数国家仍然没有成功实现工业化,通过工业化步入高收入国家行列的后发国家更是少之又少。"一带一路"倡议的愿景,本质上是中国推动构建人类命运共同体的新型全球化方案。[①] 在一定程度上,"一带一路"倡议是对过去西方少数国家主导的全球化的改进和"扬弃",更强调东西方互学互鉴、互联互通、互利共赢在人类发展历史和未来中的作用。

丝绸之路经济带国际产能合作将构建更具包容性的、新型的国际产业分工体系,这便是它为推动新型全球化提供动力的机制。丝绸之路经济带国际产能

---

① 更多关于"一带一路"和新型全球化的研究,可参考白永秀和王泽润发表在《改革》2017年第2期的《"一带一路"经济学的学科定位与研究体系》,以及卫玲发表在《兰州大学学报》(社会科学版)2017年第3期的《"一带一路":新型全球化的引擎》。

合作不仅为世界经济增长提供新动力，而且以互利共赢、公平开放的务实态度致力于与更多发展中国家共享中国发展机遇，支持它们深度融入国际产业分工体系并分享更多收益。基于国际产能合作，中国将与更多发展中国家形成利益共同体、命运共同体关系，将共同致力于完善全球经济治理体系，为发展中国家争取更多、更大的话语权，推动形成更具包容性、互利共赢的新型全球化。

6

谋划新支点：
从中心城市到城市网络

支点城市是区域经济的增长极，可以通过集聚扩散效应带动周边区域的经济发展。丝绸之路经济带跨越亚欧非三大洲，在如此广袤的地域范围内加强国际经济合作，必须充分发挥支点城市的辐射带动作用。《推动共建丝绸之路经济带和 21 世纪海上丝绸之路的愿景与行动》提出："陆上依托国际大通道，以沿线中心城市为支撑，以重点经贸产业园区为合作平台，共同打造新亚欧大陆桥、中蒙俄、中国—中亚—西亚、中国—中南半岛等国际经济合作走廊"[①]。由此可见，作为丝绸之路经济带及其经济走廊的战略支点，支点城市在丝绸之路经济带建设中发挥着重要作用。

2016 年 10 月联合国第三次住房和城市可持续发展大会审议通过的《新城市议程》提到："城市连通着地区、国家，甚至连接着全球网络"，是"更平衡的地域开发的枢纽"[②]。从城市发展实践来看，现代经济发展的过程实质上就是城市化的过程，城市化与现代经济发展互相促进。在工业革命的推动下，英国在 19 世纪末率先基本完成了城市化进程，此后法国、德国、美国、日本等新兴市场经济国家的工业化与城市化水平也不断提高。第二次世界大战之后，世界城市化的主体由发达国家转移到发展中国家，拉丁美洲、亚洲的城市化进程尤为迅速[③]，这在很大程度上推动了相关区域的经济发展。当前，丝绸之路经济带沿线的中国、中亚、西亚、南亚、北非等区域的城市化水平相对较低，通过加快丝绸之路经济带沿线的支点城市建设，并且把沿线中心城市通过现代立体快速交通网络连接起来，形成丝绸之路经济带的支点城市网络，可以有效带动丝绸之路经济带沿线的经济社会发展。

---

① 国家发展改革委，外交部，商务部.推动共建丝绸之路经济带和 21 世纪海上丝绸之路的愿景与行动[M].北京：人民出版社，2015：6.
② 屠启宇.国际城市发展报告（2017）[M].北京：社会科学文献出版社，2017：2.
③ 白永秀，等.西部地区城乡经济社会一体化战略研究[M].北京：人民出版社，2014：97-99.

第一节　丝绸之路支点城镇的兴衰及启示

一、丝绸之路沿线的支点城镇兴衰

丝绸之路起自中国古都长安（今西安）、洛阳，经陇西高原、河西走廊出西域，进而联通中亚、南亚、西亚、欧洲和非洲，是古代亚欧大陆东西文明交流和贸易往来的主要陆上通道。丝绸之路一般可分为东中西三段，而每一段又都可分为中南北三条线路。具体而言，东段由长安、洛阳出发，经过陇西高原、河西走廊到玉门关、阳关；中段从玉门关、阳关向西至帕米尔高原（葱岭）和巴尔喀什湖以东以南的地区；西段从葱岭往西南到印度，西经中亚、西亚到达地中海沿岸地区[①]。在丝绸之路的主要线路上，分布着一些著名城镇，这些城镇构成了丝绸之路的支点，支撑了丝绸之路上的商贸文化交流。

（一）丝绸之路东段的支点城镇兴衰

丝绸之路东段由长安、洛阳出发，经陇西高原、河西走廊到玉门关、阳关。丝绸之路东段沿途的重要支点城镇包括西安（长安）、天水、兰州、西宁、武威（凉州）、张掖（甘州）、酒泉（肃州）、敦煌等。

西安古称长安，作为汉唐都城，长安是丝绸之路的起点和最重要的商贸枢纽及文化交流中心，并且是汉唐时期世界上最大的国际化都市之一。唐朝之后随着政治经济中心迁移，西安的地位下降，但仍然是丝绸之路上的重要支点城市。在加快建设丝绸之路经济带的今天，西安着力打造内陆型改革开放新高地，深化与丝绸之路沿线城市的合作，必将在丝绸之路经济带建设中发挥重要作用。

---

① 杨建新，卢苇.丝绸之路[M].兰州：甘肃人民出版社，1981：63.

宝鸡古称雍城、陈仓，作为丝绸之路西出长安的第一站[①]，宝鸡处在丝绸之路上的重要位置，汉唐至宋元时期是中原地区通往大西北的必经之地。近代陇海铁路的建成，使宝鸡成为中国西部地区的重要铁路枢纽。

天水古称秦州，素有"陇上江南"的美誉，自古为连接陇山东西的咽喉，是丝绸之路的重要支点城市。汉唐时期天水商业繁荣，有"千秋聚散地"的美誉。北宋时期，天水是战马、川茶、粮草等产品贸易的重要集散地，在一定程度上促进了宋代陆上丝绸之路东段的繁荣[②]。

兰州古称金城，是古丝绸之路上的重镇。西汉至唐宋时期，兰州是丝绸之路上的商贸重镇和支点城市，同时也是联系河西走廊及西域的重要门户，在促进东西方商贸往来和文化交流中承担了关键角色。

西宁素有"西海锁钥""海藏咽喉"之称，[③]自古就是青藏高原的东方门户，是从中原到西藏和西域的要道。北宋时期西夏控制了河西走廊，来往于宋朝和西域的商队、使臣经常遭到劫掠，于是绕道改走青唐城（今西宁），西宁成为"丝绸之路"南线的重要支点城市[④]。

武威古称凉州、姑臧，位于祁连山北麓，河西走廊东端，汉唐时期以其"通一线于广漠，控五郡之咽喉"的交通位置而闻名于世，"通货羌胡，市日四合"，一度是西北地区的军政中心、经济文化中心和商贸交流枢纽。

张掖古称"甘州"，位于河西走廊中段，以"张国臂掖，以通西域"而得名。黑河贯穿张掖全境，使张掖有"桑麻之地"、塞上江南和"金张掖"的美称。张掖是丝绸之路进出河西走廊的重要支点城市，南北朝时期"西域诸藩多至张掖与中国交市"，推动张掖成为商贾云集的国际贸易中心。此后历代，张掖都是重要

---

① 杨家宸.论"丝绸之路经济带"给节点城市带来的变化——以宝鸡市为例[J].赤峰学院学报（自然科学版），2017(2):165-166.

② 杨小敏.北宋时期的秦州（天水）经济与陆上丝绸之路[J].中国史研究，2017(4):15-20.

③ 张清民.丝绸之路青海道上的西宁及其历史地位[J].青海师范大学学报（哲学社会科学版），2016(6):56-60.

④ 范少言，王晓燕，李健超，等.丝绸之路沿线城镇的兴衰[M].北京：中国建筑工业出版社，2010:260-261.

的国际贸易集散地。

酒泉地处河西走廊西端,别称"肃州",素有"塞外江南""瀚海明珠"美誉,为汉代河西四郡之一,是丝绸之路上中原通往西域的交通要塞和商贸枢纽。

敦煌位于河西走廊最西端,北临北山,南为祁连山,西接罗布泊。丝绸之路从敦煌向西分道,因此敦煌是丝绸之路的重要枢纽和交流中心。敦煌境内的石窟、壁画、玉门关、阳关,都代表着曾经丝绸之路的商贸繁荣与文化融合。现在,敦煌是酒泉代管的一个县级市。

(二)丝绸之路中段的支点城镇兴衰

丝绸之路中段主要是西域境内的诸线路,由东段的敦煌经西域至葱岭(今帕米尔)或怛逻斯(今哈萨克斯坦江布尔市)。受沙漠、绿洲变动及沿线城镇兴衰的影响,丝绸之路中段在西域多有分岔。丝绸之路中段经过的主要支点城镇包括哈密、楼兰、高昌、库车(龟兹)、和田(于阗)、喀什(疏勒)等。

楼兰地处罗布泊与白龙堆沙漠的西南方向,公元前76年更名为鄯善,是丝绸之路从敦煌进入西域的门户,从西汉开始处于中原王朝的统治之下。依托良好的自然条件和优越的地理位置,楼兰古城一度是中原王朝治理西域的最高军政中心驻地,在汉朝和魏晋时期是西域重要的政治、军事、经济和国际交流中心,"使者相望于道",商贸经济繁荣。随着自然条件的变迁和其他因素的影响,楼兰于公元5世纪中叶消失于茫茫沙漠之中。

哈密古称伊吾,位于新疆东部,是中原通往西域的门户。楼兰古城消亡后,哈密取代楼兰成为丝绸之路北道的重要支点城市,"西陲锁钥镇咽喉",哈密在加强西域与中原联系以及东西方商贸文化交流中发挥了重要作用。

高昌古城位于吐鲁番市东侧,始建于西汉,最初是中原王朝的屯田之地。此后1 300多年间,高昌因地处丝绸之路连接中原和中亚的枢纽位置,成为丝绸之路的交通枢纽和商贸重镇,并且是吐鲁番乃至整个西域地区重要的政治、经济和文化中心。公元13世纪末,高昌城毁于战乱。

库车古称龟兹,位于新疆天山南部。龟兹在西汉之前是西域三十六国中的大国,汉唐时期的西域都护府、安西都护府一度设在龟兹,因此龟兹是中原王朝经略西域的政治军事中心,并且是唐朝的安西四镇之一。龟兹是丝绸之路中线的重要支点城市,在汉唐时期是东西方文化、宗教和经济交流中心之一。唐朝晚期龟兹长期战乱,龟兹古城逐渐衰落。

和田古称于阗,位于新疆南部,塔克拉玛干沙漠南缘,是唐代的安西四镇之一。和田地处丝绸之路南道要冲,从西汉开始就成为重要的国际商贸集散地,在东西方商贸、文化和宗教交流中发挥了重要作用。

喀什古称疏勒,位于新疆西南部,是汉朝经营西域的重要支点,并且是唐朝的安西四镇之一。著名西域学者杨镰教授认为:"中国史书上,西域有两个古城最为著名,一个是楼兰,另一个是疏勒,分别是天山南北文明走向的路标……没有疏勒城,丝绸之路史就失去了生动的章节"①。从汉朝开始,喀什一直是丝绸之路上重要的国际商贸中心,依托良好的自然条件和不可替代的地理位置,喀什在东西方民族融合、文化交流、宗教变迁过程中发挥了重要作用。

(三)丝绸之路西段的支点城镇兴衰

自葱岭向西直到欧洲、非洲都是丝绸之路西段。丝绸之路西段沿线主要经过撒马尔罕、德黑兰、巴格达、伊斯坦布尔等国际支点城市。

撒马尔罕有着 2 500 多年的建城史,中国古代称之为"康居",是古代繁盛一时的帖木儿帝国的首都,目前是乌兹别克斯坦第二大城市。撒马尔罕是丝绸之路重要的枢纽城市,连接着中国、波斯帝国和印度,撒马尔罕的栗特人善于经商,对东西方商贸往来和文化交流发挥了重要作用②。

巴格达是伊拉克首都,并且是巴格达省的首府和伊斯兰世界的历史文化名城。巴格达自然地理条件优越,4 000 多年前苏美尔人就在此建立城邦,此后长期作为阿拉伯帝国的首都,是中东地区的政治、经济、文化和对外交流中心,成为丝绸之路的重要支点城市。13 世纪到 15 世纪,巴格达两次遭到蒙古军队洗

---

① 范少言,王晓燕,李健超,等.丝绸之路沿线城镇的兴衰[M].北京:中国建筑工业出版社,2010:264.

② 杨鹰.撒马尔罕城市历史发展研究[J].陇东学院学报,2016(6):65-69.

劫,此后分别被伊儿汗国、帖木儿帝国、奥斯曼帝国、英国统治。1921 年伊拉克独立之后,逐步发展成为现代化城市。

德黑兰是伊朗的首都,并且是德黑兰省的省会。德黑兰建城较早,9 世纪初就已成为聚居点。当时,雷伊作为一座名城声名显赫,德黑兰位于雷伊的郊区,是丝绸之路商旅往来的歇脚之处。[①] 公元 13 世纪,雷伊受外族入侵而衰落,德黑兰随后快速兴起,并成为东西方贸易中心。此后,德黑兰在东西方经济往来和文化交流中发挥了重要作用。1788 年,伊朗恺加王朝把德黑兰定为首都。20 世纪 60 年代之后,随着伊朗石油经济的发展,德黑兰逐步成为一座国际大都市。

伊斯坦布尔地处巴尔干半岛东端,曾是东罗马帝国和奥斯曼帝国的首都。伊斯坦布尔地处欧亚交通要冲,作为黑海和地中海之间海路的必经之地,地理位置优越,因此是丝绸之路商贸往来和文化交流的重要支点城市。目前,伊斯坦布尔是土耳其最大的港口城市和全国的经济、文化、交通中心。

二、丝绸之路支点城镇的功能类型

丝绸之路沿线大多数地区的自然条件较为脆弱,人类活动较为简单,影响支点城镇形成与发展的主要动力包括水资源、政治军事、经济贸易、科技文化和交通运输五大类因素。根据发展动力和功能的不同,丝绸之路沿线的支点城镇可以分为绿洲屯田城镇、军事屯兵城镇、行政管理城镇、资源开发城镇、商业贸易城镇、宗教文化城镇和交通驿站城镇七类。

(一)绿洲屯田城镇

水资源是古丝绸之路沿线支点城镇形成与发展的最基本条件。丝绸之路国内段沿线的支点城镇大多地处西北内陆,气候干旱少雨,在生产力水平低下

---

① 王宏谋.古代内陆欧亚的社会形态及交通路线——以希罗多德《历史》所记为中心[J].昌吉学院学报,2005(3):28-32.

的情况下，人们的生存高度依附于自然。水资源决定了绿洲屯田城镇的位置及人口承载量，对城镇兴衰具有重要影响。

在干旱的丝绸之路沿线地区，支点城镇的布局完全得益于水源，水资源决定了城镇的空间分布格局。丝绸之路沿线地区的城镇在选址上表现出强烈的"亲水性"，具体表现为城镇沿河流呈条带状分布或沿绿洲湖泊成团状分布的格局，如新疆塔里木盆地内部和青藏高原的海西、青南、藏西北、藏东峡谷等地区城镇分布较少，而天山南北、昆仑山北麓、河西走廊和青海东部等地区由于有丰富的高山冰雪融水形成的灌溉水源，绿洲城镇较多。

（二）军事屯兵城镇

丝绸之路沿线是中原王朝同少数民族政权的军事对垒之地，军事防御成为一些城镇兴起的重要动力。两汉时期，出于屯兵戍边和边防战备的需要，中央政府在局部绿洲迁入大量定居人口，以防范匈奴等少数民族的入侵，如河西走廊设置的四郡，新疆的交河、楼兰等城镇。远赴边疆的官兵除了担当屯边卫国的责任外，也从事农业生产和交通服务，既保障自己生存需要，也为丝绸之路沿线来往的使臣和商旅提供服务。各历史时期的统治阶级为了更好地控制管理与开发边疆地区，就会采取移民戍边和设立行政领地的方式，由此促成了部分支点城镇的形成和发展，如唐朝的安西四镇、青海西平郡以及清代的伊犁九城。

（三）行政管理城镇

政治因素是决定丝绸之路沿线支点城镇发展的重要动力。一个强大的中央王朝，能有力管理丝绸之路沿线地区，因此丝绸之路往往畅通无阻。丝路贸易的发展，又为沿线支点城镇的兴盛提供了条件。反之，中央政府控制不力，则会对丝绸之路沿线支点城镇的发展造成消极影响。

除了中央行政建制，丝绸之路沿线的许多支点城镇还曾作为历史上大小王国的都城。每当中央王朝国力衰微，无力经营边疆时，西北地区的封疆大吏或少数民族首领便拥兵自立，建国立都。在中国历史上，按做过国都时间长短排出的前20名城市中,西北地区就占了4个。例如,银川曾做过西夏国都近200年;武威(古凉州)曾做过前凉等国的国都;兰州曾做过西秦国都;敦煌做过西凉都城等。至于新疆的古代城镇做过西域等国国都的更是屡见不鲜,著名的有楼兰古城、高昌古城、交河古城等。

(四)资源开发城镇

虽然古人对各类资源的认识没有现代社会深入,但人们仍较早就认识到丝绸之路沿线一些资源的价值并加以开发利用,从而催生了许多以资源开发为主的支点城镇。例如,以昆仑河上游玉石开采为主而产生的"玉石之城"——和田;塔克拉玛干沙漠丰富的盐矿资源,催生了一些城镇的兴起;陇东因开发黄土高原的原始森林,促进了天水等支点城镇的发展。

(五)商业贸易城镇

在中国古代,丝绸之路一直是中国与欧亚各国联系的重要通道。丝绸之路贸易的兴衰也在很大程度上影响着支点城镇的兴衰。随着丝绸之路商贸活动的兴盛,在商贸活动最活跃的地区形成了一批工商业集镇,进而发展演变成国际贸易的重要支点城市。在丝路贸易没落时,这些城镇的贸易职能也就弱化了,其繁荣程度受到影响。例如在胡汉贸易活动兴盛的关中地区,出现五里一市、十里一镇的现象。宁夏、甘肃、青海三省区则由于"茶马互市"的开设,兴起了天水、灵武等一大批商贸重镇。新疆地区因长期是中国与周边各国边境贸易的主要地区,也兴起了喀什、阿克苏等商贸城镇。

(六)宗教文化城镇

丝绸之路沿线区域是多民族聚居区,也是多种宗教文化相对集中的地区,因而古丝绸之路同时也是古代世界主要宗教的传播路线,沿线宗教活动盛行,在一些宗教中心形成并发展了一批城镇。如龟兹、于阗、楼兰在历史上被称为"西域三大佛都",敦煌、武威、天水、彬县、洛阳等地也分布着众多的佛教寺院与石刻、清真寺、基督教堂等。

其中，"寺院经济"的形成对城镇的产生更起到了直接的推动作用。寺院的设立吸引着相同信仰的民众集聚，而人口的集中有利于支点城镇的形成与发展，这是游牧民族地区城镇发展过程中值得注意的现象。城镇在相同信仰的不同民族中享有同样高的接受意愿，故历经多次战火而能长存，如新疆的佛教文化城镇库车、于阗、喀什，河西走廊的敦煌、威武，以及青藏高原的湟中、黄南、同仁等最终都因其重要的文化地位而得以长期延续。

（七）交通驿站城镇

一个城镇的发展演变，往往与交通条件的改变密切相关。丝绸之路的兴衰史在很大程度上就是一部沿线地区城镇的兴衰史，丝路通则城镇兴，丝路阻则城镇衰。沿线道路交通条件对支点城镇的发展具有明显的支撑作用，从选址、发展、变迁、空间分布和职能等各个层面影响着城镇的发展演变。

为及时掌握边境状况和战时军情，自秦汉始，历代统治阶级非常重视丝绸之路沿线邮驿、烽火台的设置和管理。这些驿站和军台很多成为城镇建设的基础，随着时代的变迁而得到发展。丝绸之路沿线深居大陆腹地，地域广袤，由于自然条件的限制，支点城镇的发展严重依赖于早期交通的发展，基本是沿丝绸之路驿站交通线分布。

专栏6.1　西域明珠——楼兰的经济社会生活

楼兰是汉时西域诸国之一，于公元前76年更名为鄯善。在经历了五六百年的辉煌繁荣，赢得了赫赫声名之后，楼兰突然于公元5世纪中叶消失于茫茫沙海。从此，史不记其事，传不列其名。在今人的心目中，楼兰已成为神秘古老文明的一个代名词。

楼兰重新为人所知，很大程度上归功于瑞典探险家斯文·赫定在罗布泊附近的考古发现。斯文·赫定的到来，招致了诸如俄国普尔热瓦尔斯基、日本橘瑞超、英国斯坦因等人对楼兰古城的大肆掠夺性发掘。随后出土的大量文物震惊了世界，并在全球范围内形成了著名的"楼兰学"。楼兰古城也被国内外学者称为"沙漠中的庞贝""一页紧张的世界史纪念碑"。

1.丝路交通与商贸繁荣

自张骞于公元前126年凿空西域，丝绸之路开通以后，东西方商贸活动促进了楼兰的发展兴盛。在陆上丝绸之路改道之前，楼兰是中国与西方贸易往来、使者往返的必经之地。

古楼兰是中原西出阳关的第一站，是内地连接西域、东西方交往的中转重镇。它东通敦煌，西北到焉耆、尉犁，西南到若羌、且末。楼兰扼丝绸之路南北两道之咽喉，是塔里木盆地东端的交通枢纽，从此向西、向南、向北可通向西域全境，形成了完整的交通网络。

丝绸之路开通之后，大量的使者、商贾、宗教信徒在此休整交流。当年在这条交通大动脉上，"使者相望于道"。《后汉书·西域传》载："驰走驿命，不绝于时日；胡商贩客，日款塞下"。《史记·大宛列传》载"一岁使者十余辈，少者五六辈"，"一辈大者数百，少者百余人"。

楼兰在当时的亚欧国际经济文化交流中起着重要作用。通过楼兰，内地的丝绸、茶叶、药材等由此西运，西域的良马、大宛玻璃、安息香料、葡萄、珠玉等经此东来。汉代的五铢钱和中亚各国的钱币均可在此流通，楼兰遗址出土的文物中，除发现两汉时期的钱币外，还发现了贵霜国的钱币，波斯的地毯，希腊、罗马的艺术品等。

2.农牧业发展情况

丝绸之路开通之前，楼兰是一个逐水草而居的半耕半牧的部落国家。随着丝绸之路的开通，中央王朝在楼兰大规模屯田，楼兰的农业技术和粮食产量也得到极大的提高。

《水经注·卷二》载，西汉昭帝元凤年间，"刺史毛弈表行贰师将军将酒

泉、敦煌兵千人,至楼兰屯田,起白屋,召鄯善、焉耆、龟兹三国兵各千,横断
注滨河。河断之日,水奋势激,波陵冒堤","大田三年,积粟百万,威服外
国"。可见,楼兰在公元前70年前后已经是西域农业发达的绿洲了。从文
物和文书记载来看,当地人在秦汉时已用牛耕。楼兰遗址考古发掘出马、
牛、羊、骆驼等的骨骼,还有猪的牙齿。

3.城市经济与手工业的兴盛

丝绸之路开通后,东西方文化交流给楼兰带来了空前的繁荣,促进了
楼兰城市经济的发展。楼兰遗址中,出土了丝、毛织品残件,漆器、木器、玉
器、陶器、铜镜、耳环、料珠以及玻璃器皿碎片等文物,显示出楼兰有着相当
水平的城市经济和手工业发展水平。

地处东西方文化交流要冲,加之当地文明的积累与传承,促成了楼兰
发达的手工业。从发现的丝织品、建筑材料以及各类珠宝首饰的加工工艺
来看,其技术水平是很高超的。鄯善国还有毛毯、陶土、制弓等手工业作
坊,其酿制葡萄酒的工艺发达。楼兰遗址出土的晋代手抄纸,仅比蔡伦公
元105年所造之纸晚一二百年,比欧洲纸则早了六七百年。此外,楼兰遗
址中发掘出寺庙遗址、佛塔、佛像等文物,反映了楼兰信仰佛教的情况。

资料来源:王颂吉.西域明珠——简论楼兰的历史变迁及其经济社会生活[J].经济视窗(内刊),
2007(4):53-59.

三、丝绸之路支点城镇兴衰的启示

在绵延万里、连通亚欧非大陆的丝绸之路上,分布着一些著名城镇,这些支
点城镇因丝绸之路的商贸文化交流而兴盛,同时也构成了丝绸之路长期维系的
支点。通过分析丝绸之路沿线支点城镇的兴衰,可以得到以下启示:

第一,生态环境的变迁是影响丝绸之路沿线支点城镇发展的首要因素。丝

绸之路沿线的河西走廊、西域、中亚、西亚地区大多属于干旱、半干旱气候,因此支点城镇大多沿河流或绿洲分布。自然地理条件的变迁和人类对自然的过度开发,会导致生态环境失衡,进而引起城镇赖以依存的自然条件不复存在,导致丝绸之路支点城镇的衰亡。例如,楼兰古城位于塔里木河和孔雀河汇入罗布泊的河口位置,丰沛的水源和优越的地理位置为楼兰的繁荣提供了条件。两汉魏晋时期,中原王朝在楼兰大规模屯田,楼兰成为中央统治西域的重要支点。《水经注·卷二》载,西汉昭帝元凤年间,"刺史毛弈表行贰师将军将酒泉、敦煌兵千人,至楼兰屯田,起白屋,召鄯善、焉耆、龟兹三国兵各千,横断注滨河。河断之日,水奋势激,波陵冒堤","大田三年,积粟百万,威服外国"。这些记述,一方面体现了当时楼兰水资源的丰沛和农业条件的优越,另一方面也体现了人们对生态资源的过度开发。农业屯垦对生态环境的剧烈破坏,导致楼兰不再适合人类居住,最终繁盛一时的楼兰古城消逝于茫茫沙海。楼兰古城的兴衰变迁,启示我们在建设丝绸之路经济带的今天,必须格外重视保护城镇发展赖以维系的生态环境,建设"绿色丝绸之路"。建设绿色丝绸之路,需要沿线国家、地区和支点城市共同参与其中,沿线支点城镇在共享生态环境监测数据、加强政府及民间组织合作的基础上,加大生态环境投资和保护力度,实现丝绸之路经济带沿线区域的可持续发展。

第二,交通动脉的畅通是支撑丝绸之路沿线支点城镇发展的重要条件。从丝绸之路两千多年的演变来看,丝绸之路沿线的支点城镇都位于交通枢纽位置,这些支点城镇串联起了丝绸之路,丝绸之路畅通则沿线城镇兴盛,丝绸之路阻断则沿线城镇衰落[1]。随着丝绸之路的开通,丝绸之路沿线原有的支点城镇得到进一步发展,例如丝绸之路起点的长安城,在汉唐时期伴随丝绸之路的兴盛而发展成为国际化大都市,宋元之后则随着陆上丝绸之路的萧条而衰落。除了原先就存在的城镇之外,伴随丝绸之路的开辟,丝路沿线兴起了一大批新兴

---

① 范少言,王晓燕,李健超,等.丝绸之路沿线城镇的兴衰[M].北京:中国建筑工业出版社,2010:9.

城镇，它们成为丝路贸易的中转站和补给中心，丝绸之路改线则深刻影响了这些城镇的发展。例如，丝绸之路南线在汉唐时期乃至元代之前都很繁荣，于阗（和田）作为丝绸之路南线的支点城市获得了快速发展。元代时，中央政府重视发展丝绸之路北线，丝绸之路南线随之衰落，因此北疆的哈密取代南疆的于阗成为丝绸之路在新疆境内的重要支点。交通条件与丝绸之路沿线城镇的发展变迁，启示我们在建设丝绸之路经济带过程中，应重视丝绸之路经济带支点城市之间的交通互联互通，把包括交通在内的设施互联互通作为丝绸之路经济带建设的优先发展方向，以交通动脉的畅通促进丝绸之路经济带的持续繁荣发展。

第三，商贸文化交流是促进丝绸之路沿线支点城镇发展的主要动力。丝绸之路是一条亚欧非贸易之路，也是一条东西方文化交流之路，商贸文化交流为丝绸之路沿线支点城镇的发展提供了不竭动力，成为推动丝绸之路支点城镇发展的主要因素。一方面，丝绸之路沿线的很多城镇，本身就是因丝绸之路贸易而兴起，这些城镇最初的职能就是为丝绸之路贸易提供集散场所。在此背景下，丝绸之路贸易兴旺则沿线城镇兴盛，丝绸之路贸易中断则沿线城镇衰落甚至消亡。丝绸之路商贸流通的持续繁荣，促进了沿线城镇的人口集聚，关中地区甚至出现了"五里一市，十里一镇"的城镇繁荣发展景象。另一方面，丝绸之路上的东西方文化交流，拓展了城镇空间组织模式，加快了沿线城镇的发展。古丝绸之路商贸文化交流促进城镇发展的实践启示我们，新时期在建设丝绸之路经济带过程中，应更加重视国内外经贸文化交流，把经贸合作作为丝绸之路经济带建设的重点内容，把文化交流作为丝绸之路经济带民心相通的重要载体，促进丝绸之路经济带的大合作、大发展、大繁荣。

第二节 丝绸之路经济带的支点城市分布格局

丝绸之路经济带贯穿亚欧非大陆，包括"三条线路"：一是从中国西北、东北经中亚、俄罗斯至欧洲、波罗的海;二是从中国西北经中亚、西亚至波斯湾、地中海;三是从中国西南经中南半岛至印度洋。从线路分布来看,丝绸之路经济带辐射蒙古、俄罗斯、中亚、西亚、南亚、东欧、中欧、北欧、西欧、南欧、北非、中南半岛等地区。由于各地区经济发展水平各异、人口密度不同,丝绸之路经济带沿线各地区的支点城市发展存在很大差别。

从一般意义上讲,支点城市主要是丝绸之路经济带沿线的世界级中心城市,为保证世界级中心城市选取的科学性和权威性,我们依据的是英国拉夫堡大学全球化与世界城市研究组织(GaWC)公布的 2016 年世界城市名单。英国拉夫堡大学全球化与世界城市研究组织侧重于评价城市之间的对外联系,该组织定期推出世界城市名单,在全球范围内产生了广泛的学术影响。

英国拉夫堡大学全球化与世界城市研究组织在评定世界城市的时候,主要从以下 3 个维度对世界城市进行测评。第一,测量该城市与其他城市的联系,从而评价该城市在全球范围内的对外关联度。具体方法是从一个城市开始,找出该城市的全球百强先进服务提供商的联系程度。比如测算某个公司分所或办公室对于这个公司的重要性,用"替代关系度量"(Surrogate Measure of Relations)的方法通过测量传真机布置数量、该公司分所或办公室人员的配置、办公用地面积的大小与其他办公材料的配置情况,从城市关联度的维度衡量世界城市。第二,用"替代关系度量"方法,通过"商业新闻"来分析城市的"世界价值"与"世界形象"。简言之,就是在商业新闻的主页上,分析城市报纸的地点引用,这样基于易访问的数据源,可以得到公共信息提供商向城市商业社区展示信息的"世界形象"。第三,测量城市的"全球能力"。根据全球先进服务提供商的服务水平,分析世界城市的存货总值情况。通过涉及商业目录、专业杂志、内部合作伙伴列表和全球网络搜索的各种调查手段,设法将重要企业服务的数据整合在一起,从中可以提供城市全球服务能力的估算。全球先进服务在测算中归为四类,专指会计、广告、银行和法律,同时也可细分为会计、法律、金融、保险、广告、管理咨询。

英国拉夫堡大学全球化与世界城市研究组织将世界城市分为 5 个总等级，分别是 α、β、γ、High Sufficiency（HS）、Sufficiency（S）。其中，α 等级又细分为 α++（2）、α+（7）、α（19）、α-（21）；β 等级细分为 β+（24）、β（19）、β-（38）；γ 等级细分为 γ+（24）、γ（28）、γ-（32）；HS（34）和 S（112）并未进一步细分①。根据英国拉夫堡大学全球化与世界城市研究项目公布的 2016 最新世界城市名单，360 个世界城市中有 190 个位于丝绸之路经济带沿线，占世界城市总数量的 52.8%。中国内地（大陆）共有 28 个世界城市，港澳台地区有 5 个。

专栏 6.2　中国的"世界城市"

在中国境内，共有 33 个城市入选英国拉夫堡大学公布的 2016 世界城市名单，其中 5 个是港澳台地区的城市。中国内地（大陆）入选的世界城市分别是北京、上海、广州、深圳、成都、天津、南昌、杭州、青岛、大连、重庆、厦门、南宁、武汉、苏州、长沙、西安、沈阳、济南、南通、昆明、福州、太原、长春、合肥、宁波、郑州、乌鲁木齐（按入选等级排序）。中国的世界城市在空间分布上，东部沿海城市较为密集，西北部较为稀疏。中国内地（大陆）的 α 级世界城市为北京、上海、广州。2015 年上海的 GDP 为 2.5 万亿元，北京为 2.3 万亿元，广州为 1.8 万亿元，3 个城市分别是京津冀、长三角、珠三角城市群的核心城市，可以为丝绸之路经济带建设提供强劲动力。β 级的丝路支点城市是天津、成都、深圳，3 个城市 2015 年的 GDP 分别为 1.7 万亿元、1.1 万亿元和 1.8 万亿元，GDP 总量分列全国城市的第 4 位、第 5 位、第 8 位。β 和 α 级城市相当于一个"α-β"经济圈，这个圈内是中国的世界城市最为集中的区域。

丝绸之路经济带北线从中国西北、东北经中亚、俄罗斯至欧洲、波罗的海，

---

① 括号内的数字为对应等级的城市数量。

涉及的主要区域包括中国东北、西北、蒙俄、中亚、东欧、中欧、北欧、西欧。北线各区域的经济发展水平存在较大差异,欧洲大多数国家经济发达,中国东北、西北经济充满活力,中亚、蒙俄则具有很大发展潜力。

丝绸之路经济带中线从中国西北经中亚、西亚至波斯湾、地中海,涉及的主要区域是中国西北、中亚、西亚、北非、南欧,连接亚欧非三大洲。中线涉及的国家和地区中,除了南欧的意大利、西班牙、葡萄牙、希腊等少数发达国家,西亚的以色列以及少数石油富国(沙特阿拉伯、阿联酋、卡塔尔、科威特、巴林等)之外,其他国家尚处于发展中阶段,部分国家政局动荡,产业结构单一,经济发展任重道远。

丝绸之路经济带南线从中国西南经中南半岛至印度洋,涉及的主要区域是中国西南、中南半岛和南亚。南线大都属于欠发达国家,有着广阔的经济发展潜力,经济合作空间广阔。

一、“北线”支点城市

丝绸之路经济带北线东段是中国东北三省、新疆和内蒙古自治区,这一区域的经济发展处于快速上升期,涌现出了大连、沈阳、长春、哈尔滨、乌鲁木齐等世界城市,以及呼和浩特等区域性中心城市。以这些支点城市为中心,形成了哈长城市群、辽中南城市群、呼包鄂榆城市群、天山北坡城市群。

丝绸之路经济带北线中段的蒙古、俄罗斯、哈萨克斯坦地域辽阔,3 个国家的国土面积共有 2 138.97 万平方千米,占丝绸之路经济带北线地域总面积的73.46%;与广袤疆土相异的是,俄罗斯、哈萨克斯坦、蒙古的人口和 GDP 总量却相对较小,分别仅占丝绸之路经济带北线区域的 22.28% 和 8.72%。与此相对应,3 国境内的世界城市数量很少,蒙古国境内的唯一世界城市是其首都乌兰巴托(S),世界城市级别较低;俄罗斯境内的两个世界城市是地处欧洲的莫斯科(α+)和圣彼得堡(γ+);哈萨克斯坦没有城市入围世界城市。

俄罗斯之外的东欧国家地域面积较小,经济发展水平较高,拥有基辅、塔林、里加、维尔纽斯、明斯克等 5 个世界城市。从东欧向西，丝绸之路经济带北线西段的中欧、北欧、西欧经济高度发达，拥有相当数量的世界城市，城镇化发展程度高，该地区形成了三大城市群：一是以巴黎为中心的欧洲西北部城市群，包括阿姆斯特丹、鹿特丹、安特卫普、布鲁塞尔、科隆等世界城市；二是以伦敦为中心的英格兰城市群，包括曼彻斯特、利物浦、伯明翰等世界城市；三是无核心城市的环阿尔卑斯山城市群，包括慕尼黑、维也纳、苏黎世、日内瓦、里昂等世界城市。以三大城市群为主体，组成了发达的欧洲经济圈和高密度人口聚集区。中欧、西欧、北欧的人口占丝绸之路经济带北线总人口的 48.20%，GDP 占82.45%，是整个北线的经济聚集高地。

总体而言，丝绸之路经济带支点城市密度与区域经济发展水平紧密相关，丝绸之路经济带北线经济发展不平衡，支点城市数量在各次区域分布也存在很大差异（见表 6.1）。处于起点位置的中国东北、西北和内蒙古经济活力较高，支点城市数量较多；蒙古和俄罗斯地广人稀，支点城市尤其是世界城市数量较少；东欧经济发展水平较高，支点城市数量较多；中欧、西欧、北欧经济高度发达，拥有高密度的支点城市。

表 6.1　丝绸之路经济带"北线"的支点城市

区域	国家（区域）	国土面积（万平方千米）	人口（亿）	GDP（十亿美元）	支点城市	等级
	中国（东北、内蒙古、新疆）	363.11	1.58	1 212.83	大连（γ+）、沈阳（γ-）、长春（S）、哈尔滨（S）、乌鲁木齐（S）、呼和浩特	
蒙俄中亚	俄罗斯	1 709.83	1.44	1 283.00	莫斯科	α+
					圣彼得堡	γ+
	蒙古	156.65	0.03	11.16	乌兰巴托	S
	哈萨克斯坦	272.49	0.18	133.66	阿斯塔纳	

续表

区域	国家(区域)	国土面积（万平方千米）	人口（亿）	GDP（十亿美元）	支点城市	等级
东欧	爱沙尼亚	4.52	0.01	23.14	塔林	β-
	拉脱维亚	6.46	0.02	27.68	里加	γ+
	立陶宛	6.53	0.03	42.74	维尔纽斯	γ+
	白俄罗斯	20.76	0.10	47.43	明斯克	γ
	乌克兰	60.36	0.45	93.27	基辅	β+
北欧	芬兰	33.82	0.05	236.79	赫尔辛基	β+
	瑞典	45.03	0.10	511.00	斯德哥尔摩(α-)、哥森堡(γ)、马尔默(γ-)	
	挪威	32.38	0.05	370.56	奥斯陆(β+)、卑尔根(S)	
	丹麦	4.31	0.06	306.15	哥本哈根(β+)、奥胡斯(HS)	
西欧	爱尔兰	7.03	0.05	294.05	都柏林(α-)	
	英国	24.36	0.66	2 619.00	伦敦(α++)、曼彻斯特(β-)、爱丁堡(β-)、伯明翰(γ+)、格拉斯哥(γ+)、贝尔法斯特(γ-)、利兹(γ-)、布里斯托(γ-)、利物浦(HS)、纽卡斯尔(HS)、南安普敦(S)、阿伯丁(S)、卡迪夫(S)、莱切斯特(S)	
	法国	55.15	0.67	2 465.00	巴黎(α+)、里昂(β-)、斯特拉斯堡(γ-)、马赛(γ-)、里尔(HS)、波尔多(S)、格勒诺布尔(S)、图卢兹(S)、蒙彼利埃(S)、尼斯(S)	
	荷兰	4.15	0.17	770.85	阿姆斯特丹(α)、鹿特丹(β-)、乌得勒支(HS)、海牙(S)	

续表

区域	国家（区域）	国土面积（万平方千米）	人口（亿）	GDP（十亿美元）	支点城市	等级
西欧	比利时	3.05	0.11	466.37	布鲁塞尔（α）、安特卫普（β-）、列日（S）	
	卢森堡	0.26	0.005 8	59.95	卢森堡	α-
	摩纳哥	0.000 2	0.000 4	6.08	无	
中欧	德国	35.71	0.83	3 467.00	法兰克福（α）、杜塞尔多夫（β+）、慕尼黑（β+）、汉堡（β+）、柏林（β）、斯图加特（β-）、科隆（β-）、莱比锡（γ-）、纽伦堡（γ-）、德累斯顿（γ-）、汉诺威（S）、不来梅（S）、多特蒙德（S）、曼海姆（S）	
	瑞士	4.13	0.08	659.83	苏黎世（α-）、日内瓦（β）、洛桑（γ）、巴塞尔（S）、伯尔尼（S）	
	波兰	31.30	0.38	469.51	华沙（α）、弗罗茨瓦夫（γ-）、克拉科夫（HS）、波兹南（S）、卡托维兹（S）、罗兹（S）	
	捷克	7.88	0.11	192.93	布拉格	β+
	斯洛伐克	4.90	0.05	89.55	布拉迪斯拉发	β
	奥地利	8.39	0.09	386.43	维也纳（α-）、林茨（S）、格拉茨（S）	
	匈牙利	9.30	0.10	124.34	布达佩斯	β+
	列支敦士登	0.02	0.000 4	6.66	无	
总计		2 911.88	7.41	16 376.96		

资料来源：各国的人口和GDP为2016年数据（列支敦士登的GDP数据为2014年，摩纳哥的GDP数据为2011年），来源于世界银行数据库；各国的国土面积数据来源于世界银行2009年世界发展报告《重塑世界经济地理》附表（清华大学出版社，2009年版，第332-334页）；中国各省份数据来自相关省份的国民经济和社会发展统计公报。

二、"中线"支点城市

丝绸之路经济带中线从中国西北出发,经中亚、西亚至波斯湾、地中海。中线的中国境内区域主要包括陕西、甘肃、青海、宁夏、新疆等西北五省(自治区)。从表6.2可以看出,这一区域有西安和乌鲁木齐两个世界城市,以及兰州、西宁、银川3个区域性中心城市。以这些支点城市为核心,形成了以西安为核心的关中城市群,以兰州和西宁为核心的兰西城市群,以银川为核心的宁夏沿黄城市群,以乌鲁木齐为核心的天山北坡城市群。

中亚与中国毗邻,经济发展水平不高,工业化、城镇化尚处于初级阶段。哈萨克斯坦在这一区域中经济规模最大,占中亚五国GDP总量的53.34%。中亚仅有的两个世界城市是乌兹别克斯坦的塔什干(HS)和吉尔吉斯斯坦的比什凯克(S),世界城市数量少、等级较低,说明该区域对外经济关联度低,经济基础薄弱,城镇化水平不高。

西亚与北非地区国家数量众多,该区域一方面由于种族、宗教等原因,冲突战乱频繁,整体经济发展水平较低;另一方面由于石油、天然气资源丰富,形成了一些零散的经济中心。其中,阿拉伯半岛形成了以迪拜(α+)、利雅得(α-)为主的阿拉伯半岛经济圈;地中海沿岸形成了以伊斯坦布尔(α)、安卡拉(γ)为核心的西亚经济圈;北非形成了以开罗(β+)为主的苏伊士运河经济圈。从西亚和北非的世界城市数量分布来看,除沙特阿拉伯和土耳其各自拥有多个世界城市之外,其余国家的世界城市数量介于零到两个之间。

地中海附近的南欧经济较为发达,该区域拥有意大利、西班牙、葡萄牙等发达国家,形成了以米兰(α)、罗马(β+)和马德里(α)、巴塞罗那(α-)、里斯本(α-)为核心的环阿尔卑斯山经济圈,汇聚了数量较多的世界城市。

表 6.2　丝绸之路经济带"中线"的支点城市

区域	国家（区域）	国土面积（万平方千米）	人口（亿）	GDP（十亿美元）	支点城市	等级
	中国（西北）	310.87	1.01	627.15	西安(γ-)、乌鲁木齐(S)、兰州、西宁、银川	
中亚	哈萨克斯坦	272.49	0.18	133.66	阿拉木图	
	吉尔吉斯斯坦	19.99	0.06	6.55	比什凯克	S
	乌兹别克斯坦	44.74	0.32	67.22	塔什干	HS
	塔吉克斯坦	14.26	0.09	6.95	杜尚别	
	土库曼斯坦	48.81	0.06	36.18	阿什哈巴德	
西亚	阿富汗	65.21	0.35	19.47	喀布尔	S
	伊朗	174.52	0.80	393.44	德黑兰	
	伊拉克	43.83	0.37	171.49	摩苏尔(γ)、巴格达	
	叙利亚	18.52	0.18	40.41	大马士革	
	黎巴嫩	1.04	0.06	47.54	贝鲁特	β
	巴勒斯坦	2.46	无数据	无数据	耶路撒冷	S
	以色列	2.21	0.09	318.74	特拉维夫(α-)、海法(S)	
	约旦	8.88	0.09	38.66	安曼	β-
	沙特阿拉伯	200.00	0.32	646.44	利雅得(α-)、吉达(β-)、达曼(HS)	
	也门	52.80	0.28	27.32	萨那	S
	阿曼	30.95	0.04	66.29	马斯喀特	γ+
	阿联酋	8.36	0.09	348.74	迪拜(α+)、阿布扎比(β)	
	卡塔尔	1.10	0.03	152.47	多哈	β
	巴林	0.07	0.01	31.86	麦纳麦	β
	科威特	1.78	0.04	114.04	科威特城	β-
	土耳其	78.36	0.80	857.75	伊斯坦布尔(α)、安卡拉(γ)、伊兹密尔(S)、布尔萨(S)	

续表

区域	国家（区域）	国土面积（万平方千米）	人口（亿）	GDP（十亿美元）	支点城市	等级
西亚	格鲁吉亚	6.97	0.04	14.33	第比利斯	γ
	亚美尼亚	2.98	0.03	10.55	埃里温	HS
	阿塞拜疆	8.66	0.10	37.85	巴库	γ+
北非	埃及	100.15	0.96	336.30	开罗	β+
	利比亚	175.95	0.06	34.70	的黎波里	S
	突尼斯	16.36	0.11	42.06	突尼斯	β-
	阿尔及利亚	238.17	0.41	156.08	阿尔及尔	
	摩洛哥	44.66	0.35	101.45	卡萨布兰卡（β）、拉巴特	
南欧	葡萄牙	9.21	0.10	204.57	里斯本（α-）、拉各斯（β+）、波尔图（γ+）	
	西班牙	50.54	0.47	1 232.00	马德里（α）、巴塞罗那（α-）、瓦伦西亚（γ+）、毕尔巴鄂（γ-）、塞维利亚（S）、马拉加（S）、莱昂（S）、瓦伦西亚（S）	
	意大利	30.13	0.61	1 850.00	米兰（α）、罗马（β+）、都灵（γ）、博洛尼亚（γ-）、佛罗伦萨（S）、热那亚（S）	
	塞浦路斯	0.93	0.01	19.80	尼科西亚（β）、利马索（HS）	
	圣马力诺	0.01	0.000 3	1.9	无	
	安道尔	0.05	0.000 8	3.25	无	
	梵蒂冈	0.000 04	无数据	无数据	无	
	马耳他	0.03	0.004 4	10.95	无	
	斯洛文尼亚	2.03	0.02	43.99	卢布尔雅那	γ+
	克罗地亚	5.65	0.04	50.43	萨格勒布	β-

续表

区域	国家（区域）	国土面积（万平方千米）	人口（亿）	GDP（十亿美元）	支点城市	等级
南欧	波斯尼亚和黑塞哥维那	5.12	0.04	16.56	萨拉热窝	S
	塞尔维亚	8.84	0.07	37.75	贝尔格莱德	β-
	黑山	1.40	0.006 2	4.17	波德戈里察	S
	阿尔巴尼亚	2.88	0.03	11.93	地拉那	γ
	马其顿	2.57	0.02	10.90	斯科普里	γ-
	希腊	13.20	0.11	194.56	雅典	β+
	罗马尼亚	23.84	0.20	186.69	布加勒斯特	β+
	保加利亚	11.10	0.07	52.40	索菲亚	β
	摩尔多瓦	3.38	0.04	6.75	基希纳乌	S
总计		2 167.15	9.19	8 830.94		

资料来源：各国的人口和GDP为2016年数据（伊朗的GDP数据为2015年，叙利亚的GDP数据为2007年，利比亚的GDP数据为2011年，圣马力诺的GDP数据为2008年，安道尔的GDP数据为2013年），来源于世界银行数据库；国土面积数据来源于世界银行2009年世界发展报告《重塑世界经济地理》附表（清华大学出版社，2009年版，第332-334页）；中国各省份数据来自相关省份的国民经济和社会发展统计公报。

三、"南线"支点城市

丝绸之路经济带南线涉及的主要区域是中国西南地区、中南半岛和南亚，沿线国家经济发展水平较低，经济合作空间广阔。丝绸之路经济带南线与海上丝绸之路相连①,并且可以进一步连通以印度、南非、肯尼亚、澳大利亚等国家为主形成的环印度洋经济圈②,从而形成了立体多元的经贸通道。

中国西南地区与中南半岛山水相连。中国西南地区包括云南、广西、贵州、四川、重庆、西藏等6个省级行政单位,拥有成都(β-)、重庆(γ)、南宁(γ)和昆明(S)等4个世界城市,以及贵阳和拉萨两个区域性中心城市(见表6.3),经过改革开放以来的发展,中国西南地区形成了以成都和重庆为双中心的成渝城市群、以南宁为核心的北部湾城市群、以昆明为中心的滇中城市群、以贵阳为中心的黔中城市群。

中南半岛包括越南、老挝、泰国、柬埔寨、缅甸、马来西亚等国家,该区域拥有吉隆坡(α)、曼谷(α-)、胡志明市(β+)、河内(β)、仰光(γ-)、金边(HS)、新山(HS)等世界城市组成的中南半岛支点城市群,其中更以曼谷、吉隆坡为中心形成了区域经济增长极。近年来,包括泛亚铁路在内的交通基础设施建设快速推进,把中国西南与中南半岛更为紧密地连接在一起,对于实现中国与东盟两大经济圈协同发展产生了积极影响。

南亚次大陆包括印度、巴基斯坦、孟加拉国、尼泊尔、不丹等国家。印度、巴基斯坦、孟加拉国人口数量众多,尤以印度为最。印度2016年人口13.24亿,占南亚总人口77.43%;GDP为22 640亿美元,占南亚GDP总量的81.08%;国土面积328.73万平方千米,占南亚总面积74.35%。印度境内有孟买、新德里、班加罗尔等12个世界城市,巴基斯坦拥有卡拉奇、伊斯兰堡和拉合尔3个世界城市,孟加拉国拥有的世界城市是达卡。总体而言,南亚经济发展水平相对较低,但各国经济大都处于快速发展之中,能够支撑丝绸之路经济带建设的支点城市数量将不断增加。

---

① 黄卫.精心打造"丝绸之路经济带"的核心区[J].求是,2014(7):22-24.
② 姚桂梅.环印度洋经济圈正在兴起[J].世界经济,1996(2):20-24.

表6.3　丝绸之路经济带"南线"支点城市

区域	国家（区域）	国土面积（万平方千米）	人口（亿）	GDP（十亿美元）	支点城市	等级
	中国（西南）	259.21	2.55	1 448.87	成都(β-)、重庆(γ)、南宁(γ)、昆明(S)、贵阳、拉萨	
中南半岛	越南	32.93	0.92	202.62	胡志明市(β+)、河内(β)	
	老挝	23.68	0.07	15.90	万象	
	柬埔寨	18.10	0.16	20.02	金边	HS
	泰国	51.51	0.69	406.84	曼谷	α-
	缅甸	67.66	0.53	67.43	仰光	γ-
	马来西亚	32.97	0.31	296.36	吉隆坡(α)、新山(HS)、槟城(S)	
南亚	印度	328.73	13.24	2 264.00	孟买(α)、新德里(α-)、班加罗尔(β+)、钦奈(β)、加尔各答(β-)、海得拉巴(β-)、浦那(γ)、艾哈迈德巴德(γ)、阿拉哈巴德(S)、那格浦尔(S)、纳西克(S)、科钦(S)	
	巴基斯坦	79.61	1.93	283.66	卡拉奇(β)、拉合尔(β-)、伊斯兰堡(β-)	
	孟加拉国	14.40	1.63	221.42	达卡	β-
	尼泊尔	14.72	0.29	21.14	加德满都	
	不丹	4.70	0.008 0	2.24	廷布	
总计		928.22	22.33	5 250.50		

资料来源：各国的人口和GDP为2016年数据，来源于世界银行数据库；国土面积数据来源于世界银行2009年世界发展报告《重塑世界经济地理》附表（清华大学出版社，2009年版，第332-334页）；中国各省份数据来自相关省份的国民经济和社会发展统计公报。

第三节　丝绸之路经济带的支点城市发展趋势

从丝绸之路经济带三条线路上的支点城市分布格局来看,北欧、西欧、中欧、南欧地区的支点城市密度很高,这同欧洲高度发达的经济和高水平城市化有着很大关系,这些地区的支点城市可以为丝绸之路经济带建设提供有力支撑;东欧的支点城市密度较高,但与欧洲其他地区存在一定差距,说明东欧地区的工业化和城市化进程有待进一步推进;中国、西亚、北非、南亚、中亚、中南半岛、蒙古、俄罗斯等国家或地区的支点城市密度较低,支点城市和世界城市分布较为分散,在支撑丝绸之路经济带建设上较为乏力,因此需要加快这些地区的经济建设,进而提升这些地区的支点城市发育水平。

专栏 6.3　丝绸之路经济带助推西部城镇化升级的路径

西部地区在推进城镇化过程中出现的现代产业发展乏力、空间结构不协调、公共服务供给不足、生态环境压力加大等问题,都与粗放型工业化带动的"被动城镇化"紧密相关。在建设丝绸之路经济带的时代背景下,西部大中城市的自生发展能力和辐射带动作用将逐步增强,助力西部地区夯实产业发展基础、促进空间结构协调、加强公共服务供给、保持生态环境美好,由此推动西部地区由粗放型工业化带动的"被动城镇化"向城镇自生发展的"主动城镇化"升级。

1.夯实产业发展基础

建设丝绸之路经济带为西部地区发展现代产业提供了重要机遇,在此过程中,西部地区应夯实带动城镇化健康发展的产业基础。今后,西部地区一方面可以向东承接产业转移,大力发展符合西部地区比较优势的现代农业、工业产业和现代服务业;另一方面,西部地区可以发挥临近中亚、南亚的地缘优势,大力发展面向丝绸之路经济带沿线国家的外向型经济,吸引内资和外资企业在西部地区投资,提升西部地区的产业发展和对外开放水平。

在建设丝绸之路经济带过程中,西部地区应充分发挥旱作农业方面的技术优势,加强与丝绸之路经济带相关国家的农业技术合作,同时在城镇周边大力发展设施农业和生态观光农业,鼓励进城农民有序流转承包地,加快改造传统农业,不断提升农业产业化水平。此外,西部地区应以新型城镇化为载体,加强与丝绸之路经济带相关国家的产业协作,加快新型工业和现代服务业发展步伐,实现西部地区现代产业与城镇化融合发展。

2.促进空间结构协调

城市群和中心大城市是丝绸之路经济带的战略支点,在建设丝绸之路经济带过程中,西部地区应把重庆、西安、成都、乌鲁木齐、兰州打造成面向丝绸之路经济带沿线国家的国际化大都市,加快形成以西安为中心的关中城市群、以成都和重庆为中心的成渝城市群、以兰州和西宁为中心的兰西城市群、以乌鲁木齐为中心的天山北坡城市群、以银川为中心的银川平原城市群,同时积极发展中小城市和小城镇。随着大城市自生发展能力的逐步提高,大城市对周边中小城市及小城镇的辐射带动作用将不断增强,城市群内部及城市群之间实现合理分工,这不仅可以为建设丝绸之路经济带提供有力支撑,而且能够形成以城市群为主体形态、大中小城市及小城镇协调发展的"多中心网络化"城镇空间格局,全面提升西部城镇化发展水平。

在加快城市群和中心大城市发展的同时,西部地区应加快构建以工促农、以城带乡、工农互惠、城乡一体的新型城乡关系,促进城乡空间协调发展。受发展战略和制度安排等因素的影响,西部地区在经济、社会、政治、文化等方面都存在城乡分割问题,这对西部"三农"发展造成了严重的消极影响。在丝绸之路经济带建设过程中,随着大城市自生发展能力和辐射带动作用的不断增强,有助于实现城乡建设规划、市场发育等方面的一体化。

在城乡建设规划方面,要统筹城乡道路、公共基础设施和信息网络等的规划设计,改善农业和农村发展环境;在城乡市场体系方面,要加快发展城乡互动的现代化市场体系、仓储物流体系和新型流通业态,促进城乡空间协调发展。

3.加强公共服务供给

经济社会发展不协调是影响西部城镇化健康发展的重大问题,今后西部地区在重视经济发展的同时,必须加强社会建设,推进公共服务均等化。依托丝绸之路经济带建设的经济成果和政策优势,西部城市应逐步提高科教文卫事业发展水平,促进城市功能不断完善。与此同时,西部城市应顺应经济社会发展要求,有序推进农业转移人口市民化进程。对于已进入城市的农业转移人口而言,必须消除对他们的各种歧视,使之平等享受基础教育、医疗卫生、养老、就业、住房保障等城镇基本公共服务,同时鼓励在城市有稳定工作的农业转移人口有序流转承包地,使他们在生活方式、生活理念上成为真正的市民,提升西部城镇化发展质量。

长期以来,由于政府在城乡之间实行两套不同的公共服务供给体制,农村与城市居民所能享受的公共服务存在较大差距,这是导致西部"三农"问题难以解决的重要原因之一。在建设丝绸之路经济带过程中,西部地区应提高公共财政覆盖农村的范围和水平,以新型社区为载体加强农村公共服务供给,推进城乡基本公共服务均等化。在农村基础教育方面,应充分利用国家对西部教育发展的各项优惠政策,提高广大青少年的人力资本水平,为西部城镇化建设培养合格的劳动者;在农村医疗卫生方面,应加强对农村三级卫生服务网络建设的支持力度,提高农民医疗费用报销比例,推进城乡医疗卫生制度一体化;在农村基础设施建设方面,应构建多元化筹资机制,改善农村道路和农田水利设施状况,使"美丽乡村"与"美丽城镇"交相辉映。

4.保持生态环境美好

西部地区生态环境脆弱,在推进城镇化过程中尤其需要加强生态环境保护,实现城镇化可持续发展。西部城市应树立"绿色城市"理念,在产业发展、城市建设中实现与生态环境的良性互动。对于产业发展而言,西部城市应加快产业结构调整和工业产业优化升级,逐步降低对重工业的依赖,淘汰高耗能、高污染、高排放的"三高"产业,减少污染物排放,大力发展现代服务业,使服务业成为支撑城市经济发展的主要力量;对于城市建设而言,西部城市应适度增加城市绿地面积,改善城市人居环境,同时还应加强对环境保护的宣传力度,增强广大市民的环境保护意识,形成全民共建生态宜居绿色城市的新格局。

西部地区资源富集,应充分发挥资源优势促进城镇化发展。但在资源开发过程中,应摒弃粗放式、掠夺式、破坏式的资源开发模式,注重在资源开发过程中保护脆弱的生态环境,同时拉长资源产业链条,实现资源开发、产业发展、城镇建设的良性互动。西部地区拥有丰富的自然生态景观和民族文化景观,可以通过发展无污染的旅游产业保护生态环境。此外,西部地区在丝绸之路经济带建设过程中,应加强与中亚等地区在环境保护和生态修复领域的合作,共同推进生态环境保护事业,为西部城镇化可持续发展营造良好的生态环境条件。

资料来源:王颂吉,白永秀.丝绸之路经济带建设与西部城镇化发展升级[J].宁夏社会科学,2015(1):57-58.

丝绸之路经济带支点城市的建设目标,是为丝绸之路经济带"串轴""结网"和各领域全方位合作提供空间支撑,进而为中国全面对外开放和构建人类命运共同体提供支点。我们从以下三方面分析丝绸之路经济带支点城市的发展趋势。

第一,明确各支点城市的定位,做大做强支点城市。丝绸之路经济带建设过程中,各支点城市在发展基础、产业结构、地理区位、交通设施、政策法规等方面存在很大差异,因此不可能追求统一的发展模式。各支点城市应依托各自的比较优势明确功能定位,在融入丝绸之路经济带建设的过程中加快优势产业集聚,通过差异化、特色化路径来提升自身产业发展水平。支点城市是周边次区域的增长极,随着支点城市产业集聚水平的提升,资本、人才、信息等要素可以在支点城市范围内获得更优配置,这为支点城市周边次区域形成发达经济圈提供了条件。支点城市要实现可持续发展,必须同周边的中小城市、小城镇形成有效的协作关系:一方面,中小城市和小城镇可以向支点城市集聚优质生产要素,通过市场力量提升支点城市的辐射能力和辐射范围;另一方面,支点城市周边的中小城市和小城镇应依据自身资源禀赋和产业基础,主动接受支点城市辐射,与支点城市形成紧密的产业分工网络①。在此基础上,以支点城市为中心的周边区域可以逐步实现有效的分工合作,全面促进支点城市周边的经济社会发展。

第二,临近支点城市之间加强分工合作,引领区域经济发展。"点-轴"开发理论认为,随着经济增长极(支点城市)数量的增多,增长极之间会通过交通线相互连接起来,这样两个增长极以及它们中间的交通线就构成了"发展轴",即以交通线为主轴逐渐形成一条产业经济带。以发展轴理论为指导,各支点城市在自身发展的基础上,临近的支点城市之间应加强基础设施互联互通和产业分工合作,通过现代交通网络的紧密联结和优势产能之间的有效分工。这样,丝绸之路经济带沿线可以"串联"起多条城市发展轴,从而全面带动丝绸之路沿线各区域的经济社会发展。例如,中国与东盟国家目前正构建的陆海空综合交通体系,从海上将中国与东南亚国家的临海港口城市"串轴",从陆上构建南宁—曼谷、昆明—曼谷快速交通公路和泛亚铁路网,并从内河贯通澜沧江—湄公河

---

① 卫玲,王炳天.丝绸之路经济带支点城市建设的顶层设计[J].西北大学学报(哲学社会科学版),2016(6):83-88.

水道建设①。通过基础设施互联互通,有助于催生该区域支点城市发展轴的形成,加强该区域的经济联系和产业合作。

第三,构建支点城市网络,促进产业合作和要素优化配置。在推进各个支点城市建设、构建支点城市发展轴的基础上,还应加强丝绸之路经济带三条线路及六条经济走廊上的支点城市合作。一方面,丝绸之路经济带沿线支点城市应以"求同存异"为基本原则开展城市外交②,互相结为友好城市,构建有效的支点城市协作平台,缔结丝路支点城市联盟,进而通过"三线""六廊"组成丝绸之路经济带支点城市合作网络。另一方面,在丝路支点城市协作平台的引导下,丝路支点城市之间应开展基础设施联通、贸易投资便利化、科教文化交流、城市治理及可持续发展等全方位合作。在丝路支点城市合作过程中,尤其是要加快构建现代立体化的基础设施互联互通网络,加强支点城市之间的人员往来、要素流动和产业合作,使丝路支点城市在更广阔的空间内获得更大发展,逐步实现丝绸之路经济带的大合作、大发展、大繁荣。

---

① 郭宏宇,竺彩华.中国—东盟基础设施互联互通建设面临的问题与对策[J].国际经济合作,2014(8):26-31.
② 汤伟."一带一路"与城市外交[J].国际关系研究,2015(4):59-68.

7

补充新血液：
从资金融通到金融合作

丝绸之路经济带建设过程中,应充分发挥国际金融合作的资源配置功能,促进沿线各国实现共赢发展。沿线国家经济发展水平较低,资金匮乏,因此融资瓶颈在丝绸之路经济带经济合作中显得尤为突出。近5年来,中国同丝绸之路经济带沿线国家和组织开展了多种形式的金融合作,亚洲基础设施投资银行和丝路基金同世界银行等传统多边金融机构各有侧重、互为补充,形成了层次清晰、初具规模的丝绸之路经济带金融合作网络①。

第一节 国际金融合作的历程

从第二次世界大战结束开始,以1973年布雷顿森林体系崩溃,以及20世纪80年代末90年代初的东欧剧变、苏联解体为分界点,可以将世界范围内的国际金融合作历程划分为3个阶段:第一阶段是第二次世界大战结束至1973年;第二阶段是1973年至20世纪80年代末;第三阶段是20世纪90年代以后(见专栏7.1)。目前,国际金融合作继续向纵深发展。

专栏7.1 国际金融合作的3个阶段

1.第一阶段(第二次世界大战后至1973年)

第二次世界大战还未结束,国际社会(主要以英、美为主)即开始筹划战后的国际货币体系,希望重新整顿国际经济、金融秩序,目的在于防止20世纪30年代"以邻为壑"货币战的再次发生,并且迅速恢复被战争破坏的经济。第二次世界大战后,布雷顿森林体系和后来被称为世界经济三大支柱的国际货币基金组织(简称IMF)、世界银行和关贸总协定(1995年被世

---

① 习近平.携手推进"一带一路"建设——在"一带一路"国际合作高峰论坛开幕式上的演讲[N].人民日报,2017-05-14(03).

界贸易组织取代)创立,确立了第二次世界大战后整个世界经济的总体框架,世界经济进入了全面发展的时期,这极大地促进了国际金融合作的发展。从20世纪60年代开始,西方各大国为维持布雷顿森林体系所确立的双挂钩原则(即美元与黄金挂钩,各国货币与美元挂钩),进行了广泛的国际货币合作。这对维护西方国家的利益、协调西方国家的经济关系及促进世界经济发展产生了一定的积极效应。

第一阶段的国际金融合作主要有以下6个特点:一是有统一的国际货币体系——布雷顿森林体系作为合作的坚实基础。二是形成机构性货币合作。这一时期国际货币合作大多是在IMF框架之下进行的。IMF拥有监督国际货币合作的职权,从而改变了第二次世界大战前国际货币合作缺少必要的监督和国际协调程序的状况。三是西方发达国家为主导。西方发达国家(主要是美国)利用其庞大的具有压倒优势的政治、军事和经济实力,掌握着国际货币合作的"游戏规则"制定权,发展中国家没有在这个合作的框架下得到多少好处。四是国际货币合作的范围有限。主要集中在货币汇率方面,而且以支持美元为重点。五是国际金融合作理论有了很大的发展,被后人称为国际金融合作最为重要的理论之一——最优货币区理论产生。六是形成了多边合作。与第二次世界大战前基于惯例的双边合作不同,此阶段的金融合作是一种广泛的、基于规则之上的多边合作。

2.第二阶段(1973年至20世纪80年代末)

1973年,布雷顿森林体系崩溃,使之在国际经济、金融历史上成为一个重要的分界线。此后,国际货币金融体系重新陷入无序的状态,各主要货币汇率波动频繁,国际收支不平衡加剧,不仅许多发展中国家陷入空前严重的债务危机,发达国家的经济也普遍处于滞胀局面。1976年召开的牙买加会议不得不承认浮动汇率这一事实,这标志着国际货币体制又进入了一个新的阶段。

国际金融合作在几乎整个20世纪70年代呈现出明显下降的趋势。

各国对待国际金融合作的消极态度带来了严重的结果,主要表现在:国际收支不平衡规模继续加大;滞胀局面没有丝毫的改观;国际资本流动增加,汇率、利率变动大,主要国家执行货币政策的难度加大等。这些消极影响使得西方大国认识到,如果各国自行其是,对世界经济的稳定会构成极大的威胁。于是,从20世纪70年代中期以后,西方各大国开始采取接触战略,尤其是1976年七国集团的成立,表明大国政府之间协调萌芽已露端倪。20世纪80年代,西方发达国家之间的货币合作进入了一个前所未有的"黄金"时代。无论是IMF,还是七国集团,都表现出了参与或监督国际金融合作的极大热情。

第二阶段国际金融合作的特点主要有:一是从霸权合作向霸权后合作转变。国际金融合作由国际货币制度操作和管理,而非美国一手主宰。二是合作形式多样化,合作机制日趋成熟。既有机构性的金融合作,也有政府性的金融合作;既有综合性的金融合作,也有专项性的金融合作;既有直接的金融合作,也有间接的金融合作;既有经常性的金融合作,也有临时性的金融合作。三是七国集团的财长会议成为货币合作的核心。四是内容更加丰富。从传统的主要的汇率监督与汇率制度安排,逐渐发展到银行业活动、证券市场交易等重要领域。

3.第三阶段(20世纪90年代至今)

冷战结束以后,国际格局发生了较大变化,经济全球化和区域经济一体化的趋势更为明显,信息社会所带来的积极效应也日益突出。经济全球化为新一轮国际金融合作奠定了坚实基础。20世纪90年代以来,经济全球化趋势不断加强。各国间日益密切的经济联系,也使各国的经济运行机制、经济周期、法律法规等趋于一致,主要包括贸易自由化、金融国际化和生产一体化等。国家间贸易、金融和生产的密切关联性导致各国都需要一个稳定的国际金融环境和有序的国际金融体系并为此加强合作。

经济多极化趋势促使国际金融体制与规则加快变革。美国对国际金融的掌控能力正在不断下降。而欧盟作为发达国家的经济货币联合体,其经济金融实力不断上升,对世界经济格局的影响也越来越大,急于挑战美国的金融霸权地位。此外,世界经济格局最显著的变化是以"金砖四国"为代表的一批新兴市场经济体的迅速崛起,它们在世界金融事务中的发言权明显增强。

纵观国际金融合作 70 多年的发展历程,国际金融合作经历了由简到繁、层次由低到高、程度由浅到深、范围由小到大和形式逐渐多样化的发展过程。从地域上主要包括以下几方面:

一是欧洲区域金融合作。欧洲区域金融合作是迄今为止合作过程最为完整、合作形式最为高级、合作结果最为成功的实践,为其他区域金融合作实践提供了经验和启示。欧洲区域金融合作始终处于高端层次,基本上是围绕着共同货币的创立和汇率合作而开展。欧洲区域金融合作成员国之间通过消除贸易和投资壁垒,为进一步的区域金融合作奠定了基础。为了建立起一种稳定的货币制度以保证区域金融合作的平稳发展,成员国之间开始建立汇率制度、储备货币和货币政策等方面的协调机制,成员国实行对内可调整的固定汇率和对外联合浮动相结合的汇率机制。欧洲区域金融合作中货币一体化的实现是国际金融领域自布雷顿森林体系解体以来最重大的变革,对世界政治经济格局产生了深远的影响。欧洲区域金融合作值得借鉴之处有:以法制化为基础,以国际条约作为发展的标准,有效借助制度的约束力;合作中要兼顾各方的共赢策略;成员国在金融监管和法律方面的协调,使金融机构进入他国市场所面临的壁垒降低,表现为任何一个成员国的金融机构在进入他国市场时更加自由便捷,在布局时能在一定程度上摆脱地域束缚,能够更好地实施追随本国客户的战略。

二是东亚区域金融合作实践。东亚区域金融合作的产生,主要源于1997 年东南亚金融危机的迅速扩散以及亚洲货币的竞争性贬值,唤起东亚各国对区域金融合作的关注。东亚区域金融合作从构想转变为现实的一个里程碑便是"清迈协议"，这是迄今为止东亚区域金融合作所取得的最为重要的制度性成果之一，它对于防范金融危机、推动进一步的区域金融合作具有深远的意义。从"清迈协议"货币互换协定开始，各国的金融合作逐步深入。

三是拉美区域金融合作实践。拉美区域金融合作由来已久，1965 年 9 月 22 日，12 个拉美国家在墨西哥签署了《共同支付和信贷协定》，强调成员国在区域内贸易中应尽量用成员国货币替代美元等国际货币进行结算，以节省短缺的外汇储备。1980 年，成立拉美一体化协会，提出以加强区域内的金融合作和扩大贸易为目标，为成员国提供多边支付和清算机制、临时融资机制、贷款担保机制等金融服务和融资便利。1982 年，拉美一体化协会签署了《临时流动性赤字互助多边协定》，将金融合作基金的融资便利扩大到成员国经常项目失衡。1991 年《亚松森条约》签署，南方共同市场成立，各成员国的经济部和中央银行都是共同市场委员会下属工作组的成员。

四是中亚区域金融合作实践。近几年中亚五国的区域金融合作，无论是绝对数量还是与国家整体经济进行比较，金融体系资金及资产都出现高速增长，金融服务范围扩大，服务质量提高，与周边国家金融市场的一体化进程也正在积极展开。中亚五国区域金融合作存在的问题主要有：一是经济发展对金融机构的依赖程度过高；二是各国金融市场不完善，且高度集中，融资效率低；三是金融监管不到位，防范金融风险措施不完善。中亚五国区域金融合作今后应继续着眼于保持金融市场的稳定，进一步发展保险市场和有价证券市场，巩固银行体系，积极推进国家间金融体系的一体化进程，逐步实现金融资产区域化。

资料来源：①赵长峰.国际金融合作特点的历史考察[J].广西社会科学,2007(12):65-68.②杨久源.国际金融合作的理论与实践[J].特区经济,2011(6):92-93.

第二节　丝绸之路经济带的国际金融合作现状

一、国际金融合作的需求分析

丝绸之路经济带沿线的中亚、西亚、南亚等地区经济发展水平不高,在经济发展过程中存在强烈的资金需求,加强国际金融合作成为必由之路。目前,丝绸之路经济带沿线国家间金融合作水平相对较低,这已经成为建设丝绸之路经济带的突出矛盾。主要表现在以下几个方面:

第一,丝绸之路经济带沿线国家的经济发展水平存在显著差距,严重制约区域金融合作。丝绸之路经济带横贯亚欧非大陆,沿线的中亚、西亚、南亚、欧洲、北非等地区经济发展水平各异。以中亚地区为例,哈萨克斯坦在中亚五国中经济实力最强,但中亚五国的经济发展水平都相对较低。沿线国家经济发展水平存在的较大差距,会在很大程度上阻碍国际金融合作深度。此外,一些国家经济发展失衡,导致国内汇率不稳定,也制约了金融合作水平的提升。

第二,现有的金融合作机构无法满足基础设施建设的融资需求。丝绸之路经济带沿线大多是新兴经济体和发展中国家,基础设施建设滞后,且基础设施建设资金匮乏。互联互通的基础设施,是密切丝绸之路经济带沿线国家间人员往来、货物流动的基础和前提。大规模基础设施建设所需的资金支持,具有期限较长、未来收益不确定、资金需求量大、回报周期长的特点,现有发达国家主导的国际金融机构无法满足其融资需求。因此,推进丝绸之路经济带建设必须增强国际金融合作,通过创立新型多边国际金融机构、构建丝绸之路经济带国际金融合作体系来引领丝绸之路经济带基础设施互联互通。

第三,加强丝绸之路经济带能源合作,需要强有力的金融支持。能源合作是建设丝绸之路经济带的重要内容,高水平的能源合作有赖于现代化的金融服务体系。随着丝绸之路经济带建设的深入实施，区域内经济总量的增长将带动能源合作的进一步发展。中国与丝绸之路经济带沿线的资源国、过境国，有必要进一步提升能源金融服务水平，为深化能源合作创造条件。

专栏7.2　丝绸之路经济带上的国际金融合作

这是资金融通不断扩大的4年。融资瓶颈是实现互联互通的突出挑战。中国同"一带一路"建设参与国和组织开展了多种形式的金融合作。亚洲基础设施投资银行已经为"一带一路"建设参与国的9个项目提供了17亿美元贷款，"丝路基金"投资达40亿美元，中国同中东欧"16+1"金融控股公司正式成立。这些新型金融机制同世界银行等传统多边金融机构各有侧重、互为补充，形成层次清晰、初具规模的"一带一路"金融合作网络。

中国将加大对"一带一路"建设资金支持，向丝路基金新增资金1 000亿元人民币，鼓励金融机构开展人民币海外基金业务，规模预计约3 000亿元人民币。中国国家开发银行、进出口银行将分别提供2 500亿元和1 300亿元等值人民币专项贷款，用于支持"一带一路"基础设施建设、产能、金融合作。我们还将同亚洲基础设施投资银行、金砖国家新开发银行、世界银行及其他多边开发机构合作支持"一带一路"项目，同有关各方共同制定"一带一路"融资指导原则。

资料来源：节选自习近平.携手推进"一带一路"建设——在"一带一路"国际合作高峰论坛开幕式上的演讲[M]//"一带一路"国际合作高峰论坛重要文辑.北京：人民出版社，2017:4-7.

二、国际金融合作体系的建设现状

设立多边金融机构，是构建丝绸之路经济带国际金融合作体系的基础。多边金融机构鼓励多种来源的资本之间共同合作,可以为建设丝绸之路经济带提供有效的金融支持。秉承共同出资、共同受益的原则,中国倡导设立亚洲基础设施投资银行和丝路基金,这有助于为丝绸之路经济带的国际经济合作提供支持。目前,丝绸之路经济带国际金融合作的现状体现在以下三方面。

第一,丝绸之路经济带基础设施互联互通和国际产能合作存在巨大的资金需求。丝绸之路经济带沿线的新兴经济体和发展中国家基础设施建设及国际产能合作的融资需求巨大。现有的国际多边金融机构,难以为亚欧非的基础设施建设和产业发展提供充足的资金保障,这就要求创立新型的国际多边金融机构。亚洲基础设施投资银行与丝路基金作为新型国际金融机构,可以作为传统国际金融机构的补充,为丝绸之路经济带沿线国家的基础设施建设和产业发展提供融资,同时也有助于为丝绸之路经济带沿线国家深化金融合作创造良好开端。

第二,丝绸之路经济带沿线地区推进区域经济一体化,需要搭建金融合作桥梁。在经济全球化和区域经济一体化背景下,尤其是在国际金融危机的影响下,各国之间的区域自由贸易协定呈现碎片化趋势,这同时也要求亚太地区加强区域经济合作。长期以来,中国参加区域经济合作的平台较少。为更好地融入区域经济合作之中,中国应进一步积极同周边国家开展自由贸易合作,推动亚太区域经济一体化进程。长期以来,新兴市场国家依赖美元计价结算,使外贸企业遭受"被美元"之苦。2008年金融危机的爆发更是凸显了以美元为主导的国际货币体系的弊端,由此导致多元化货币体系的构建成为亚太新兴市场国家的迫切需求。在此背景下,以跨境金融合作为桥梁,推动亚太地区的产能合作和自由贸易,有助于切实推进构建共生共荣的亚太自贸区。

第三,丝绸之路经济带沿线国家深化能源合作,需要构建金融支持体系。高层次高水平的国际能源合作要求有完善先进的现代化金融服务体系相匹配。中国与丝绸之路经济带沿线的资源国、过境国亟待通过构建畅通且完备的能源金融服务体系,为全面深化国际能源合作创造条件。在此过程中,要大力发展能源基金、能源保险、能源信托、能源租赁、能源证券等能源金融衍生品市场,构建功能齐全、产品互补的金融生态系统。

专栏7.3　中国金融为"一带一路"融通商机

在支持"一带一路"建设方面,中国建设银行采取了四方面举措:一是完善经营网络,提高了机构覆盖度。2013年以来,该行先后在俄罗斯、印度尼西亚、波兰、哈萨克斯坦等国筹备并设立分支机构,完善"一带一路"服务网络。二是加大对"一带一路"重点项目的信贷支持,研究制定差异化授信政策,安排专项信贷资源,优化审贷流程。三是针对"一带一路"需求整合境内外资源,积极开展跨境贸易及投资并购、全球授信、投资银行、现金管理等产品创新。四是加强风险管理,提高合规经营能力,为企业"走出去"保驾护航。

在这一过程中,银行自身也获得了更强的发展后劲。截至2016年末,中国建设银行共拥有境外各级机构251家,形成了遍布全球的机构布局,实现跨时区、跨地域、多币种、24小时不间断的金融服务,海外商业银行资产总额和净利润增速分别达到16.19%和3.24%。

2017年8月,中国农业银行(ABC)分别与中国铁建股份有限公司(CRCC)、中国政企合作投资基金管理有限公司(中国PPP基金)签署协议,将为新疆丝绸之路经济带核心区建设提供1 000亿元人民币战略资金安排。根据协议,农行将发挥在资金结算、投融资管理、本外币一体化等综合金融服务优势,支持新疆重大交通基础设施建设项目。中国几家大的国有银行正在筹集数百亿美元的资金,以支持"一带一路"建设。其中,建设银行为一只基金筹资至少1 000亿元人民币,中国银行则计划筹集约200亿元人民币用于类似的基金。

除了大型商业银行之外,地方层面的金融开放亦有声有色。以上海为例,截至 2017 年 8 月底,上海共有来自 15 个"一带一路"相关国家(地区)的 5 家法人银行、13 家外资银行分行和 11 个代表处,在沪"一带一路"相关国家(地区)银行的总资产规模约 2 122 亿元人民币,占上海辖内外资银行的 14%,同比增长近 49%。

其中,上海黄金交易所更是分别同迪拜黄金与商品交易所、匈牙利布达佩斯证券交易所签署了合作备忘录,授权对方挂牌以"上海金"计价的期货合约,实现了"上海金"在国际金融市场上的首发。

在商业金融机构积极布局"一带一路"的同时,中国的开发性金融机构也在支持"一带一路"建设方面发挥着独特的作用。例如,自"一带一路"倡议提出以来,中国国家开发银行紧紧围绕"五通"要求,通过规划编制、智库合作、信贷支持、直接投资、多边金融合作、交流培训等方式,努力为"一带一路"建设提供长期、稳定、可持续、风险可控的融资支持。

中共十八大以来,国家开发银行发放"一带一路"业务贷款 740 亿美元,重点支持了基础设施互联互通、产能合作、能源资源、社会民生等领域发展。

如今,国家开发银行正在发挥开发性金融大额、批发和中长期融资优势,支持了印度尼西亚雅万高铁、白俄罗斯斯拉夫钾肥、巴基斯坦卡洛特水电站等一批重点项目建设的资金需求。2017 年 9 月,国家开发银行与埃及阿拉伯国际银行在开罗签订 2.6 亿元人民币专项贷款及 4 000 万美元非洲中小企业专项贷款合同,从而使国家开发银行"一带一路"人民币专项贷款首次落地埃及。

"国际经济中有一个很有意思的规律,就是资本往往不愿意流向资本稀缺的地方,这就容易导致很多现阶段发展不充分但潜力较大的'一带一路'地区不容易获得资金支持。在过去,世界银行、亚洲开发银行等机构的主要任务就是为了解决这一问题,但效果不佳,而如今中国金融体系的积极开放则给予了这些地区或项目很强的系统性金融支持,不仅释放了发展机遇,而且还有利于十九大报告所说'互利共赢的开放'稳步实现。"对外经济贸易大学教授崔凡说。

崔凡表示,中共十九大报告中多次强调了中国对外开放的态度、原则、立场,这也为中国金融业进一步开放指明了方向。下一步,银行、证券、保险等领域有实力的金融机构及监管部门都应该更加细化自身走向海外的时间表和路线图,一方面将金融合作视为"一带一路"的重要组成部分,积极稳妥推进开放步伐,另一方面提升监管水平和防风险能力,探索更多可复制推广的经验,从而为"一带一路"注入更多活力、融通更多商机。

资料来源:王俊岭.中国金融为"一带一路"融通商机[N].人民日报(海外版),2017-11-07.

三、国际金融合作平台的建设现状

(一)亚洲基础设施投资银行

2013 年 10 月,中国国家主席习近平倡议筹建亚洲基础设施投资银行(简称"亚投行")。经过一年多的筹备,2014 年 10 月,包括中国、印度、新加坡等国家在内的 21 个意向创始成员国在北京签署了《筹建亚投行备忘录》,标志着亚投行的筹建工作进入新阶段。2014 年 10 月—2015 年 2 月,印度尼西亚、马尔代夫、新西兰、沙特阿拉伯、塔吉克斯坦以及约旦先后申请加入亚投行,亚投行的意向创始成员国数量增至 27 个。2015 年 3 月 12 日,英国宣布申请加入亚投行,从而成为第一个申请加入亚投行的欧洲发达经济体。在英国带动下,法国、德国、意大利、卢森堡、瑞士和奥地利先后于 2015 年 3 月下旬申请加入亚投行。韩国和澳大利亚在经过反复权衡后,也在 2015 年 3 月底之前正式宣布加入亚投行。截至 2015 年 4 月 15 日,亚投行的创始成员国数量由最初的 21 个增加到

57 个。① 经过进一步发展,截至 2017 年 12 月 19 日,亚投行的正式成员国增加到 84 个。2017 年 6—7 月,亚投行先后获得全球三大评级机构穆迪、标准普尔及惠誉的 AAA 信用评级,10 月还获得巴塞尔银行监管委员会零风险权重的认定。

截至 2017 年 12 月,亚投行已在 12 个成员国开展了 24 个基础设施投资项目,项目贷款总额 42 亿美元,撬动了 200 多亿美元的公共和私营部门资金。24 个项目分布在菲律宾、印度、巴基斯坦、缅甸、印度尼西亚等国,内容涉及贫民窟改造、防洪、天然气基础设施建设、高速公路/乡村道路、宽带、电力系统、地铁建设等方面②,促进了丝绸之路经济带沿线国家的基础设施建设。

亚投行秉承清洁、绿色、高效原则,坚持环境保护、社会公平、劳工权益等方面的高标准,创新发展方式,促进丝绸之路经济带沿线的基础设施互联互通。亚投行是建设丝绸之路经济带的重要金融合作平台。首先,亚投行有助于解决亚洲各地区的金融资源错配问题,支持亚洲和世界其他区域的基础设施发展,改善相关国家的营商硬件环境,从而提升贸易投资便利化水平。其次,亚投行通过发挥资金融通功能,有助于中国同丝绸之路经济带沿线国家加强产能合作,带动沿线国家经济发展。最后,通过亚投行和沿线国家基础设施建设项目的对接,有助于创新经济发展方式和模式,打造具有特色和规模的产业、贸易、金融集聚区,创造新的国际贸易产业价值链。③ 在丝绸之路经济带建设过程中,亚投行秉承透明、开放的多边框架,加强同国际货币基金组织、世界银行、亚洲开发银行等传统国际金融机构的合作,有利于消除和化解国际社会对中国的无端猜忌,从而在最大程度上争取国际社会对建设丝绸之路经济带的理解和认同,共同助力亚洲乃至整个世界的基础设施互联互通,促进世界经济协同发展。

---

① 王达.亚投行的中国考量与世界意义[J].东北亚论坛,2015(3):48-64.
② 资料来源于《亚投行晒两周年成绩单》,新浪网,2017-12-25.
③ 刘国斌.论亚投行在推进"一带一路"建设中的金融支撑作用[J].东北亚论坛,2016(2):58-66.

表 7.1 亚投行主要创始成员国的主权信用评级

		惠誉评级		标普评级		穆迪评级	
		标准	展望	标准	展望	标准	展望
区域外国家	英国	AA +	稳定	AAA	稳定	Aa1	稳定
	德国	AAA	稳定	AAA	稳定	Aaa	稳定
	卢森堡	AAA	稳定	AAA	稳定	Aaa	稳定
	瑞士	AAA	稳定	AAA	稳定	Aaa	稳定
	澳大利亚	AAA	稳定	AAA	稳定	Aaa	稳定
	新西兰	AA	稳定	AA	稳定	Aaa	稳定
	法国	AA	稳定	AA	负面	Aa1	负面
	奥地利	AA +	稳定	AA +	稳定	Aaa	稳定
	意大利	BBB +	稳定	BBB-	稳定	Baa2	稳定
亚洲国家	巴基斯坦	–	–	B-	稳定	Caa1	稳定
	越南	BB-	稳定	BB-	稳定	B1	稳定
	柬埔寨	–	–	B	稳定	B2	稳定
	蒙古	B +	负面	B +	稳定	B2	负面
	斯里兰卡	BB-	稳定	B +	稳定	B1	稳定
	孟加拉国	BB-	稳定	BB-	稳定	Ba3	稳定
	印度尼西亚	BBB-	稳定	BB +	稳定	Baa3	稳定
	印度	BBB-	稳定	BBB-	稳定	Baa3	稳定
	菲律宾	BBB-	稳定	BBB	稳定	Baa3	正面
	泰国	BBB +	稳定	BBB +	稳定	Baa1	稳定
	哈萨克斯坦	BBB +	稳定	BBB +	稳定	Baa2	正面
	马来西亚	A-	负面	A-	稳定	A3	正面
	阿曼	–	–	A	稳定	A1	稳定
	韩国	AA-	稳定	A +	正面	Aa3	稳定
	中国	A +	稳定	AA-	稳定	Aa3	稳定
	卡塔尔	–	–	AA	稳定	Aa2	稳定
	科威特	AA	稳定	AA	稳定	Aa2	稳定
	新加坡	AAA	稳定	AAA	稳定	Aaa	稳定

资料来源:王达.亚投行的中国考量与世界意义[J].东北亚论坛,2015(3):48-64;原始数据来源于全球经济指标数据网(Trading Economics)。

（二）丝路基金

丝路基金由中国外汇储备、中国投资有限责任公司、国家开发银行、中国进出口银行共同出资，于2014年12月29日在北京注册成立，致力于为丝绸之路经济带框架内的经贸合作和基础设施互联互通提供投融资支持。

2017年5月14日，中国国家主席习近平在"一带一路"国际合作高峰论坛开幕式上宣布，中国将加大对"一带一路"建设的资金支持，向丝路基金新增资金1000亿元人民币。丝路基金秉承商业化运作、互利共赢、开放包容的投资理念，在选择项目时，坚持专业、审慎、统一的标准，做出投资决策前会对项目是否符合投资所在国的发展战略、项目本身的可行性（包括项目的经济效益和社会效益）、项目的合作伙伴、是否符合国际标准等进行认真评估。[①] 在为丝绸之路经济带建设提供投融资支持的过程中，丝路基金也将实现合理的投资回报，确保中长期财务可持续，为支持丝绸之路经济带建设作出贡献。

专栏7.4　丝路基金同世界分享"一带一路"商机

在推动"一带一路"建设过程中，中国倡议发起的两大金融机构——亚洲基础设施投资银行与丝路基金经常同时出现。而从专业角度来看，这两家机构的侧重点和运营方式却并不相同。前者重点特色在于为相关项目提供间接融资，而后者则定位于中长期开发投资基金，通过以股权为主的多种投融资方式来撬动更多资金参与"一带一路"项目建设。

作为"一带一路"倡议的实践者，丝路基金坚持重点关注和支持"一带一路"建设中兼具经济效益、社会效益和产业价值的中长期投资项目，坚持自身项目选择标准和投资合作原则，开展以股权为主，兼具多种投融资形

---

① 牛娟娟.丝路基金开展实质性投资运作迈出重要一步[N].金融时报,2015-04-22.

式的投资实践,走出了一条稳健的市场化运营之路。丝路基金目前的运营主要呈现三大特征:

一是中长期投资为主,支持基础设施建设。截至目前,丝路基金以股权和债权等方式,向"一带一路"沿线国家和地区油气开发、能源电力等基础设施项目的投资总额,占全部承诺投资额的70%左右。这些项目的建设为克服发展瓶颈、支持战略对接、促进形成网络效应发挥了积极作用。

二是以股权投资为主,支持实体经济发展。目前,丝路基金签约承诺出资总额中,股权投资占比超过70%,已经在"一带一路"建设中体现出股权投资为主的资金使用特点。在一些中长期基础设施项目中,股权投资能够成倍地带动各层级债权投资,可以为一些融资数额比较大的项目解决资本金不足的问题。粗略估算,目前丝路基金所参与项目涉及的总投资额已达到800亿美元。

三是创新基金投资,优化金融合作和网络布局。除了综合使用股权、债权等不同形态资金为项目提供支持之外,丝路基金还探索通过投资参与基金、联合投资平台等,创新投融资支持方式,不断优化"一带一路"相关领域的金融合作和网络布局。

目前,丝路基金已签约项目达到19个,承诺投资金额超过74亿美元,相关项目投资已覆盖了中蒙俄、中亚、南亚、西亚北非、中东欧等"一带一路"重点地区,项目投资支持的领域涵盖了能源电力、工程机械、石油化工、通信网络、海洋工程、船舶制造、金融合作等多个领域,业务跟踪和拓展的触角不断延伸,有力地发挥了股权投资的积极作用。

在促进"一带一路"相关各方经济发展的同时,作为中国全资设立的金融机构,丝路基金更担负着为中国企业分享"一带一路"商机,通过国际市场提升产业价值链的重要任务。意大利倍耐力公司是世界第五大轮胎制造商,品牌知名度广,技术能力强,尤其在高端轮胎产品领域市场份额领先。2015年,丝路基金通过股权加贷款方式,联手中国化工及几大中资银行组成中方财团,成功收购了倍耐力100%股权。"我国轮胎行业生产集中度低,研发能力、产品附加值远低于国际水平。丝路基金支持中国化工收购控股全球一流轮胎生产厂商,有助于引进国际先进技术经验,整合国内国际两个市场,提高产品附加值,最终实现互利共赢。"丝路基金总经理王燕之说。截至2017年底,丝路基金通过投资倍耐力项目实现了良好的投资收益。

对丝路基金而言,除了一个个具体项目的收获之外,加深与海内外同行的合作也为其长期发展奠定了更坚实的基础。据介绍,如今丝路基金已经与欧洲复兴开发银行、世界银行下属国际金融公司、欧洲投资银行、非洲开发银行、亚洲基础设施投资银行、上合银联体、香港金管局、澳门金管局等机构开展了多种形式的合作。

资料来源:节选自王俊岭.同世界分享"一带一路"商机——访丝路基金有限责任公司[N].人民日报(海外版),2018-03-27.

第三节　丝绸之路经济带的国际金融合作趋势

一、加快人民币国际化

货币的国际化,是指一国货币在其他国家获得广泛接受,进而充当一般货币发挥职能的过程。人民币国际化是指人民币在国际社会被普遍接受,并发挥计价、结算及储备货币职能的过程。在丝绸之路经济带建设中,有助于加强沿线国家和地区的基础设施互联互通,扩大沿线国家之间的贸易投资规模,这就可以扩大在国际贸易环节使用人民币结算,从而增加人民币的境外储备。在此过程中,人民币的境内外流通速度加快,并越来越多地承担国际货币职能,不断增强人民币的国际化程度。[①] 近年来,人民币币值大体保持稳定,周边国家对人民币的认可程度不断提升,在中国拥有充足的外汇储备的基础上,这就为丝绸之路经济带建设过程中推进人民币国际化创造了良好条件。

专栏7.5　人民币国际化与"一带一路"

　　人民币国际化将促中国崛起,已成为外界共识。在 2017 年 10 月 18 日,中国人民银行发布了《2017 年人民币国际化报告》,让外界看到了人民币国际化进程的进展和节奏。

　　人民币国际化是指人民币能够跨越国界,在境外流通,成为国际上普遍认可的计价、结算及储备货币的过程。尽管目前人民币境外的流通并不等于人民币已经国际化,但以人民币计价的金融市场规模不断扩大。从《2017 年人民币国际化报告》中可以看到,2016 年人民币国际使用稳步推进,并在全球货币体系中保持稳定地位。2016 年 10 月 1 日,人民币正式纳入国际货币基金组织特别提款权(SDR)货币篮子,这是人民币国际化的重要里程碑。2016 年 12 月,人民币位居全球第六大支付货币。

　　报告指出,人民币的国际使用稳步发展。据不完全统计,截至 2016 年末,共有 60 多个国家和地区将人民币纳入外汇储备。此外,人民币国际合作成效显著。截至 2016 年末,中国人民银行与 36 个国家和地区的中央银行或货币当局签署了双边本币互换协议,协议总规模超过 3.3 万亿元人民币;在 23 个国家和地区建立了人民币清算安排,覆盖东南亚、欧洲、中东、美洲、大洋洲和非洲等地,利于境外主体持有和使用人民币。

[①]　林乐芬,王少楠."一带一路"建设与人民币国际化[J].世界经济与政治,2015(11):72-90.

分析指出,当今国家间经济竞争的最高表现形式,就是货币竞争。如果人民币对其他货币的替代性增强,不仅将现实地改变储备货币的分配格局及其相关的铸币税利益,也会对世界地缘政治格局产生深远的影响。中国人民银行参事盛松成近日在接受媒体采访时指出,人民币国际化的长期目标不可逆转,目前是推进人民币国际化的有利时机,时机成熟就应逐步推进。他还强调一点,中国企业走出去和"一带一路"倡议为人民币国际化创造了条件,也提出了新的要求,在总结近两年中国汇率管理成功经验的同时,更要利用当前的有利时机。

其实,"一带一路"建设将有助于推动人民币国际化。数据显示,中国已先后与30多个国家和地区签署了本币互换协议,其中有22个是"一带一路"沿线国家。在23个与中国实现货币直接交易的国家当中,有8个是"一带一路"沿线国家。在中国大力发展的人民币跨境支付系统(CIPS)中,众多"一带一路"沿线国家金融机构也参与其中。相信未来随着"一带一路"的持续推进,以及将在内地及香港推行"债券通"等措施,将会推动沿线国家更多地使用人民币。人民币的国际化,有望率先在"一带一路"沿线国家实现。

资料来源:梁海明,易心.人民币国际化与一带一路[EB/OL].凤凰网,2017-10-27.

二、加快金融业对外开放

近年来,银行、证券基金和期货等机构外资持股比例限制的逐步放开,引起了外资金融机构高度关注,一些外资私募已开始加速布局中国市场。这不仅增添了中国金融市场的活力、动力,也有助于提升中国金融机构的竞争力。

2017年11月10日,时任中国财政部副部长朱光耀表示,中方决定将单个或多个外国投资者直接或间接投资证券、基金管理、期货公司的投资比例限制放宽至 51%,三年后不受限制;将取消对中资银行和金融资产管理公司的外资单一持股不超过 20%、合计持股不超过 25% 的持股比例限制,实施内外一致的银行业股权投资比例规则;三年后将单个或多个外国投资者投资设立经营人身保险业务的保险公司的投资比例放宽至 51%,五年后投资比例不受限制。① 对此,国际评级机构穆迪认为,这将提高外资在中国市场的参与度,推动外资私募加速布局中国市场。金融业对外开放对小型金融机构的影响将更为明显,未来外资控股的证券、期货、基金公司有望诞生,外商独资资产管理公司也将越来越多。

三、大力发展绿色金融

"绿色金融"是指为支持环境改善、应对气候变化和提高资源利用效率的经济活动,即对节能环保、清洁能源、绿色交通、绿色建筑等领域的项目提供的金融服务。绿色金融产品包括绿色信贷、绿色证券、绿色保险、绿色资产管理 4 类。与传统金融相比,绿色金融更强调实现经济社会的可持续发展。②

丝绸之路经济带沿线国家多为发展中国家,人口密度高,经济活动烈度大,基础设施建设如火如荼,因此生态环境压力很大。在建设丝绸之路经济带过程中,习近平主席倡导建设"绿色丝绸之路"。在此背景下,丝绸之路经济带沿线应重点发展绿色金融,助力绿色丝绸之路建设。

专栏 7.6　日本绿色金融政策与实践

20 世纪 50—70 年代,日本经济高速增长的同时带来了严重的环境污染。由于国土面积狭小,资源匮乏,日本始终面临巨大的资源环境压力。

---

① 李国辉.金融对外开放提档加速[J].金融时报,2017-12-02.
② 王淑子.聚焦绿色金融 建设绿色丝路[J].国际商报,2016-10-18.

20世纪90年代,日本加快向生态型经济转型,通过制定环保战略,集中国内技术和资本实力创建低碳社会,并开展环境外交。日本高度重视发展绿色金融,完善相关政策法规,为绿色经济和社会的可持续发展提供了有力支持。

1.绿色金融政策

日本高度重视环保政策的战略设计和法律支持。在国家层面进行顶层设计,具体由环境省负责政策制定和组织实施。环境省制定的战略计划:一是在制定环保制度的基础上,政府与民间协力推进环保政策;二是运用灵活的财政预算手段,制定需求清单;三是以社会管理为着力点,实施有效性管理。其政策思路包括:一是以国家资金提供支持,灵活运用金融机制,促进投资,创造市场。二是为创建低碳社会,在4个领域提供资金支持绿色金融发展,具体通过以下两种方式实现环保产业和金融市场互动:①将资金用于环境保护事业的投融资,包括以引进新能源设备为目的融资,对环境类创业投资企业的投融资等;②评价和支持将环保意识融入企业行为的经济主体,开展环境评级融资和社会责任投资(RI),对低碳企业提供融资便利,支持和推进环保事业。

2.绿色金融政策的组织实施

①组织和实施绿色信贷。2007年,环境省专门成立了由金融机构参加的环境类融资贷款贴息部门,在国家层面组织绿色信贷工作。2007年11月,财政部下属的日本金融公库推出环境和能源对策基金,对中小企业提供低息贷款业务,促进中小企业在环保节能领域的设备更新。除中央政府大力推动外,地方政府也积极引导和推行绿色信贷,以引导更多的企业和个人参与。

②制定并实施《21世纪金融行动原则》。为了更好地处理日本环境部门与金融部门的关系,环境省于2010年发布了《环境与金融:金融部门在

建设低碳社会中的新作用》，提出了环境金融行动原则，鼓励绿色金融广泛应用。2011 年 10 月，经过充分讨论，形成了《21 世纪金融行动原则》（PFA）。PFA 提出金融业应为日本转变成可持续社会作出贡献，并制定了 7 条具体行动原则，建立了相应的组织机构。目前该组织已有 175 家金融机构加入并签署协议，反映出日本金融业在环保方面的自觉性。为促进《21 世纪金融行动原则》的实施，环境省制定了相关指引，提出了一系列政策措施，并在 2014 年建立了环境管理制度（EMS）证书和注册机制，对企业的环保项目进行评估，并提供必要的指导和建议，对企业环保实施情况进行检查。

3.绿色金融政策扶持

①创造良好的市场环境。日本政府鼓励生产者利用绿色环保技术开发和生产绿色环保产品，使生产和消费相互促进，为金融介入环保领域创造了良好市场环境。日本环境省于 2003 年发布《环境报告书指导方针》，强调企业的环境保护责任，要求经营者公布自身的环境报告。另外，通过持续宣传，向消费者提供准确易懂的绿色环保产品信息，加大绿色环保类产品和服务的推广，培养消费者使用绿色环保类商品和服务的习惯。

②建立环保补助基金制度。2013 年 6 月，公益财团法人日本环境协会制定了环保型融资利息补助基金制度。目的是促进金融机构对环保型企业的融资，针对应对地球变暖的设备投资贷款补助一部分利息，以推进应对地球变暖设备投资，减少二氧化碳排放。作为补贴对象，借款企业需要承诺 3 年内减少 3%（或 5 年内 5%）以上的二氧化碳排放量，对未达到承诺条件的项目退还未承诺部分的利息补贴。利用该基金的金融机构要建立环保型融资制度。利息补贴率为贷款利率乘以 2/3（1% 为上限），利息补助 3 年。

③推进面向家庭和企业的环保事业。日本环境省推出了面向家庭和企业的环保事业补贴。以家庭、企业、交通部门为中心,对租赁达到一定标准的可再生能源设备、产业用设备、业务用设备等低碳化机器设备,补贴租金总额 3%~5%的资金。2015 年补贴总预算为 18 亿日元。在办理补贴手续时,补贴的申请由环境省指定的租赁公司受理。租赁者不需要自行办理补贴申请手续,补助金直接付给租赁公司,由租赁公司在签租赁合同时作为特约条款从租赁费中扣除全部补贴资金。

④其他的优惠政策。日本政府还实施绿色汽车减税制度、太阳能发电剩余电力收购制度、绿色住宅生态返点制度以及绿色汽车购买补贴制度等。中央和地方政府给予积极的财政支持,除了提供资金援助外,对推动资源回收购买设备、技术开发等优惠利率的政策性贷款项目给予税收优惠。

资料来源:刘冰欣.日本绿色金融实践与启示[J].河北金融,2016(10):28-32.

8

融合新趋势：
从互利共赢到民心相通

经济、政治、文化等方面的多重障碍,是导致丝绸之路经济带沿线各个国家合作困难的重要原因。顺利消除丝绸之路经济带的战略对接、文化理念交流障碍,克服投资风险以及地缘政治难题,是实现丝绸之路经济带沿线国家互利共赢的关键。为此,必须在丝绸之路经济带建设过程中构建多方面的保障措施。我们认为,建设丝绸之路经济带是从经济上的互利共赢到文化上的民心相通的过程,只有沿线各国互学互鉴、互相包容,才能逐步消除丝绸之路经济带建设中的文化理念障碍,从而实现真正意义上的民心相通。

第一节　丝绸之路经济带的互利共赢措施

互利共赢是丝绸之路经济带建设的基本理念,也是"丝路精神"在新时代的继承与延续。为保障全方位务实合作的顺利开展,我们需要倡导包容性发展,诚心诚意对待沿线每一个国家,实现各国共享机遇、共迎挑战、共创繁荣。作为横贯亚欧非大陆、涉及国家众多的国际经济合作新平台,丝绸之路经济带建设过程中面临诸多风险与挑战。为实现互利共赢的目标,我们需要在经济合作、政策沟通、风险防范、生态环境等方面建立相应的保障措施,深入探索和构建相关合作机制,并做好相应的风险防范,让沿线各国在务实合作中广泛获益。

一、经济合作保障措施

(一)产业合作保障

产业合作是丝绸之路经济带经济合作的主要内容。丝绸之路经济带沿线国家在产业发展上存在很强的互补性,通过广泛开展产业合作,沿线国家的资源优势、技术优势、产能优势、市场优势可以得到充分发挥,从而降低经济带内企业的生产成本,提升区域经济竞争力[①]。因此,应按照互利共赢、优势互补、友

---

① 陈西川.新时期我国区域经济格局发展变化及其研究[J].管理世界,2015(2):170-171.

好合作的原则,优化产业园空间布局,加强双边及多边在多个领域的深度合作。

一是创建并不断完善丝绸之路经济带信息共享平台,整合沿线各国的经济社会发展数据,为产业合作提供充分的信息支持,实现信息资源共享;二是遵循互利共赢的原则,逐步将国内优势过剩产能转移到丝绸之路经济带沿线国家或地区,在此过程中形成新型产业价值链,实现沿线国家经济协同发展;三是建立健全产业合作协调联动机制,充分发挥沿线国家的政策导向和政府协调作用;四是加快完善人才市场服务机制,为沿线各国的务实合作提供人力资源保障。

(二)能源合作保障

目前丝绸之路经济带的能源合作存在较多障碍,合作水平无法匹配沿线国家的比较优势,因而需要建立能源贸易协调制度,并针对能源市场建设、能源产品进出口流量、配额以及争端处理机制等方面做出相应规定,为沿线国家之间进一步加强能源合作提供有力保障。一方面,应建设双边及多边能源合作对话与协调机制,并不断完善能源合作争端处理机制,避免恶性竞争,减少能源合作争端;另一方面,创新能源合作方式,在资金管理、技术共享、危机应对等方面构建能源合作的保障机制,从而提升丝绸之路经济带能源合作的整体效率。

(三)基础设施建设保障

丝绸之路经济带的基础设施建设,主要包括交通、能源、通信等领域的互联互通。基础设施互联互通,是丝绸之路经济带其他各领域全方位合作的硬件基础[①]。当前,丝绸之路经济带沿线国家应逐步推进基础设施互联互通,并建立基础设施建设的协调和管理机制。一方面,应建立基础设施建设的政府间协调机制,定期举行丝绸之路经济带基础设施建设的专项会议,并出台统一的全域运输协调机制,为丝绸之路经济带开展基础设施建设合作提供组织保障;另一方面,应组建基础设施建设联合委员会机制,主要负责项目监督与专项资金管理,确保沿线国家在资金流、物流、信息流等方面顺利开展双边及多边合作,从而为

---

① 李稻葵,程浩.丝绸之路经济带的合作基础与投资策略[J].改革,2015(8):29-38.

丝绸之路经济带沿线的基础设施合作提供进一步的保障。

（四）贸易投资合作保障

丝绸之路经济带沿线的贸易环境存在一定差异,这导致沿线部分国家对贸易合作的理念与认识存在一些偏差,一定程度上阻碍了经济带贸易投资合作的开展。为解决这一问题,一方面应建立沿线各国政府间的政策协调机制,拓展投资与贸易发展的广度与深度,为经济带沿线国家进一步开展深层次的贸易投资合作拓展空间;另一方面,应注重沿线口岸的配套设施建设和经贸信息网络平台建设,尽可能减少跨境贸易中存在的信息不对称问题,进而降低贸易投资合作的交易成本,提高中国与丝绸之路经济带沿线国家的贸易便利化程度。

二、人文合作保障措施

随着丝绸之路经济带建设的不断推进,沿线国家之间的人文合作显得愈发重要。人文合作不仅可以高效地整合科学、教育、文化、卫生等方面的资源,而且能够培养出大量具有综合素质的国际型人才。丝绸之路经济带的人文合作具有综合性和多样性,因而就需要建立全方位、多层次的交流平台及合作机制,促使文化交流更好地服务于丝绸之路经济带建设。

一是建立以政府引导为主的合作机制,在丝绸之路经济带沿线各国的科研机构、高等院校、文化主管部门之间建立一种长期有效的联络机制。这不仅可以合理配置资金用于人文合作项目,而且关系到沿线国家的长远利益,从而为文化交流与科教合作打下坚实的基础。二是应建立丝绸之路经济带的知识产权协商与监督机制,并不断完善知识产权保护的法律体系。由于沿线各国的教育文化存在一定差异,难免在人文合作中存在戒备心理与投机行为,所以应当格外注意知识产权的保护与政策沟通。三是建立并完善人文交流平台。一方面,应打造符合发展趋势的新型人文交流平台,实现经济带沿线各国在科、教、文、卫方面的资源共享和信息交换,并借此深入分析成员国之间人文合作的差异性和互补性,从而明确人文合作的重点方向与重点领域。另一方面,要借助国际组织、高峰会议、国际论坛、国际联盟等已有大型平台的国际影响力,开展广泛、务实的人文合作。四是鼓励民间合作机制的构建。经济带沿线国家的民间机构要根据自身的需求选择合适的合作对象,广泛开展会议、论坛、展览等民间人文交流活动,通过文化交流促进丝绸之路经济带沿线人民的相互了解与包容。

三、政治经济风险防范

丝绸之路经济带沿线国家众多,其中部分国家政权更迭频繁、社会动荡不安、民族宗教冲突不断,这严重影响丝绸之路经济带建设,导致各项合作困难重重。为此,必须建立相应的安全与风险防范措施,营造和平稳定的经贸合作环境,从而确保沿线各国间务实合作的顺利开展。

(一)政治风险防范措施

政治风险不仅影响丝绸之路经济带繁荣稳定的发展环境,而且容易破坏沿线国家和平友好的外交关系。丝绸之路经济带沿线国家各方面差异较大,对丝绸之路经济带的认识不一,部分邻国之间争端不断,很容易产生摩擦甚至爆发战争①。因此,我们必须要提高风险意识,不断建立完善的风险防范措施。

一是要构建经济带沿线各国政府之间的宏观政策沟通机制,并搭建政府间的交流平台,实现各国政府之间的政治互信,从而达成丝绸之路经济带友好合作的新共识;二是应建立健全政治风险预警与评估机制,针对影响沿线各国政治稳定的因素做出分析与评估;三是应建立丝绸之路经济带政治风险协调机制,充分发挥各国外交部、领事馆、专业委员会、行业协会、海外商会等机构的监督、协商、调解作用,以和平友好的方式化解政治风险,从而促进沿线各国之间多领域、多层次的交流与合作,打造互利共赢的命运共同体。

---

① 高友才,汤凯."丝绸之路经济带"节点城市竞争力测评及政策建议[J].经济学家,2016(5):59-67.

(二)金融风险防范措施

丝绸之路经济带的经贸往来和各项基础设施建设资金需求巨大,因而在加强金融支持的同时,必须高度重视金融风险的防控与管制。一般而言,金融自由化、货币自由化程度高,但金融系统不完备的国家具有更高的贸易风险[①],对此我们需要在熟悉合作伙伴经贸惯例的基础上,建立投融资、资本市场、外汇市场等方面的金融风险防范机制,为丝绸之路经济带的持续发展提供高效的资金支持,共建稳定的金融环境。

一是构建经济带金融风险预警机制,通过数据的分析测算,及时发现并找出风险源,实现风险隐患的提前排查,从而提高识别金融风险的预判能力;二是深化金融监管合作,形成经济带沿线各国应对和处理危机的合作机制,以联合声明、合作备忘录、政策法规等形式达成新的监管合作共识,并创造新的双边及多边监管机制,预防与限制金融违法行为的发生,从而维护丝绸之路经济带投融资主体的合法权益;三是应加强同沿线国家的外汇管理局、券商、银行等机构和部门的合作,对境外投资的外汇风险做出全面、有效的评估,并及时分析当前外汇市场的走势,运用金融外汇工具、贸易合同等手段实现有效的外汇风险规避,从而为丝绸之路经济带的繁荣稳定提供坚实的金融保障。

(三)市场风险防范措施

近年来,世界经济处于国际金融危机后的深度调整阶段,美国、日本等发达经济体发展乏力,发展中国家也面临经济结构调整等问题[②]。面对全球复杂的经济形势和丝绸之路经济带上不稳定的地区局面,我们必须警惕与防范沿线各国在务实合作中所面临的市场风险。

一方面,应警惕全球经济结构调整而带来的市场风险。由于丝绸之路经济带建设是一项复杂的系统性工程,沿线涉及的国家数量众多,而这些国家的经

---

① 王瑞,王永龙.我国与“丝绸之路经济带”沿线国家农产品进口贸易研究[J].经济学家,2017(4):97-104.

② 黄庆华,刘晗.丝绸之路经济带9省(区、市)的贸易格局[J].改革,2017(4):46-58.

济结构各不相同，所以在务实合作的过程中，应对彼此经济结构的调整情况作出及时、有效的评估与分析，预防由经济结构调整带来的市场风险冲击。另一方面，应注意货币政策分化所产生的风险。我国不仅要时刻警惕发达国家的货币政策变化给丝绸之路经济带建设发展带来的不良后果，而且还要防范沿线国家因全球货币政策分化及变化所产生的风险。

四、生态环境保障措施

丝绸之路经济带沿线的中亚、西亚等地区生态环境脆弱，不断扩张的经济建设必然会带来环境污染、生态破坏等问题[①]。丝绸之路经济带沿线区域生态承载力有限，加之部分地区长期无节制地开发，导致经济带的生态环境问题日益凸显。基于此，丝绸之路经济带建设过程中必须在生态环境保护方面开展区域协调与合作，应注意在环境保护平台建设、环境治理体系构建、绿色理念推广与传播等方面加强合作，共建"绿色丝绸之路"。

一是建立生态环境保护平台。一方面，要充分利用诸如联合国环境规划署、欧亚经济论坛生态与环保合作分论坛、中国—东盟环境合作论坛等现有的国际或区域性环保平台。另一方面，应建立专门针对丝绸之路经济带建设的生态环境保护平台，并组建跨国环境合作执行与监督机构，实现沿线各国的环保政策协调统一并落地生效。

二是构建包括环境信息交流制度、生态环境补偿制度、环境突发事件预警制度以及联合监测制度等在内的丝绸之路经济带环境保护制度体系。一方面，要实现经济带环境信息的透明化、公开化，并注意生态补偿的主体与责任划分，明确补偿的范围和标准，从而使经济带的生态环境补偿制度专业化、规范化。另一方面，应建立丝绸之路经济带标准统一的环境监测管理机构，并设立科学、先进、全面的预警机制，从而提高经济带环境监测和预警的准确性、有效性与科

---

① 程广斌,申立敬,龙文.丝绸之路经济带背景下西北城市群综合承载力比较[J].经济地理,2015(8)：98-103.

学性。

三是要将绿色发展理念融入"五通"建设之中,积极推广绿色产业项目,注重绿色能源、绿色产品的开发利用,并鼓励诸如绿色信贷、绿色债券、绿色基金等形式的绿色金融发展,从而实现丝绸之路经济带的绿色发展。

四是积极树立并宣扬正确的生态保护理念。丝绸之路经济带沿线各国应进一步加大生态环境保护的宣传力度,以广告、电影、音乐、文学等形式,借助电视、广播、报纸、社交媒体等媒介使生态文明得到普及并深入人心,实现经济带生态文化的健康发展,从而促进生态环境保护理念的民心相通。

专栏 8.1　"一带一路"境外企业安全保障体系的构建

　　"一带一路"境外企业安全保障体系的构建,可依据"双险三控"的思路进行设计。其中"双险"是指风险与危险,既包含中国企业境外投资所面临的经济风险,也包括由非市场因素导致的非常规风险。"三控"包含预控、管控和急控三个方面。"预控"是指境外企业建立所遇风险与危险的应对预案,属于"双险"预警机制;"管控"是指中国企业对其境外投资项目的立项、施工建设、试产投产、生产运营等全过程进行有效控制,随时化解从境外投资落地到项目运营过程中的风险与危险;"急控"是指中国企业对境外投资面临的突发事件的紧急控制,目的是把损失降到最低程度。"双险三控"将境外企业可能面临的对企业员工人身安全和企业财产安全产生威胁的因素最大限度地全方位涵盖,并对风险与危险发生的事前、事中与事后三阶段进行有效控制与管理,最大限度降低企业的损失。

　　具体来说,"一带一路"境外企业安全保障体系由"双险"源识别机制、"双险"评估机制、"双险三控"机制构成。

1."双险"源识别机制

"双险"源识别机制,是"一带一路"境外企业安全保障体系的基础。我们在对"一带一路"沿线地区局势进行研判并对近年来中国境外企业所遭遇的不安全事件进行分析的基础上,将中国企业在境外进行投资时,客观环境和企业自身可能存在的不安全因素做了识别、整合与归类。针对不安全因素的影响对象、风险类型,将其分为风险与危险两类。其中风险包括企业经济活动中面临的金融、价格、商业信用上的不确定性,也包括企业自身管理失误与违法经营带来的风险,受影响的主要为企业的商业利益;危险更侧重于涉及企业人身安全并易于引发暴力行为的不安全因素,具体涉及境外频发的由政权更迭、民族矛盾、暴恐事件、劳资矛盾、生态破坏等引起的不安全事件,这些事件不仅会使境外企业遭到破坏,更重要的是会对境外企业员工的生命安全构成威胁,尤其是战争与暴恐事件的无意波及以及反华势力有针对性的迫害。相对来说,危险所带来的负面影响更具破坏性且难以恢复,而风险虽然容易辨别且不对现实环境造成破坏,但是频繁、持续的发生会对境外投资的软环境造成深层次的破坏。具体识别分类见表8.1。

表8.1 中国境外企业风险与危险分类与风险源辨识表

风险/危险	类 型	风险源/危险源
风险	金融风险	通货膨胀
		汇率变动
	价格风险	原材料价格变动
		商品价格变动
	商业信用风险	商业结算
		商业担保
	管理风险	生产质量
		重大决策
	法律风险	腐败
		违规招标

续表

风险/危险	类　型	风险源/危险源
危险	政权更迭	国有化
		战争
		政策变动
	民族矛盾	反华势力
		东道国内部民族矛盾
	劳资矛盾	暴恐事件
	工人运动	罢工、示威游行
	生态破坏	生产污染、海洋污染

2."双险"评估机制

"双险"评估机制的核心思想,主要参照美国格雷厄姆(K.J.Graham)与金尼(G.F.Kinney)提出的作业条件危险性评价法(LEC 评价法),以此方法对在"一带一路"沿线国家进行投资做半定量的安全评估。这一方法对于安全事故危险性 D(danger)的评估主要考察三个方面的因素,即事故发生的可能性 L(likelihood)、暴露在危机中的频度 E(exposure)、事故产生的后果 C(consequence)。

首先,确定"双险"发生的可能性。LEC 评价法中 L 值的传统划分设为七级。现实中不安全事件的发生概率与理论上不完全对等,因此将完全可能发生的事件近似等同于概率为 1 的必然事件,分值对应为 10;理论上概率为 0 的不可能事件在现实中不一定绝对不发生,因此将实际不可能发生的事件的可能性分值对应为 0.1;其他事件按照可能性的大小分别对应 10~0.1的取值。但对应于"一带一路"环境下具体风险或危险源演化为不安全事件可能性的判别,则需要在真实统计和逻辑推理的基础上通过综合分析来确定。

　　其次,确定企业暴露在危机中的频度。这一指标其实并不容易准确衡量,它并不是通过长期观察对危机发生次数的简单统计。需要先对"暴露"进行界定,因为某一风险或危险的发生不一定会使所有企业的相关利益都造成威胁。对于战争、暴力冲突等的全覆盖、无差别式影响的危机,会使所有企业完全暴露在不安全因素之下,但对于有针对性或选择性的风险或危险如侧重于对某一国家的经济惩罚或对于具体行业的过度干预,并不一定会波及我国所有领域的企业投资,对于任何危机都过度惶恐只会草木皆兵,不利于投资建设。但对于"暴露"的科学界定与合理把控还需要进行深度的研究。

　　再次,确定"双险"产生后果严重程度。我们在综合传统 LEC 评价法、现行《生产安全事故报告和调查处理条例》中安全事故等级标准,以及"一带一路"建设中事故发生所引起的人员伤亡及财产损失的现实情况的基础上,对事故发生的严重程度进行标准划定并调整赋值分数。

　　最后,确定"双险"等级。根据公式 $D = L \times E \times C$ 计算危险分值,并依据危险分值大小,确定风险与危险的等级。对风险与危险等级为Ⅰ、Ⅱ、Ⅲ级的风险与危险源确定为一般风险与危险源,对风险与危险等级为Ⅳ、Ⅴ级的风险与危险源确定为重大风险与危险源。以上具体划分及赋值见表8.2。

表 8.2 "双险"评估机制分级赋值表

	分数值	风险/危险发生的可能性
L	10	完全可能
	6	相当可能
	3	可能但不经常
	1	可能性小,完全意外
	0.5	很不可能
	0.2	极不可能
	0.1	实际不可能

续表

	分数值	暴露在危机中的频度
E	10	每月三次及以上
	6	每月至少一次
	3	每季度至少一次
	2	每年至少一次
	1	三年至少一次
	0.5	几乎没有
	分数值	风险/危险产生的后果
C	100	特大事故,人员伤亡(亡10人以上)或毁灭性财产损失
	80	重大事故,人员伤亡(亡5人以上)或重大财产损失
	60	较大事故,人员伤亡(重伤或死亡5人以下)或较大财产损失
	30	一般事故,人员伤亡或财产损失(15%~30%)
	15	财产损失(8%~15%)
	5	财产损失(8%以下)

	分数值	危险等级	风险程度及应对
D	>320	V	极其危险,企业撤离
	160~320	IV	高度危险,暂时停业
	70~160	III	显著危险,重大预案
	20~70	II	一般危险,一般预案
	<20	I	稍有危险,可以接受

3.双险"三控"机制

对风险的及时应对与正确处理,是风险管理的核心,我们采用"三控"机制对双险进行应对处置。具体思路如下:

第一,预控机制。在"双险"评估机制对风险与危险源的准确识别的前提下,根据不同等级的风险与危险源,预先制定出在不同国家、不同领域进行投资的企业所应采取的处置措施,为应对风险与危险做好前期的谋划与准备,增强抵御风险的能力。预控机制是否有效主要取决"双险"评估机制的预测是否科学、应对措施的关键控制点的把握是否准确以及保护性措施是否全面。

　　第二，管控机制。管控机制即过程控制，侧重于对企业自身在海外经济活动的监督与管理，尤其针对"双险"类型中的商业信用风险、管理风险以及法律风险。这些风险不仅来自外界环境，更多则源于企业自身的错误行为，在理论上是完全可以规避的。一方面应从境外投资东道国的市场环境出发，全面深入地了解在当地进行投资生产所需要遵循的法律法规、制度程序，不触碰在当地进行经济活动的"红线"；另一方面，从内部对企业在决策、招标、投产、建设、交易等环节进行监督与纠正，以保证企业在生产过程中不会受到自身不合理行为所引发的风险威胁。

　　第三，急控机制。识别机制、预控机制、管控机制都无法确保对"双险"绝对的精准预警与及时规避，当突发事件发生、损失不可避免时，则要通过提前制订的紧急控制方案进行处理。虽然境外突发事件无法预判，但应定期组织并要求企业对于暴恐活动、自然灾害、生产安全等毫无征兆、破坏性大、危及企业员工安全的事件进行预演并制订科学详尽的应对方案与处置计划，做到有备无患、未雨绸缪。

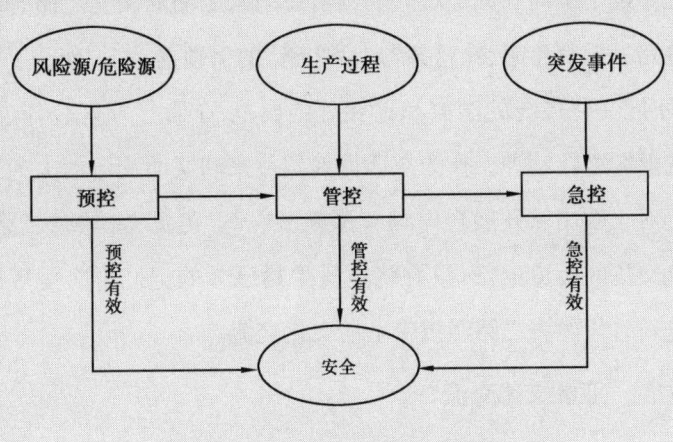

图 8.1　"双险三控"运行模式图

资料来源：白永秀，宁启."一带一路"境外企业安全保障：体系构建与对策研究［J］.西北大学学报（哲学社会科学版），2018（2）：5-13.

第二节　丝绸之路经济带的文化交流

　　习近平主席在联合国教科文组织总部的演讲中指出：文明是多彩的，人类文明因多样才有交流互鉴的价值；文明是平等的，人类文明因平等才有交流互鉴的前提；文明是包容的，人类文明因包容才有交流互鉴的动力①。由此可见，文化交流是推动人类文明进步和世界和平发展的重要动力。横贯亚欧大陆的丝绸之路至今已有 2 000 多年的历史，在这段历史长河中，多样的民族文化因交流互鉴而愈加多彩。在建设丝绸之路经济带的今天，为实现丝绸之路经济带沿线各国文化理念的充分交流融合，应坚持经济发展和人文合作共同推进，加强沿线国家在教育、旅游、学术和艺术等方面的交往，促进文化融合互通。

一、古丝绸之路的文化交流

　　丝绸之路是中国同亚洲、欧洲、非洲沿线国家之间的文化之路、商贸之路和友好往来之路。千百年来，在这条"对话之路"的引领推动下，创造了不同制度、不同信仰、不同文化传统的国家和谐相处的典范，孕育了友好合作、开放包容、互利共赢的丝绸之路精神。作为东西方商贸往来和文明交流的大通道，古丝绸之路至今仍对亚欧国家开展合作具有深刻影响②。可见，古丝绸之路承载了太多关于文化交流的历史记忆，只有将这段尘封已久的记忆再次呈现出来，才能更好地促进新时代丝绸之路经济带上的文化交流。

（一）中国—亚洲文化交流

　　古丝绸之路是中原同西域之间友好往来、互鉴互通的交流大通道，中原将丝绸、印刷术、造纸术、农业工具以及农业技术等传入了西域地区，而当时的西

① 习近平.在联合国教科文组织总部的演讲[N].人民日报,2014-03-28.
② 白永秀,王颂吉.丝绸之路经济带的纵深背景与地缘战略[J].改革,2014(3):67-68.

域诸国也将服饰饮食、奇珍异兽、音乐舞蹈、宗教文化等传入中原。

回顾古丝绸之路上中国同亚洲其他地区间的文化交流可以发现,中国与中亚地区的文化交流最具有代表性。在饮食服饰方面,中国的大黄、生姜、麝香等传入中亚地区,这对中亚人民烹饪肉食产生了深远的影响。而随着中亚的蚕豆、胡萝卜、葡萄、苜蓿等逐渐引入中国,中原地区的饮食结构也得到不断丰富。同时,中国的汉服也引起中亚人民的兴趣,甚至中亚部分地区的民众以穿汉服为荣,而胡服同样受到中原民众的喜欢,胡妆亦成为当时妇女普遍追求的一种时尚。在宗教传播方面,汉明帝永平年间,佛教由古丝绸之路正式传入中原地区,到东汉末年,已经在民间广为流传。佛教与中国的儒学、道教相互融通,逐渐被广大群众认可并信奉,并成为中华传统文化的重要组成部分。其中,以摄摩腾、支谦、竺法兰等为代表的中亚僧侣的译经与传教,对早期佛教在中原地区的传播作出了杰出贡献,为以佛教为代表的宗教文化交流奠定了坚实基础。同时,经中亚传入的伊斯兰教、摩尼教、景教也对中国的宗教文化产生了深远影响。在文学艺术方面,中国的绘画和汉字对中亚地区的艺术产生了极大的影响,而中亚地区的雕刻艺术也促进了中国古代艺术的多元发展。同时,胡乐、胡舞的传入很大程度上对中国古典音乐的发展产生了重要影响。

(二)中国—欧洲文化交流

中国同欧洲虽然远隔千山万水,但却阻不断文明之间的交流互鉴。汉长安与古罗马几乎同时兴起,分别代表了当时人类文明的最高水平。尽管罗马与长安之间关山阻隔、相隔万里,民族、语言、宗教等差异巨大,但是在文化艺术、城市建设、商贸交流、军队训练等许多方面却惊人地相似。丝绸之路凿空之后,中国的丝绸、瓷器、纸张、传统青铜工艺品,以及打井、丝织、灌溉等技术逐步输出至欧洲,而欧洲的玻璃器皿、歌舞音乐、食物、绘画、宗教也传入中国。可见,这两大文明古国因文化而相互吸引,双方都表现出了强烈的互学互鉴愿望,在文化交流中留下许多广为流传的佳话。

专栏8.2 中欧文化交流的重要事件

公元166年,古罗马使者首次出访汉长安。汉桓帝延熹九年,罗马帝国国王派遣使臣抵达长安,并向汉帝进献了绘画、象牙、艺术器皿等礼品。与此同时,汉帝也回赠瓷器、丝绸、青铜工艺品等礼物,自此两国间通过丝绸之路开启了文化交流的新纪元。这次彪炳史册的人文交流意义非同寻常,被视为两个文明古国的历史性握手,共同推进了世界文明的进程。

1658年,法兰德斯传教士、科学家南怀仁到访中国。南怀仁是清初最具影响力的来华传教士之一,为近代西方科学知识在中国的传播作出了杰出贡献。南怀仁精通天文历法、擅长铸炮,不仅是康熙皇帝的科学启蒙老师,还是当时国家天文台(钦天监)业务上的最高负责人。南怀仁在改革日历、绘制世界地图、更新技术和天文仪器等方面作出了重要贡献,他设计的古观象台和天球仪,至今仍矗立在北京建国门。

资料来源:作者根据公开资料整理。

二、丝绸之路经济带的文化交流

赋予古老丝绸之路崭新时代内涵的"一带一路"倡议,契合沿线国家的共同需求,如今丝绸之路经济带上的文化交流日益广泛。

近几年,中国与丝绸之路经济带沿线的亚洲国家之间的文化交流较为密切,人员互访、文化交流活动频繁。尤其是2013年以来,中国与亚洲国家的文化交流进入了一个崭新的活跃时期,在高等教育、文学艺术、旅游开发、遗产保护、医疗卫生等多个方面开展了广泛的务实合作,并多次互办开放日、旅游节、电影节、艺术节等文化交流活动。这些交流与合作不仅内容丰富,而且影响广泛,极大地拓展了丝绸之路经济带沿线国家间文化交流的深度与广度。

专栏 8.3　**丝绸之路经济带上的文化交流**（部分）

2013 年 11 月，"从长安到罗马——丝绸之路民族音乐会"在意大利罗马成功举办。这场音乐会拉开了"从长安到罗马——丝绸之路系列展演活动"的序幕。这一系列演出活动，为打造"丝绸之路"文化品牌作出了积极贡献。

2014 年 9 月，第三届阿拉伯艺术节在清华大学新清华学堂拉开序幕。来自 6 个阿拉伯国家的艺术家为观众呈现了一场充满异域风情的艺术盛宴。中阿艺术家通过出色的演出，不仅传递出中阿之间传统友谊，而且展现了中国与阿拉伯国家源远流长的文化艺术交流。

2014 年 10 月，法国灯光艺术展在陕西西安成功举办。作为中法两国建交 50 周年的城市文化交流活动，这次灯光展是中国和丝路沿线国家举行"光亮丝路"的系列文化交流活动之一，开始了靠文化编织丝路美景的新探索。

2014 年 12 月，首届丝绸之路国际文化论坛在哈萨克斯坦首都阿斯塔纳举行。来自上海合作组织 6 个成员国的专家、学者在本届论坛上就"建立丝绸之路文化带"这一主题进行了讨论。会议期间中国丝绸之路基金会代表宣布，将在"丝路"沿线各国发起寻找 100 个"丝路明珠"的文化活动。

2015 年 2 月，中英文化年剑桥"丝绸之路"春节文化周的首场大型活动——墨香书韵书画展在剑桥大学圣约翰学院成功举办。本次展览共展出 120 余幅书画作品，风格殊异，精彩纷呈，翰墨流香，抒发了浓浓的中华文化情怀，具有较高的艺术水准，向广大剑桥学子展示了中国书画家的艺术风采，同时带来了浓浓的中国文化气息。

2015 年 5 月，"一带一路，多彩世界——中国与中亚五国著名画家作品联展"在河北省秦皇岛市北戴河艺术馆隆重举行。本次展览共展出作品 80

余件,集中展示了各国画家在艺术上取得的丰硕成果以及对艺术探索的多样性。

2015年9月,"一带一路"万里行车队及大型纪录片《世纪丝路》摄制组抵达哈萨克斯坦首都阿斯塔纳。哈萨克斯坦体育文化部及阿斯塔纳2017世博会组委会在伊希姆河畔阿拉依公园举行仪式和音乐会,欢迎来自中国的客人。此次万里行活动途经"一带一路"核心经济圈,行程16 000千米、穿越十几个国家,沿途举办多场不同主题的交流活动,向世界展示当代中国形象。

2015年9月,"一带一路"沿线风情摄影展在柏林中国文化中心开幕。展览展出了中国丝绸之路沿线城市,如西安、乌鲁木齐、杭州、泉州、海口等地共40多幅照片,呈现了新时期丝绸之路沿线地区美丽独特的自然风光和当地人民乐观开放的精神风貌。

2016年4月,"'一带一路'欧中文化旅游委员会"在比利时首都布鲁塞尔正式成立。该委员会的设立旨在推动欧中双方加强文化旅游领域的交流与合作,为"一带一路"建设添砖加瓦。

2016年9月,"中国-中亚国家大学联盟"在中国新疆成立。中国、中亚及丝绸之路经济带沿线7个国家的51所高校,在新疆乌鲁木齐成立"中国-中亚国家大学联盟",旨在打造开放性、国际化互动平台,深化"一带一路"科教合作。这一教育合作将落实中国与中亚地区国家间有关教育合作的内容,建立相对稳定的论坛办会机制,同时在中国和中亚国家之间开展学生互换、学分互认等联合培养项目,对互换学生提供多项优惠政策,以促进优势互补及实质性合作办学,培养"一带一路"国际化人才。此外,借助"中国-中亚国家大学联盟",中国将在现有孔子学院基础上,在中亚国家建设新的孔子学院,以满足当地民众的需求,同时开展多层次交流与合作,建立国别联合研究中心、国际智库合作平台以及跨区域、跨学科重大问题研究中心。

2017 年 3 月，中巴经济走廊文化交流中心在苏州市职业大学正式成立。该中心主要承载学术交流、教育培养与文化交流等重要职能，与巴基斯坦吉尔吉特省合作，形成以文化互动为先驱，教育资源合作为核心的良好中巴交流循环，共同为"一带一路"沿线国家的经济社会发展提供人才培养支持。

2017 年 4 月，"一带一路"中国和乌克兰文化交流周在乌克兰基辅拉开帷幕。本次活动由两国艺术院校和民间团体联合发起并主办，是中乌建交 25 周年来两国间最大规模的文化交流活动。文化周的内容丰富多彩，期间两国文化团体和机构签署多个合作文件，并举办题为"'一带一路'，连通长江与第聂伯河"的首届中乌两国青年论坛、中医药"一带一路"合作论坛以及中乌商业论坛等。

2017 年 9 月，中俄"丝路经贸人文交流对话"在俄罗斯首都莫斯科开幕。中俄政商、文化、体育、传媒和教育等领域企业或机构代表以及专家参加论坛，积极探讨有关文化交流的多个议题，旨在响应"一带一路"倡议，推进中俄人文经贸等领域的广泛交流与合作。

2017 年 9 月，第二届中法文化论坛在法国里昂市举行。此次论坛以"'一带一路'，中法文化汇流和共享"为主题，致力于推动中法两国相互理解、相互尊重、相互信任。本届论坛围绕艺术、教育、创新、传播、博物馆建设等多个议题举办 19 场 27 场次活动，包括 8 场研讨会和多场艺术展览。

2018 年 1 月，"中国-欧盟旅游年"在意大利威尼斯开幕。此次活动在促进旅游业持续发展、刺激经济发展和吸引更多投资等方面起到了重要推动作用，为欧中双边简化签证谈判创造了良好的条件和氛围。

2018 年 2 月，"中国新春音乐会"在莫斯科国际音乐厅成功举办。这场音乐会充满中国元素，展现了中国音乐和文化的独特魅力，促使了俄中文化相互借鉴，加深了两国人民的相互理解。

2018年2月,首届马赛"中国文化周"活动拉开序幕。这是法国南部城市马赛举办的规模最大的中国文化主题活动。此次活动内容丰富多彩,法国民众可以了解中国近几十年的变迁和发展,体会中国百姓的日常生活,感受中国文化和传统民俗的魅力,这不仅有利于增进两国人民相互了解,加深友谊,而且有利于中法关系向前发展。

2018年2月,"欢乐春节"摄影展在巴基斯坦拉开序幕。本次摄影展主要体现了中国的壮丽山河和"一带一路"沿线中外友人共度春节等主题,生动展示了中国春节传统民俗、节日氛围和文化内涵。

2018年3月,"中国-爱尔兰高等教育论坛"在都柏林成功举办。这是中爱联合举办的第三次高等教育论坛活动,也是规模最大的一次。此次论坛上,诸多学者分享了他们在高等教育国际化以及科研成果转化等方面的最新研究成果,两国的高等教育交流与合作呈现出前所未有的良好势头。

2018年3月,第三届"丝绸之路"中印音乐节在印度孟买举行。此次音乐节主要体现中印在"丝绸之路"上共同谱写了友好交流的动人篇章,为激活丝路记忆、重现丝路生机作出贡献。

资料来源:作者依据公开资料整理。

近些年,中欧文化交流日益深入,呈现出中欧文化交相辉映、齐放异彩的瑰丽景象,这为充满不确定性的当今世界指出了一条光明的人文合作道路。自2013年开始,中欧人文交流日益频繁,双方在教育、艺术、旅游等领域多次举办大型文化交流活动,并建立一系列交流合作机制,从而为中欧实现更加广泛、更深层次的文化交流锦上添花。在这一次次交流、合作中,中欧互学互鉴、相互理解、相互包容,两大文明焕发了新的异彩,谱写出了中欧人文交流的新篇章。

第三节　丝绸之路经济带的民心相通

作为丝绸之路经济带建设的核心要义之一，民心相通不仅可以增进沿线各国之间的互相理解和包容，而且能够推动各国在更广阔的领域实现互联互通，从而不断加深各国间的友谊。多年以来，中国积极传承和弘扬古丝绸之路友好合作精神，将古丝绸之路延续千年的经济、文化、商贸友好交流传统持续承传下去并赋予新的生命力，这不仅为进一步加强经济带沿线各国间的互相理解、消除彼此的误解与矛盾以及共创人类文明繁荣创造了有利条件，而且促进了双边及多边合作民意基础的不断加深，从而使丝绸之路经济带呈现出民心相通的新趋势。

一、民心相通新趋势

无论是国家之间的外交与贸易合作，还是在一国内部不同的地区、族群和宗教团体之间的交流与关系维持，民心相通都发挥着基础性作用。可见，各国之交往在于人民相亲，能否夯实民心基础，不仅关系到国家自身的发展，更关系到全世界的和平稳定与繁荣昌盛。民心相通是在传承和弘扬自古以来丝绸之路友好合作精神的基础上，借助沿线各国之间广泛开展的高等教育合作、文化旅游合作、人才交流合作、学术研究往来、艺术交流以及青年和妇女交往等一系列措施，实现丝绸之路经济带上各国人民相亲、相互理解、相互包容。民心相通是丝绸之路经济带建设的社会根基，也是互联互通的纽带。它是沿线各国人民意愿在同一平台上的相识相通，也是一个渐进的过程。

丝绸之路经济带建设中，实现各国人民民心相通的新趋势需要一个过程。为此，必须考虑经济带沿线不同国家体制、宗教、文化的多样性，进一步深化人文交流。对此，应注意以下问题：首先，应充分尊重与包容经济带沿线各国的文化理念。丝绸之路经济带建设涉及国家众多，这些国家在经济发展、社会文化、宗教礼仪以及民众认知水平等诸多方面存在极大差距。这种文化的多样性很可能导致合作双方产生误解与隔阂,甚至发生暴力冲突。因此,做到尊重和包容他国的文化理念是实现民心相通的第一要义。其次,民心相通重在人员的实际交往,沿线各国文化理念同样需要交流才能获得继承、认可和发扬,而人员相互交流是最重要的载体,因而要注重让民众作为交流对话的主体,逐步实现各国人民之间的互相理解与信任。最后,要注重丝绸之路经济带核心理念的表达与传递。沿线各国在务实合作中要积极弘扬以丝路精神为核心的理念,在沿线各国民众的心中孕育相互理解与信任的文化基因。

二、加强民心相通的措施

作为国际秩序的维护者、全球发展的贡献者以及世界和平的建设者,中国发起的"一带一路"倡议给人类的跨文化传播提供了新的空间和实践路径,使友好合作、互利共赢、互学互鉴的理念逐渐深入人心。中国历来主张"和而不同",尊重不同国家和民族的价值文化及发展道路[①]。因而,中国始终秉持开放包容、友好合作、和平友爱的文化理念,目的在于尽可能地消除经济、文化、政治等多重障碍,不断增进同丝绸之路经济带沿线各国的相互理解和相互包容,实现由互利共赢到民心相通。对此,我们提出以下加强民心相通的对策建议。

(一)健全文化交流平台

人类社会需要通过跨文化对话平台来认知和构建世界,需要坚持文化之间的平等交流和对话。因而,需要进一步充分利用现有的文化交流平台,同时要创新交流平台,为丝绸之路经济带的民心相通提供有力保障。对此,一方面,应充分发挥"一带一路"国际合作高峰论坛、博鳌亚洲论坛、欧亚经济论坛等国际论坛的重要作用,专门设立就丝绸之路经济带人文合作的研讨内容,不断推动人文交流与合作的创新发展;进一步利用亚太经合组织、上海合作组织等现有

---

① 金碚.论经济全球化 3.0 时代——兼论"一带一路"的互通观念[J].中国工业经济,2016(1):5-20.

多边合作机制,专门设立文化产业方面的专业委员会,不断丰富现有机制框架下的人文合作内容。

另一方面,应继续丰富同丝绸之路经济带沿线各国的文化交流活动,实现沿线各国人民通过越来越多的人文活动而更加相互理解与包容,进一步消除各国之间不必要的误会与隔阂;持续增加同沿线各国在高等教育方面的深度合作,组建丝绸之路经济带大学联盟,通过学术交流、培训项目、学生交换、师资培养等多种形式加强沿线各国的人文交流与务实合作;应建立科教文卫部门部长交流平台,实现定期会晤机制,实现资源、信息、人才以及发展经验的共享。

(二)丰富文化交流内容

"一花独放不是春,百花齐放春满园。"丝绸之路经济带不是封闭的,而是开放包容的,要向沿线所有国家敞开怀抱,不断深化互访、互学、互鉴的文化交流,营造彼此平等、友好、和谐的工作学习氛围,从而实现经济带沿线文化交流的百花齐放。为此,一是要创造一大批诸如科技政策培训、教育培训、技术培训等的交流研讨机会,并积极组织双向科普交流活动,实现经济带沿线各国科学家、学者之间的互学互鉴;二是积极组织沿线各国的专家学者,依托孔子学院、孔子学堂、大学联盟等文化交流平台,举办具有一定影响力的文化论坛、研讨会、交流日等大型活动;三是大力支持沿线多个国家、多个民族的宗教界人士互访,通过不断互学互鉴,充分了解与包容其他国家或民族的宗教文化,从而尽可能消除经济带上不必要的宗教文化冲突;四是充分促进中国同中亚、东盟、南亚国家的扶贫官员进行交流研讨,分享扶贫成果与实践经验,以民生问题的互学互鉴促进经济带上的民心相通。

(三)开展文化交流合作项目

丝绸之路经济带沿线具有丰富多彩的文化,而沿线各个国家、各个民族却相隔遥远,因此依托文化务实合作项目可以有效促进各个国家、各个民族之间的文化充分交流融合,拉近经济带沿线各国人民心与心的距离。

一是应增加以孔子学院为代表的中国传统文化传播项目的数量,持续扩大孔子学院、书院、学堂等机构的影响范围,加大这些文化传播机构的奖励力度,着力培养培训沿线各国的本土汉语教师,进一步实现中国优秀传统文化的广泛传播。二是大力支持沿线各国之间的杰出科学家、艺术家、学者等人才的交换学习工作项目,有效实施针对沿线国家的文化援助计划。三是在"一带一路"务实合作机制框架下,依托丝路之路深厚的文化底蕴,不仅要继续广泛实施以开放日、艺术节、演出季等形式为主的文化合作项目,而且要不断创新文化项目的艺术形式与内容,明确项目主旨在于进一步加深丝绸之路经济带沿线国家的相互理解与包容,实现在促进双方文化领域相互了解的同时,稳步推动经济带上的民心相通。四是依托丝绸之路经济带上众多的文化遗产与民俗文化,进一步深度发掘文化旅游资源,持续加强文化旅游政策沟通,努力创新经济带文化旅游合作的协调机制,倾力打造丝路文化旅游品牌和精品旅游线路,让各国人民通过文化旅游切身感受到经济带上丰富多彩的历史文化,增强心理认同感。五是进一步保护古丝绸之路的人文古迹与古老艺术,大力支持沿线各国积极申报物质与非物质文化遗产,以文化的传承来促进沿线各国人民相亲。

(四)加强人文合作能力建设

中国与世界的人才交流自古就有,而"一带一路"倡议为沿线各国人文交往提供了前所未有的广阔平台。面对产业发展的趋势,以及发展中国家人才日益严重流失的现状,中国需要充分利用丝绸之路经济带这一大平台同沿线国家持续加强人文合作能力的建设。对此,首先要迎合产业转型升级的趋势,加大同经济带沿线国家在影视、体育、游戏等方面合作的投入力度,满足沿线国家人民在文化产业方面日益增长的需求;其次,应组织成立专业研究机构或委托民间智库进行人文领域的专项研究,并设立人文方面的课题鼓励沿线国家的高校进行深入研究,为人文合作提供有效的理论支撑;再次,应推出更多具备中华优秀文化特质的文化品牌,实现以文化联通世界,以品牌力量促进人文合作能力的提升;最后,应注重培养具有国际视野、人文素养、创新能力的高水平教育人才、科技人才和艺术人才,以高素质全方位的人才,促进务实合作的顺利落地实施,实现人文合作能力的持续提升。

附　录

附录1　丝绸之路上的历史名人

（一）汉武帝刘彻

汉武帝刘彻（前156—前87年）是杰出的政治家，在位期间实现了西汉大一统强盛局面。为巩固统治，汉武帝设置中朝、刺史，开创察举制，实行推恩令，削弱诸侯势力。在文化上为加强思想统治，推行"罢黜百家，独尊儒术"。汉武帝时期开疆拓土，北击匈奴，东并朝鲜，南征百越，西逾葱岭，征服大宛，开拓了中华疆域版图。刘歆在《宗庙议》中称赞汉武帝道："北攘匈奴，降昆邪之众，置五属国，起朔方，以夺其肥饶之地。东伐朝鲜，起玄菟、乐浪以断匈奴之左臂。西伐大宛，并三十六国，结乌孙，起敦煌、酒泉、张掖，以隔氐羌，裂匈奴之右肩。单于孤将远遁漠北，四垂无事，斥地远境，起十馀郡建封禅，殊官号，存周后，定诸侯之制，永无逆争之心，至今累世赖之。单于守藩，百蛮服从，万世之基也。中兴之功，未有高焉者也。"

汉武帝对丝绸之路的开拓贡献巨大。丝绸之路是中央王朝在打击匈奴的过程中开辟的，对于匈奴，秦朝修建长城被动抵御，汉初也有几十年的和亲政策，汉武帝则坚决主动出击匈奴。丝绸之路开拓之后，汉武帝使用武力来保护丝绸之路的贸易活动，遏止了匈奴对周边地区的侵略压迫，维护了区域稳定和民族和谐，促进了中西方的交流沟通。

（二）张骞

张骞（前164—前114年），字子文，汉中郡城固（今陕西省汉中市城固县）人，中国古代杰出的外交家、旅行家、探险家。张骞富有开拓和冒险精神,建元二年(前139年)奉汉武帝之命,由甘父做向导率领一百多人出使西域,打通了汉朝通往西域的道路,即后世赫赫有名的丝绸之路。汉武帝以军功封张骞为博望侯。

张骞通西域之后,丝绸西去,其他如养蚕、漆器、铁器和冶铁术、井渠法及其他工艺品、农产品相继向西传播,而中原则从西域引进了葡萄、苜蓿及胡桃(核桃)、石榴、胡麻(芝麻)、胡瓜(黄瓜)、胡豆(蚕豆)、胡蒜(大蒜)、胡萝卜等农产品,以及毛皮织品、珍禽异兽,西方的音乐、舞蹈、绘画、雕塑、杂技等也对中国古代的文化艺术产生了积极影响。

(三)卫青

卫青(?—前106年),字仲卿,河东平阳(今山西临汾市)人,西汉时期名将,官至大司马大将军,封长平侯。卫青首次出征是奇袭龙城,揭开了汉匈战争汉朝反败为胜的序幕。卫青七战七捷,击破匈奴,收复河朔等地区,为北部疆域的开拓作出重大贡献。卫青善于以战养战,用兵敢于深入,为将号令严明,对将士爱护有恩,对同僚大度有礼,位极人臣而不立私威。

卫青对于丝绸之路具有重大贡献。从龙城之战起,卫青就吹响了反击匈奴的号角,多次大败匈奴,打击了匈奴在西域的势力,为丝绸之路的开辟及畅通扫清了障碍。尤其是元朔二年(前127年),匈奴大举南侵,卫青率领大军进攻匈奴盘踞的河套地区,大败匈奴白羊王和楼烦王,控制了河套平原,汉朝在此设朔方郡和五原郡,保证丝绸之路畅通无阻。

(四)霍去病

霍去病(前140—前117年),河东平阳(今山西临汾市)人,西汉名将、军事家,官至大司马骠骑将军,封冠军侯,史称"霍嫖姚"。霍去病是名将卫青的外甥,善骑射,用兵灵活,注重方略。霍去病"匈奴未灭,何以家为"的豪言壮语千年之后仍然振聋发聩,其封狼居胥的丰功伟绩世世代代被后人铭记。

霍去病对丝绸之路具有不可磨灭的贡献。他跟随卫青出击匈奴,大败匈奴,打击了盘踞在西域的匈奴势力。元狩二年(前 121 年),霍去病于春、夏两次率兵出击占据河西地区的浑邪王、休屠王部。同年秋,招纳浑邪王归降汉朝。从此,汉朝政府控制了河西地区,为畅通丝绸之路提供了保障。

(五)李广利

李广利(？—前 89 年),西汉中期将领,外戚,汉武帝宠姬李夫人和音乐家李延年的长兄。太初元年,汉武帝派李广利出征大宛。击败大宛后,西域的交通更加顺畅,西域各国与中原的来往更加密切。西汉在楼兰、轮台等地设置校尉,这是汉朝在西域设置最早的军事行政机关,为后来设置西域都护府创造了有利条件。李广利攻破大宛后,使西汉在西域声威大震,确保了西域通道的安全,丝绸之路从此也畅通无阻。

(六)班超

班超(32—102 年),字仲升,扶风郡平陵县(今陕西咸阳东北)人。东汉著名的外交家、军事家,史学家班彪之子,班固之弟。因平定西域诸国功封定远侯,后世称为"班定远"。"投笔从戎""不入虎穴,焉得虎子"是我们耳熟能详、广为传颂的成语典故,其中主人公正是班超。班超早年间为官府文书小吏,感慨自己应该像傅介子、张骞那样远赴西域建功立业,岂能在笔墨纸砚间消磨志气。

班超投笔从戎后跟随窦固出击匈奴,多有斩获。后来又被委派出使西域诸国以重新疏通汉胡关系,分化匈奴势力。班超在出使鄯善时,面对匈奴使团的施压和鄯善王态度的反转,毅然用"不入虎穴,焉得虎子"的气魄和胆略,率领 36 人勇闯匈奴使者营垒,纵火冲杀,击毙 30 余人,一举扭转了鄯善国左右摇摆的局势。班超以其果敢的政治手段、卓越的军事才能、宽厚的民族政策,在西域的 31 年里平定了 50 多个国家,为西域向汉、民族融合、文化交流、商贸往来作出了巨大的贡献,使断绝了 58 年的丝绸之路再次打通,丝路上的驼铃重新回响在东西方的历史天际之中。

(七)甘英

甘英(生卒年不详),字崇兰,东汉时期外交家。汉和帝永元九年(97年)奉西域都护班超之命出使大秦(罗马帝国)。甘英率领使团一行从龟兹出发,西行至疏勒,越葱岭,经大宛、大月氏至安息(即波斯帕提亚王国,今伊朗境内)都城和椟城,后历阿蛮、斯宾、于罗,抵条支(今伊拉克境内)。到达了安息西界的西海(今波斯湾)沿岸,想要渡海继续向罗马帝国进发。

安息国是汉朝与大秦交易的中转点,也是丝绸之路上的一个重要节点,安息人用汉朝的丝织品与大秦交易,从中获取垄断暴利。为避免汉朝直接开通与大秦的商路,安息人向甘英备陈渡海的艰难。这使得甘英在西海却步返还,最终未能到达大秦。但甘英是史书所载第一个到达波斯湾的中国人,他进一步拓展了丝绸之路,他的这一行程丰富了当时汉朝对中亚的认识,是中西方交流历史中具有重要意义的一页。

(八)唐太宗

唐太宗李世民(598[一说599]—649年),雄才大略,对内以文治天下,虚心纳谏,厉行节约,劝课农桑,使百姓能够休养生息,国泰民安,开创了中国历史上著名的贞观之治。对外开疆拓土,攻灭东突厥与薛延陀,征服高昌、龟兹、吐谷浑,重创高句丽,设立安西四镇,各民族融洽相处,被各族人民尊称为"天可汗",为后来唐朝一百多年的盛世奠定了重要基础。

唐朝疆域辽阔,唐太宗在西域设立了安西四镇,西部边界直达中亚的石国(今属哈萨克斯坦)。安西四镇的设立,为东西方来往的商旅提供了安定的社会秩序和有效的安全保障,使丝绸之路上的商旅不绝于途,品种繁多的大宗货物在东西方世界往来传递,推动丝绸之路成为整个世界的黄金走廊。

(九)玄奘

玄奘(602—664年)是唐代著名高僧,法相宗创始人,俗家姓名"陈祎",法名"玄奘",被尊称为"三藏法师",后世俗称"唐僧",与鸠摩罗什、真谛并称为中国佛教三大翻译家。

唐太宗贞观元年(627年),玄奘独自一人行程五万里,历时19年,前往天竺学习佛法。唐太宗称赞他:"玄奘法师者,法门之领袖也;仙露明珠,讵能方其朗润"。鲁迅称他为:"中华民族的脊梁"。梁启超也说他是"千古一人"。在取经过程中,玄奘在他途经的各国开设专门的佛法论坛,使得西域各国与中原拥有一个相同的贸易思想,"以和为贵",推进了丝绸之路上的商贸文化交流。玄奘的著作《大唐西域记》,细致地描绘了西域各国的风土人情,地质地貌,为中央王朝更好地管理西域各国提供了宝贵资料。

(十)武则天

武则天(624—705年)本为唐太宗的才人,后为唐高宗的皇后,唐中宗时期为皇太后,后自立为武周皇帝。长寿二年(692年),武则天派大将王孝杰击败吐蕃,收复安西四镇,复置安西都护府于龟兹,之后又在庭州设北庭都护府,巩固西北边防。此举打通了一度中断的通向中亚地区的丝绸之路,使得沉寂多年的丝绸之路再度活跃。

(十一)赵匡胤

公元960年,赵匡胤(927—976年)发动"陈桥驿兵变",黄袍加身,建立了统一的封建王朝"宋"。宋朝的建立,使得自唐末五代之乱以来,中国古代再次迎来了大一统局面。这一时期,宋、辽、西夏的割据局面基本形成。

赵匡胤所开创的宋代中原大一统局面,无论从陆上丝绸之路贸易还是政治文化的对外交往上均带有一定的偏安性。但赵匡胤对陆上丝绸之路的发展贡献在于,以宋朝开放发达的政治经济体系,开创了广阔的陆上丝绸之路民间贸易体系格局。在赵匡胤重商思想的引领下,各级官方机构在对外交通干道上设置了各类贸易场所,西南方开辟了茶马古道,东南沿海的市舶司兴起了海上贸易,宋代的对外贸易逐渐形成了蓬勃发展的新格局。

(十二)妈祖林默

妈祖,相传其本名为林默,生于宋建隆元年(960年)福建莆田地区。由于林默通晓天文气象、熟悉水性,经常告知渔民天象,且每当有出海之人遇难时都会得到其救助,因此深受人们的尊敬。妈祖林默所处的宋初时期,南方仍处于五代末期南唐的统治范围内,岭南福建地区深受唐代丝路贸易的文化影响,林默推动开创了海上贸易的新篇章。

(十三)开闽三王

公元 885 年,王潮、王审邽、王审知三兄弟于河南光州固始县率领农民起义军入闽,鼎建闽国,史称"开闽三王"。"开闽三王"作为闽南经济进一步向前发展的开拓者,对唐代丝绸之路的进一步拓展发挥了巨大的作用。"开闽三王"以仁政汇聚大量的陆上丝绸之路人才,在短时期内大量的商贸精英移居南方,促进了丝绸之路贸易的发展。

(十四)马可·波罗

马可·波罗(1254—1324 年)是丝绸之路上著名的外国使者。马可·波罗出生于意大利威尼斯的一个商人家庭,当时的威尼斯商人在欧洲很有名气,他们都极具探险精神,商船往来于罗马与君士坦丁堡,把东方的丝绸与香料辗转带到欧洲地区。马可·波罗于 1275 年到达元朝,在中国游历 17 年,回国后口述并由他人撰写的《马可·波罗游记》激起了欧洲人对亚洲的向往,对以后新航路的开辟产生了很大的影响。

(十五)丘处机

丘处机(1148—1227 年)是西行路上的道教传播者。丘处机字通密,道号长春子,世称长春真人,登州栖霞(今属山东省)人。丘处机是道教全真道掌教,他被南宋、金朝、蒙古帝国统治者以及广大人民群众所共同敬重,并以74 岁高龄远赴西域劝说成吉思汗止杀爱民。在西行过程中,丘处机一路宣传他的道教思想。成吉思汗作为大蒙古帝国的统治者,接受了丘处机的思想,这对道教思想的传播起到了一定的积极作用,同时也间接地推动了丝绸之路的发展。

（十六）李希霍芬

李希霍芬（Ferdinand von Richthofen，1833—1905 年）是德国地理学家和地质学家。李希霍芬曾多次到中国考察地质和地理，对中国造山运动所引起的构造变形有开创性的研究，并在 1870 年绘制了中国的第一张《中国煤炭分布图》。同年在洛阳考察了南关的丝绸、棉花市场，参观了山陕会馆和关帝庙，在他的著作《中国——亲身旅行的成果和以之为依据的研究》一书中，首次提出从洛阳到撒马尔罕（今属乌兹别克斯坦）有一条古老的商路，将其命名为"丝绸之路"。这是"丝绸之路"一词最早的来源，一直被沿用至今。

（十七）斯文·赫定

斯文·赫定（Sven Hedin，1865—1952 年）是世界著名的探险家，出生于瑞典。师从李希霍芬，对中国西北尤其是新疆、西藏一带充满了强烈的好奇心。

1890 年斯文·赫定第一次来到中国，此后的几十年里多次来访中国，在中国西北地区进行了多次探险，并发现了众多沙漠里的历史古城遗址：丹丹乌里克、喀拉墩、玛扎塔格戍堡……1900 年，赫定团队在寻找罗布泊的过程中无意发现一座废弃的古城，并在城中 13 个地点发掘出大量文物——钱币、丝织品、粮食、陶器、36 张写有汉字的纸片、120 片竹简和几支毛笔。探险结束后，回到瑞士的赫定把文物交给德国的希姆莱鉴定。专家从文字中发现了楼兰字样，遂得出结论，这座古城就是《史记》和《汉书》中记载的、赫赫有名的古国楼兰，整个世界顿时震惊。许多国家的探险队随之而来，国际上兴起了一门新的学科"楼兰学"。作为丝绸之路上最具有代表性和影响力的历史遗址之一，楼兰古城的发现给斯文·赫定带来了巨大的荣誉，同时也揭开了中国丝绸之路古老的面纱，让世界因此看见了中国古丝绸之路的繁盛面貌与独特魅力，是中国古丝绸之路的重新发现者之一。斯文·赫定因此成为世界级偶像，激励了包括斯坦因在内的一批探险家步其后尘。

资料来源：作者依据公开资料整理，主要参考吕文利.丝路记忆："一带一路"历史人物［M］.北京：人民出版社，2016.

附录2 "一带一路"相关政策文件、合作协议

时　间	名称及内容简介
2013-9-27	**《共建丝绸之路经济带西安宣言》** （1）来自意大利、伊朗、乌兹别克斯坦、亚美尼亚、印度、葡萄牙、西班牙等9个国家的城市代表团参加会议。 （2）将通过建立城市间共享的信息平台，促进信息的有效传播，在商贸、旅游、农业、教育、科技、文化等方面探求新的合作方式，共同建设"丝绸之路经济带"。以"弘扬传统友谊，共创丝绸之路经济带城市美好未来"为主题，在尊重文化传统和保持文化多样性的基础上，共同保护丝绸之路文化遗产，以表达丝绸之路经济带城市对共同建设未来美好生活的共同愿景。
2013-10-20	**《西安市、酒泉市建设丝绸之路经济带战略合作框架协议》** 两市加强在经贸、文化、旅游等方面的交流合作，实现优势互补、资源共享、互利共赢，联手重振丝路雄风。
2013-11-29	**《共建丝绸之路经济带战略合作协议》** （1）乌鲁木齐市与连云港市共同签署。 （2）将在共同打造桥头堡品牌、加强商贸物流合作、推动产业优势互补、促进旅游活动发展等方面加强合作。
2014-6-21	**《南海丝绸之路文化遗产保护共同宣言》** （1）来自全国各地的37家科研院所、文物局、博物馆等共同签署。 （2）推进南海丝绸之路文化遗产研究，有利于国家间深化战略互信，拓展睦邻友好，聚焦经济发展，扩大互利共赢。做好水下文化遗产保护工作，各省、区、市要突破行政区划的界限，并在考古发掘、信息互通、物探技术等方面开展互惠合作，实现资源共享。
2014-5-23	**《丝绸之路经济带西北五省区文化发展战略联盟框架协议》** 联盟各方将在文艺创作、精品展演、公共文化服务体系建设、文化产业发展、人才培养等方面进行跨区域交流与合作，建立长效合作机制。
2014-7-2	**《丝绸之路经济带媒体合作论坛联合宣言》** （1）来自11个国家的47家媒体机构参加了本次论坛。 （2）建设丝绸之路经济带的重大倡议为新时期欧亚地区各国进一步深化合作描绘了宏伟蓝图，为区域发展提供了重要机遇。共建丝绸之路经济带不仅是对历史文化的尊重与传承，也必将有利于相关各国加强文化交流、推动经贸合作、实现互利共赢、共享进步繁荣；在论坛的框架内，积极推动各国主流媒体开展形式多样的对话交流和新闻产品互换，推动人员往来、分享技术进步、实现联合采访，使丝绸之路经济带媒体合作论坛保持持久的生机与活力。

续表

时　间	名称及内容简介
2014-7-6	**西安、兰州签署建设丝绸之路经济带战略合作框架协议** 　　决定将发挥资源互补优势,深化商贸物流合作,推动文化旅游融合,加强园区交流合作,扩大科教资源共享,并建立常态交流机制,在多个领域加强合作,促进丝绸之路经济带建设。
2014-7-18	**《2012"丝绸之路"城市市长会晤合作宣言》** 　　(1)来自中国、俄罗斯、哈萨克斯坦、乌兹别克斯坦、吉尔吉斯斯坦、塔吉克斯坦、巴基斯坦、土耳其、意大利、埃及、印度、黑山共和国等12国20余个城市的代表参会。 　　(2)围绕"世代友好,共创繁荣"的会晤主题,本着"友谊、合作、发展、传承"的精神,重点就推动文化交流、加强经贸合作、实现共同繁荣进行了广泛深入的交流,形成了重要共识。
2014-8-28	**中国与国际商会签署协议推进丝绸之路经济带建设** 　　双方将面向商会及商界,在丝绸之路经济带推广五个主要项目:"网上丝绸之路""丝绸之路博览园""丝绸之路风情街""丝绸之路博览会"和"丝绸之路学研教育基金",并以此推动丝绸之路沿线国家的政策沟通、道路联通、贸易畅通、货币流通、民心相通。
2014-9-3	**《中国西安市与土库曼斯坦马雷市建立友好交流与合作关系协议》** 　　双方明确将在经贸、旅游、文化、科技、教育、体育等方面开展合作。
2014-9-4	**《关于保护丝绸之路遗产的联合协定》** 　　(1)中国国家文物局和河南省、陕西省、甘肃省、青海省、宁夏回族自治区、新疆维吾尔自治区人民政府共同签署。 　　(2)把丝绸之路遗产保护和"申遗"作为重点工作,全力支持相关地方做好相关工作,切实维护丝绸之路遗产价值和真实性、完整性,为丝绸之路"申遗"成功做好准备。
2014-9-5	**《乌鲁木齐宣言》** 　　(1)中国、澳大利亚、伊朗、马来西亚、土耳其、哈萨克斯坦、韩国、印度尼西亚、巴基斯坦等25个国家的48个城市参会。 　　(2)将鼓励城市政府层面的交流互访及民间商业和其他社会活动交流,开展广泛的合作;尊重本地区多样性和文化传统特性,缩小丝绸之路经济带城市间的发展差距;建立开放的贸易渠道、公平的关税制度和方便的公民通道;开展城市建设管理和生态环境保护等领域的交流合作;鼓励城市间举办文化、科技、教育、卫生等领域的交流活动,支持民间组织扩大友好往来;开展教育合作,为打造电子化丝绸之路奠定基础。

续表

时　间	名称及内容简介
2014-9-24	**《丝绸之路经济带城市深化务实合作备忘录》** （1）包括西安、宝鸡在内的丝绸之路经济带沿线城市共同签署。 （2）在友好协商、自愿承办的基础上，中外城市逐步建立定期在不同城市举办"丝绸之路经济带城市圆桌会"的机制，打造合作发展交流平台，进一步扩大城市的国际形象力；进一步保护好丝绸之路文化遗产，中外城市合作举办文化遗产保护、城市建设规划等专项学术研讨会，编辑、出版、发行有关文化遗产保护的书籍和资料；进一步促进中外城市企业、商业界高层，教育、农业、体育、环保、卫生专家等专业人士的交流，取得产业及多领域合作成果；中外城市在友好自愿的基础上，定期相互交换城市发展相关资料、刊物，定期发布拟开展合作的相关信息，及时回应合作意向，确保深化合作信息交换畅通。
2014-11-13	**中英共建"21世纪海上丝绸之路"交流合作平台** 双方将充分进行资源共享、优势互补，在全球范围内开展基础设施建设以及规划、设计等方面深入合作，共同推进"21世纪海上丝绸之路"交流合作平台建设。
2014-11-14	**《中华人民共和国与缅甸联邦共和国关于深化两国全面战略合作的联合声明》** 双方决定继续保持两国高层密切交往，加强战略沟通。增进两国议会、政府、司法机构和政党之间各层级团组互访与友好合作，保持两国外交部副外长级不定期磋商机制。双方支持两军和两国执法部门加强友好交流合作，维护地区安全稳定。双方同意将继承和弘扬和平合作、开放包容、互学互鉴、互利共赢的丝路精神，加强海洋经济、互联互通、科技环保、社会人文等各领域务实合作，推动中缅及与其他沿线国家间的合作共赢、共同发展。双方将继续为两国贸易、投资创造有利环境。双方同意建立两国政府间电力合作机制，支持两国企业本着公平、透明、安全、环保的原则开展电力项目合作。双方同意结合孟中印缅经济走廊建设，继续推进中缅公路等互联互通项目。双方同意继续加强金融领域合作，探讨建立双边货币互换机制可能性，以促进贸易投资便利化。加强人文交流对增进两国人民相互了解和友谊具有重要意义，同意进一步扩大媒体、文化、教育、体育、卫生、旅游等领域交流合作，促进两国新闻机构、学术机构、民间友好团体、妇女和青年组织之间的团组互访。双方支持两国边境省份发挥互补优势，加强经贸合作和多种形式的友好交往，促进两国边境地区发展和民生改善。
2014-12-14	**《中华人民共和国国家发展和改革委员会与哈萨克斯坦共和国国民经济部关于共同推进丝绸之路经济带建设的谅解备忘录》** 中哈双方将共同推进丝绸之路经济带有关合作，发展和加强区域间互联互通，促进和深化丝绸之路经济带沿线有关交通、经贸、旅游、投资及其他合作领域的经济活动。

续表

时 间	名称及内容简介
2014-12-17	**《中华人民共和国商务部和尼泊尔政府财政部关于在中尼经贸联委会框架下共同推进"丝绸之路经济带"建设的谅解备忘录》** 　　双方就共建"丝绸之路经济带"、贸易和投资合作、经济技术合作、基础设施建设、金融和旅游领域合作等议题达成一系列共识。
2014-12-19	**《中泰铁路合作谅解备忘录》《中泰农产品贸易合作谅解备忘录》** 　　有利于提升本地区基础设施建设水平,加快互联互通,更好实现物畅其流,更好便利人员往来。中国先进装备"走出去"不仅可以使富余产能得到充分利用,也有助于中国装备实现升级。
2014-12-22	**《中国商务部和白俄罗斯经济部关于共建"丝绸之路经济带"合作议定书》** 　　双方将在两国政府间合作委员会经贸分委会框架内,共同推进"丝绸之路经济带"建设,全面提升贸易、投资、经济技术、工业园区合作和基础设施互联互通水平。
2015-3-9	**《中国和格鲁吉亚关于加强共建丝绸之路经济带合作的备忘录》** 　　共同推进"丝绸之路经济带"建设的经贸合作,全面提升贸易、投资、经济技术合作和基础设施互联互通水平。
2015-5-8	**《中华人民共和国与俄罗斯联邦关于丝绸之路经济带建设和欧亚经济联盟建设对接合作的联合声明》** 　　双方将共同协商,努力将丝绸之路经济带建设和欧亚经济联盟建设相对接,确保地区经济持续稳定增长,加强区域经济一体化,维护地区和平与发展。双方将秉持透明、相互尊重、平等、各种一体化机制相互补充、向亚洲和欧洲各有关方开放等原则,通过双边和多边机制,特别是上海合作组织平台开展合作。
2015-5-10	**《中华人民共和国和白俄罗斯共和国关于进一步发展和深化全面战略伙伴关系的联合声明》** 　　增进政治互信,扩大两国经贸、安全和人文等各领域交往与合作,充实两国关系的战略内涵,巩固两国关系长期全面发展的基础。
2015-6-6	**《中华人民共和国政府和匈牙利政府关于共同推进丝绸之路经济带和 21 世纪海上丝绸之路建设的谅解备忘录》** 　　(1)这是中国同欧洲国家签署的第一个此类合作文件。 　　(2)欢迎更多欧洲国家"向东看",加强与中国及其他亚洲国家的互利合作,以不同形式参与到"一带一路"建设中来。

续表

时 间	名称及内容简介
2015-6-15	**《关于在落实建设"丝绸之路经济带"倡议框架下扩大互利经贸合作的议定书》** (1)中国与乌兹别克斯坦签署共建"丝绸之路经济带"合作文件。 (2)将在共建"丝绸之路经济带"的框架下充分发挥现有双边经贸合作机制的作用,进一步全面深化和拓展两国在贸易、投资、金融和交通通信等领域的互利合作,重点推动大宗商品贸易、基础设施建设、工业项目改造和工业园等领域项目实施,实现双边经贸合作和共建"丝绸之路经济带"的融合发展。
2015-7-8	**甘肃省与白俄罗斯签署合作备忘录** 甘肃地处亚欧大陆桥的核心通道,是古丝绸之路的咽喉要道,是中国与亚欧各国经贸往来、文化交流、交通运输的必经之道。丝绸之路经济带的建设,互联互通是关键,交通运输是基础,这次签署开通兰州至明斯克国际航线的合作备忘录,必将对促进甘肃与白俄罗斯的合作交流起到积极作用,有力助推双方共同发展。
2015-8-31	**《中华人民共和国政府与哈萨克斯坦共和国政府关于加强产能与投资合作的框架协议》** 确定了包括 52 个项目的早期收获项目清单,总金额达 241 亿美元,涉及冶金矿产、能源、机械制造、化工建材、基础设施建设、交通物流、医药合作、工业园区、生物技术等领域。
2015-11-24	**《中国—中东欧国家合作苏州纲要》** 　(1)支持建立中国—中东欧国家合作秘书处及其成员单位与中东欧国家驻华使馆季度例会机制。 　(2)纲要包括互联互通合作、经贸金融合作、农林合作、科技卫生合作和人文交流五大方面。 **《中国—中东欧国家合作中期规划》** 　(1)明确 2015 年至 2020 年的工作方向和重点,进一步释放合作潜力,推动16+1 合作提质增效。 　(2)17 国将相互尊重各自主权独立和领土完整,加深对各自发展道路的理解,结合自身特点、需求和优先方向,本着平等协商、优势互补、合作共赢的原则,积极落实本规划。 　(3)17 国将在协商一致基础上商定其他合作方参与具体项目和活动的可能性。 　(4)各国根据各自法规,欧盟成员国根据欧盟相关法规及作为成员国应遵守的政策,开展具体合作。 　(5)领导人年度会晤将对规划落实情况进行梳理总结。

续表

时 间	名称及内容简介
2015-12-16	**《中华人民共和国政府和哈萨克斯坦共和国政府联合公报》** 中哈两国在政治、经贸、投资、能源、交通、金融、科技、水利、人文等领域合作。
2016-1-17	**中国对阿拉伯国家政策文件** 中国政府制订首份对阿拉伯国家政策文件,在回顾和总结中阿关系发展经验的基础上,阐述发展中阿关系指导原则,规划中阿互利合作蓝图,重申致力于中东和平稳定的政治意愿,推动中阿关系迈向更高水平。
2016-1-19	**《中华人民共和国和沙特阿拉伯王国关于建立全面战略伙伴关系的联合声明》** 强调能源、务实合作、安全、人文领域开展合作,还涉及地区和国际事务方面的内容。
2016-1-21	**《中华人民共和国和阿拉伯埃及共和国关于加强两国全面战略伙伴关系的五年实施纲要》** 包括政治,经贸、投资和银行,军事和安全,科技、航天、核能、通信和信息技术,文化、新闻、旅游、教育、人文等领域的合作,以及环境、农业和林业,能源、油气产业,卫生,司法及法律,地区与国际事务等方面的合作。
2016-1-23	**《中华人民共和国和伊朗伊斯兰共和国关于建立全面战略伙伴关系的联合声明》** 包括政治、务实合作、人文、司法、安全及国防、国际与地区事务等领域的合作。
2016-3-24	**《中华人民共和国和尼泊尔联合声明》** 主要包括自由贸易、过境运输、互联互通、金融等领域合作协议。
2016-3-29	**《中华人民共和国和捷克共和国关于建立战略伙伴关系的联合声明》** 着眼于未来发展,在尊重两国共同参与的国际条约所规定义务的基础上,双方决定建立"战略伙伴关系"。
2016-4-11	**《中华人民共和国和斯里兰卡民主社会主义共和国联合声明》** 进一步加强在基础设施建设、中斯自贸谈判、合资企业等方面的合作,促进经济、文化、科技合作和人员往来,更多造福两国人民,建设命运共同体。
2016-5-4	**亚投行与亚开行在法兰克福签署合作备忘录** 双方将在优势互补、创造附加值、加强制度实力、发挥比较优势以及互利的基础上,加强包括战略和技术层面在内的合作。

续表

时　间	名称及内容简介
2016-5-19	**中国香港与印度尼西亚签署投资推广备忘录** 　　制定了中国香港特别行政区与印度尼西亚加强两地双向投资的合作框架，两地将就双方的投资环境及投资机遇交换信息，分享吸引外资及投资推广的经验，合作举办商务活动，鼓励本地有意拓展海外业务的公司在对方所属地开拓业务。
2016-5-19	**《中华人民共和国和阿富汗伊斯兰共和国联合声明》** 　　双方决定在新时期进一步深化中阿战略合作伙伴关系，推进在政治、安全、经济、人文以及国际地区事务中的合作，为两国人民带来更多福祉。
2016-6-15	**欧洲复兴开发银行与中国丝路基金签署谅解备忘录** 　　就中国通往欧洲的"新丝路"贸易路线展开联合项目。
2016-6-21	**《中华人民共和国和波兰共和国联合声明》** 　　（1）双方表示将共同努力，特别是通过提供进入本国市场的更大便利，促进相互投资和双边贸易平衡。 　　（2）双方将继续鼓励和支持两国企业扩大基础设施建设、产能合作等领域合作规模，积极探索新的合作方式。
2016-6-23	**《中华人民共和国和乌兹别克斯坦共和国联合声明》** 　　就进一步提升中乌关系水平、深化各领域互利合作以及共同关心的国际和地区问题深入交换意见，达成广泛共识。
2016-9-7	**《中国—东盟建立对话关系 25 周年纪念峰会联合声明》** 　　进一步促进中国—东盟战略伙伴关系，以实现互利发展。
2016-9-14	**《建设中蒙俄经济走廊规划纲要》** 　　以对接丝绸之路经济带、欧亚经济联盟以及"草原之路"倡议为目标，以平等、互利、共赢原则为指导，制定《建设中蒙俄经济走廊规划纲要》。
2016-9-30	**《中华人民共和国和白俄罗斯共和国联合声明》** 　　基于全面深化双边关系的共同愿望，双方决定建立相互信任、合作共赢的全面战略伙伴关系。
2016-10-18	**《关于"丝绸之路经济带"建设与"光明之路"新经济政策对接合作规划》** 　　提高两国基础设施互联互通水平，推动投资贸易发展，加强交通运输、工业、农业、能源、新兴产业、金融、知识产权等领域深度合作，充分发挥双方优势和潜力，不断拓展互利共赢的发展空间，促进共同繁荣，提升在国际市场上的联合竞争力。

续表

时　间	名称及内容简介
2016-11-3	**《中华人民共和国政府和吉尔吉斯共和国政府联合公报》** 　　包括深化两国政治、经贸、产能、交通、人文、安全等各领域合作以及共同关心的国际和地区问题。
2016-11-7	**《中国—中东欧国家合作里加纲要》** 　　将根据各自国家法律法规,欧盟成员国将根据欧盟相关法律法规,予以认真执行,以进一步巩固既有合作,不断开辟合作新领域。
2017-1-9	**《文化部"一带一路"文化发展行动计划(2016—2020 年)》** 　　加强与"一带一路"沿线国家和地区的文明互鉴与民心相通,切实推动文化交流、文化传播、文化贸易创新发展。
2017-3-21	**《中华人民共和国和以色列国关于建立创新全面伙伴关系的联合声明》** 　　继续深化中以合作仍有巨大潜力,双方在相互尊重和平等基础上致力于开拓和深化创新合作符合两国和两国人民的根本利益,对两国发展具有深远意义。
2017-3-27	**中华人民共和国政府和新西兰政府关于加强"一带一路"倡议合作的安排备忘录** 　　(1)双方共同加强合作与交流,以支持"一带一路"倡议,旨在实现两国共同发展目标,将紧密的政治关系、经济互补、人文交流的优势转化为务实合作、持续增长的优势,使两国政治关系持续友好、经济纽带更加牢固、人文联系更加紧密,更好造福两国人民。 　　(2)双方希望加强区域间互联互通,推动交通、经贸、农业技术、投资、科技创新、旅游及其他领域合作,促进地区和平与发展。
2017-4-5	**《中华人民共和国和芬兰共和国关于建立和推进面向未来的新型合作伙伴关系的联合声明》** 　　中芬关系与时俱进、富有活力,确认共同建立中芬面向未来的新型合作伙伴关系,进一步加强政治互信,不断扩大和深化合作,造福两国人民。
2017-4-26	**《关于推进绿色"一带一路"建设的指导意见》** 　　在"一带一路"建设中突出生态文明理念,推动绿色发展,加强生态环境保护,共同建设绿色丝绸之路,提出相关意见。
2017-5-13	**《中华人民共和国政府与世界卫生组织关于"一带一路"卫生领域合作的执行计划》** 　　双方将加强合作,以全面提升中国同"一带一路"沿线国家人民健康水平为主线,以多双边合作机制为基础,创新合作模式,促进与"一带一路"沿线国家等重点合作伙伴在国家、区域及全球层面开展务实合作,促进我国及沿线国家卫生事业发展,携手打造"健康丝绸之路"。

续表

时　　间	名称及内容简介
2017-5-16	**《推动丝绸之路经济带和21世纪海上丝绸之路能源合作愿景与行动》** 持续推进"一带一路"建设，让古丝绸之路在能源合作领域焕发新的活力，促进各国能源务实合作迈上新的台阶。
2017-5-16	**《共同推进"一带一路"建设农业合作的愿景与行动》** 推进"一带一路"建设农业合作是沿线各国农业发展、对外开放的共同愿景，中国愿与沿线各国携手努力，共同规划实施一批重点建设项目，创建"一带一路"陆海联动、双向开放的农业国际合作新格局，为"一带一路"利益共同体、责任共同体和命运共同体的形成提供有力支撑。
2017-5-16	**《"一带一路"生态环境保护合作规划》** 牢固树立和贯彻落实创新、协调、绿色、开放、共享的发展理念，秉持和平合作、开放包容、互学互鉴、互利共赢的丝绸之路精神，坚持共商、共建、共享，以促进共同发展、实现共同繁荣为导向，有力有序有效地将绿色发展要求全面融入政策沟通、设施联通、贸易畅通、资金融通、民心相通中，构建多元主体参与的生态环保合作格局，提升"一带一路"沿线国家生态环保合作水平，为实现2030年可持续发展议程环境目标作出贡献。
2017-6-9	**《中华人民共和国和哈萨克斯坦共和国联合声明》** 为继续加强政治互信和互利合作，加深两国人民相互了解和友谊，促进地区和世界和平与可持续发展。
2017-6-20	**《"一带一路"建设海上合作设想》** 与21世纪海上丝绸之路沿线各国开展全方位、多领域的海上合作，共同打造开放、包容的合作平台，推动建立互利共赢的蓝色伙伴关系，铸造可持续发展的"蓝色引擎"。
2017-7-5	**《中华人民共和国和俄罗斯联邦关于进一步深化全面战略协作伙伴关系的联合声明》** 双方将致力于进一步发展和巩固平等信任、相互支持、共同繁荣、世代友好的中俄全面战略协作伙伴关系，推动深化政治互信、务实合作、安全合作、人文交流、国际协作。
2017-8-31	**《中华人民共和国和塔吉克斯坦共和国关于建立全面战略伙伴关系的联合声明》** 基于当前中塔关系发展的现实需要和两国继续积极推进各领域合作的愿望，双方决定建立全面战略伙伴关系。

续表

时　间	名称及内容简介
2017-9-17	**《"一带一路"旅游合作成都倡议》** (1)各国加强"一带一路"旅游合作;加强政策沟通,提升旅游便利化水平。 (2)创建旅游合作机制,提升旅游交流品质。 (3)开展旅游联合推广,充实旅游合作内容。 (4)加强旅游教育交流,提升旅游智力支撑。 (5)共同应对挑战,加强旅游风险处置能力和加强合作,发挥协同效应。
2017-11-16	**《中华人民共和国政府和菲律宾共和国政府联合声明》** 　在双方共同努力下,两国关系实现转圜并取得积极进展。两国互信不断加深,务实合作取得丰硕成果,海上对话合作不断推进,为双方带来实实在在的利益,为地区和平、稳定与发展作出重要贡献。
2017-12-8	**中华人民共和国和马尔代夫共和国联合新闻公报** 　双方同意从战略高度和长远角度出发,推动中马面向未来的全面友好合作伙伴关系不断迈上新台阶。
2017-12-17	**《北京共识》** 　中日两国应不断提升合作水平,促进贸易、投资与资本流通,探讨对接"一带一路"框架下的合作,探索第三方市场合作等多种合作形式,采取务实行动,推进具体项目。
2018-1-09	**《中华人民共和国和法兰西共和国联合声明》** 　决定在相互信任、互惠互利原则的基础上进一步提升紧密持久的中法全面战略伙伴关系水平。
2018-1-11	**《澜沧江—湄公河合作五年行动计划(2018—2022)》** 　(1)2018 年至 2019 年为奠定基础阶段,重在加强各领域合作规划,推动落实中小型合作项目。 　(2)2020 年至 2022 年为巩固和深化推广阶段,重在加强五大优先领域合作,拓展新的合作领域,以呼应成员国发展需求,完善合作模式,逐步探讨大项目合作。
2018-1-16	**《中国与约旦签署两国民航合作协定》** 　对两国间航班授权、指定和许可、国内立法的适用、证书和执照的认可、海关关税等费用的免除、直接过境、商务活动、财务规定、班期时刻表、航空安全、争端解决等各方面均作出了明确规定。
2018-4-8	**《中华人民共和国和奥地利共和国关于建立友好战略伙伴关系的联合声明》** 　双方决定进一步提升两国关系发展水平,建立中奥友好战略伙伴关系,以体现当前两国关系的意义、广度和深度。

续表

时　间	名称及内容简介
2018-4-18	**中老签署药用植物研究合作谅解备忘录** （1）双方将在对老挝药用资源普查基础上，联合开展老挝具有经济药用价值的特殊植物资源的开发与应用研究。 （2）将设立传统药材研究中心，运用先进技术共同开展中老药用植物的比较研究，培养老挝药用植物资源研究人才，有效提升老挝的药用植物资源开发与应用技术水平。
2018-5-7	**《中华人民共和国政府和印度尼西亚共和国政府联合声明》** （1）双方充分肯定两国建立全面战略伙伴关系5年来双边关系取得的重要进展，特别是积极对接"21世纪海上丝绸之路"倡议和"全球海洋支点"构想、深化务实合作取得的显著成效，同意在全面战略伙伴关系框架下加强双边、地区及国际层面三个支柱合作。 （2）双方同意保持高层交往势头，发挥好两国副总理级对话及双边合作联委会等机制的重要作用，更好地统筹推进各领域合作。 （3）双方乐见两国不断加强在基础设施互联互通方面合作，特别是在"一带一路"倡议和"全球海洋支点"构想框架内继续推进雅加达—万隆高速铁路建设，并就"区域综合经济走廊"建设合作进行探讨。双方同意共同努力，加速推动有关项目取得成功。 （4）双方将不断深化贸易、基础设施、产能、工业、投融资等经贸重点领域合作，支持电子商务和互联网经济等新兴领域合作。 （5）双方同意提升防务、执法、禁毒、反恐、反腐、司法协助、引渡、网络安全等领域合作，维护两国及本地区共同安全，同意尽快签署预防和打击跨国犯罪及能力建设合作协议。 （6）双方同意续签农业合作谅解备忘录，早日召开农业合作联委会以加强农业互利合作。 （7）双方同意加强教育、文化、旅游、媒体、体育、宗教、青年、地方、文化遗产地等领域交流与合作，充分发挥各界、各地方积极性，打造人文合作新亮点。 （8）双方重申就地区热点和全球性议题保持战略沟通与协作，共同应对区域性和全球性挑战。双方将共同促进贸易和投资自由化便利化，支持多边贸易体制，推动经济全球化朝着开放、包容、普惠、平衡、共赢方向发展。
2018-5-25	**《中华人民共和国和阿曼苏丹国关于建立战略伙伴关系的联合声明》** （1）加强两国领导人之间的交往和磋商，就双边关系及共同关心的国际和地区问题保持经常性沟通和协调，不断扩大共识，巩固和深化政治互信。 （2）两国认为产能与投资合作是双方务实合作的重要内容。双方将加强发展战略对接，结合各自优势，按照"政府指导、企业主体、市场导向、商业原则"，以能源资源开发、化工、制造业、海洋产业等领域为重点，以阿曼杜库姆中国产业园为重要载体，持续推进产能与投资合作，不断提升两国务实合作水平。

续表

时 间	名称及内容简介
2018-5-25	（3）两国愿积极开展形式多样的人文交流，加强在文化、教育、卫生、科研、旅游、新闻、青年、体育、航空等领域合作，增进两国人民之间的了解和友谊。 （4）两国愿加强在执法安全和反恐等方面的交流与合作，加强情报和信息交流，开展技术合作和人员培训。
2018-6-7	**《中华人民共和国和吉尔吉斯共和国关于建立全面战略伙伴关系联合声明》** （1）双方决定，在互相尊重主权和领土完整、互不干涉内政、平等互利的基础上，并根据双方自1992年两国建交以来基于公认国际法原则签署的一系列双边协议，不断巩固睦邻友好和真诚互信，扩大互利合作，拓展人文交流。双方相信，这不仅符合两国共同利益，促进两国和两国人民的共同发展和繁荣，而且有利于维护和巩固本地区以及全球的和平、稳定和发展。 （2）双方重申，不参加任何损害对方主权、安全和领土完整的联盟或集团，也不同第三国缔结此类条约。不允许第三国、任何组织、团体或人员在本国领土上从事损害对方国家主权、安全和领土完整的活动。 （3）双方将保持各级别密切交往，及时就双边关系和共同关心的重大国际和地区问题交换意见，进一步推动两国政府部门、立法机构、社会团体、企业和金融机构等开展合作。
2018-6-8	**《中华人民共和国和哈萨克斯坦共和国联合声明》** （1）扩大双边贸易规模，丰富两国贸易商品结构，发掘双边贸易新增长点，积极探索创新合作，促进高附加值和高新技术产品贸易，努力推动双边贸易平衡发展。 （2）深化产能与投资合作，推动更多产能合作项目落地开工。充分发挥产能与投资合作对话机制的信息交换和协调作用，做好《中哈产能与投资合作规划》编制工作。 （3）扩大能源合作，深化油气田勘探开发、原油贸易和加工、和平利用核能等领域合作，推进天然气贸易稳步发展。 （4）拓展两国金融领域合作，扩大本币结算在贸易和投融资领域的使用规模，继续落实包括两国央行本币互换协议等已签署的双边协议，创新融资和担保方式，用好各类投资平台，做好投贷结合。 （5）加强跨境电商合作，建立电商合作机制，打造合作新业态和模式，促进两国"数字经济"发展规划对接。 （6）同步加强口岸等跨境基础设施建设、海关、检验检疫和边境口岸、信息互换、监管互认、执法互助和开展国际贸易"单一窗口"等方面合作，进一步促进贸易安全与便利，不断提升口岸运行管理效率和互联互通水平。

续表

时　　间	名称及内容简介
2018-6-8	（7）加强农业合作，双方将在农产品贸易取得积极成果的基础上，继续加强农产品准入、农业投资、"种养加"、畜牧兽医和技术交流合作，不断拓展现代农业合作产业链。 （8）探索科技、信息技术合作新模式、新项目，推动相关科研机构和高校合作。 （9）发展军工军贸合作，积极落实合作项目。 （10）加强航天领域合作，定期举行专家磋商，开展经验交流和人员培训合作。
2018-6-18	**《中华人民共和国和多民族玻利维亚国关于建立战略伙伴关系的联合声明》** （1）双方同意进一步密切高层交往，促进政府部门、立法机构、政党、地方、社会组织等各领域、各层级交往。 （2）双方重申相互尊重国家主权和领土完整，在涉及彼此核心利益和重大关切问题上相互理解和声援，坚定支持对方走符合本国国情的发展道路，通过对话方式解决所有悬而未决的问题。玻利维亚政府重申恪守一个中国政策，支持两岸关系和平发展和中国政府为实现统一所作努力。 （3）双方愿发挥两国经贸混委会机制作用，促进贸易均衡增长和多元化，加强政策统筹协调，深挖贸易潜力，优化贸易结构，提高贸易投资便利化水平，进一步提升两国经贸合作水平。 （4）双方愿推动玻农业和畜牧业发展及其加工业项目，以供应玻国内市场和出口至中国市场；同意推动农业技术创新交流合作，提高农业生产和加工能力。 （5）双方愿结合各自国家发展战略，鼓励相互投资，促进经济社会可持续发展，增强企业间联系，在优先领域制订工业合作计划，以实现技术转让、充分利用生产资源。 （6）双方愿继续加强金融、基础设施建设、矿业、农业等传统领域合作，进一步拓展在产能、天然气、冶金、钢铁、锂矿工业化、水电、制造业、信息技术、航空航天等领域合作。同时，推动水能、风能、太阳能及其他可再生能源投资项目。 （7）双方愿继续深化在文化、教育、能源、新闻媒体、航空航天、医疗卫生、军事、体育、旅游等领域的人员交流和培训，增进相互了解，夯实两国友好的民意基础。

续表

时　间	名称及内容简介
2018-6-21	**《中华人民共和国和尼泊尔联合声明》** （1）双方同意加快落实两国政府关于在"一带一路"倡议下开展合作的谅解备忘录，加强口岸、公路、铁路、航空、通信等方面互联互通，打造跨喜马拉雅立体互联互通网络。双方同意采取切实措施促进该备忘录中各领域合作。尼方愿为中方在尼基础设施和产能领域的投资提供便利。尼方欢迎中国企业进一步对尼投资，愿根据相关法律法规，简化并加快在土地、税收和签证等多个方面的审批程序，为中国企业创造良好的投资和经营环境。 （2）双方同意尽快恢复开通樟木口岸，提升吉隆口岸运行水平，确保阿尼哥公路修复保通，实施沙拉公路修复改善和升级项目，推动尽快修建普兰口岸的斜尔瓦界河桥。 （3）双方同意进一步加强执法机构信息交流、能力建设和培训合作。尽早商签双边司法协助条约和引渡条约，加强边界管理，共同打击非法越界和跨境犯罪。继续加强两国文官和安全人员互访，开展培训、救灾减灾和能力建设合作。双方同意加强边境安全和管理合作，商签边界管理制度协定。
2018-7-6	**《中华人民共和国政府和保加利亚共和国政府联合公报》** （1）双方一致认为，继续深化中保全面友好合作伙伴关系符合两国人民的共同愿望和利益。双方将以2019年中保建交70周年为契机，巩固政治互信，加强两国人民间的传统友谊，保持国际和地区问题上的对话和协调，深化经贸、投资、基础设施、农业、科技创新、卫生、人文、教育、旅游等各领域合作和扩大人员往来，共同致力于将两国伙伴关系提升至新的更高水平。双方将共同办好建交70周年各类庆祝活动，增进两国人民的相互了解和友好感情。 （2）双方表示共同致力于进一步提升双边贸易规模和水平，在尊重对方国家安全和质量监管要求前提下，为彼此优质商品开放市场。保方希望中方简化进口保农产品、食品程序。中方欢迎更多符合中国检验检疫标准的保加利亚优质农产品进入中国市场。 （3）双方积极开展双边文化合作，推动两国艺术机构、艺术家群体开展交流。保方支持索非亚中国文化中心和孔子学院运作，中方欢迎保方在条件成熟时在华设立保加利亚文化中心。双方支持扩大教育合作，促进留学生及其他形式的教育交流活动。
2018-7-9	**《中华人民共和国和科威特国关于建立战略伙伴关系的联合声明》** （1）保持和加强两国各层级的交往和磋商，通过加强高层互访，就双边关系及共同关心的国际和地区问题保持经常性沟通和协调，不断扩大共识，巩固和深化政治互信。

续表

时　间	名称及内容简介
2018-7-9	（2）两国重申在涉及各自国家独立、主权和领土完整问题上相互支持,强调坚持不干涉内政的原则。科威特重申坚定奉行一个中国原则,台湾是中国领土不可分割的一部分,支持两岸关系和平发展和中国的和平统一大业,支持中国政府在台湾问题上的立场。 （3）强调自由、开放、稳定的海洋对两国和平稳定的重要性,双方重申根据包括《联合国海洋法公约》在内的国际法和平解决纠纷,合法利用全球海洋。 （4）两国认为,产能与投资合作是双方务实合作的重要内容,愿加强发展战略对接,以科威特"丝绸城和五岛"开发项目为重要载体,结合各自优势,按照"政府指导、企业主体、市场导向、商业原则",以港口、铁路、公路、化工、制造业等领域为重点,持续推进产能与投资合作,不断提升两国务实合作水平。 （5）两国愿充分利用双方经贸互补优势,继续发挥两国经贸联合委员会机制的作用。推动投资贸易自由化、便利化,探讨建立完善平等的市场准入机制,扩大在福利住房和基础设施建设、物流、通信等方面多种形式的互利合作,促进双边经贸关系全面发展。中方欢迎科方积极参加中国国际进口博览会。 （6）两国认为,能源合作是双方务实合作的重要支柱,愿支持两国企业在原油贸易、油气资源勘探开发、工程服务、炼油化工等领域进一步开展合作,加强电力、核电、新能源和可再生能源领域合作。 （7）两国愿加强金融领域合作,就开展货币合作的可能性进行探讨,更多发挥本币在双边贸易和投资中的作用。两国将继续鼓励各自金融机构交流互鉴并互设分支机构,促进金融服务的对接,为双边贸易和投资合作提供金融支持。 （8）两国愿积极开展两国人民间形式多样的交流,加强在文化、教育、卫生、科研、旅游、新闻等领域合作,加强各自国家旅游宣传推广,鼓励更多学生赴对方国家留学,加强在新闻出版、广播影视、智库等领域合作,增进两国人民之间的了解和友谊。
2018-8-20	**《中华人民共和国政府和马来西亚政府联合声明》** （1）双方一致认为,中马传统友谊深厚,两国既是全面战略伙伴,也是务实合作伙伴。当前两国都站在各自国家发展新的历史起点上,双方对两国关系发展前景充满信心,将从战略大局和长远出发,在相互尊重、平等互利基础上,进一步增进政治互信,深化务实合作,推动中马全面战略伙伴关系持续稳步发展。马方重申坚定奉行一个中国政策。 （2）双方同意保持密切高层交往,加大治国理政经验交流,加强双边关系战略规划,就重大地区国际问题及时沟通。双方将持续扩大两国政府部门、政党、立法机构、军队、地方、民间交流合作,汇聚社会各界力量,推动中马关系全方位多层次发展。

续表

时　间	名称及内容简介
2018-8-20	（3）双方对当前两国经贸关系感到满意，同意共同编制两国《经贸合作五年规划（2018—2022）》。双方欢迎彼此在相互尊重、平等互利基础上开展双向投资，鼓励在信息通信技术、数据分析、设计研发、物联网、云计算和人工智能等高价值领域开展技术转移等合作。 （4）双方将继续加强基础设施、产能、农渔业等领域合作，积极拓展电子商务、互联网经济以及科技、创新等领域合作，并将启动商签双边跨境电子商务合作谅解备忘录，为中小企业提供机遇。双方将努力扩大贸易规模，通过双边和地区合作维护金融稳定，改善营商环境，鼓励双向投资，支持中小企业和服务机构间合作。中方欢迎马方参加首届中国国际进口博览会。 （5）双方认为旅游在促进人文交流、社会经济可持续发展及增进两国相互理解方面具有重要意义。双方同意加强、深化并扩大有关合作，并宣布2020年为"中马文化旅游年"。 （6）双方积极评价两国防务领域的良好合作以及在执法安全和反恐领域的合作成果，将继续提升上述领域交流合作水平，共同维护地区安全稳定。双方同意加强两军高层交往，继续推动两国国防部直通电话建设。双方对联合开发建造濒海任务舰合作进展感到满意。双方同意适时召开中马第四次打击跨国犯罪合作联合工作组会议。两国均致力于建设廉洁社会，同意加强反腐倡廉合作。
2018-9-5	**《关于构建更加紧密的中非命运共同体的北京宣言》** （1）我们积极评价双方就新形势下加强互利合作达成的共同发展、集约发展、绿色发展、安全发展和开放发展五大合作发展理念。 （2）充分肯定中非经贸合作取得的丰硕成果，高度评价中非贸易、投融资、基础设施等领域合作的显著成效。一致认为经贸合作始终是中非关系发展的"压舱石"和"推进器"。 （3）中方愿继续秉持互利共赢原则，以支持非洲培育不依赖原材料出口的内生增长能力为切入点，增强非洲第二、三产业生产能力，推动中非经贸合作转型升级，为非洲发展提供不附加政治条件的各类帮助和支持。非方重申坚持走可持续、多元化、社会经济协调发展之路，确保实现共赢结果。 （4）我们呼吁国际社会同舟共济，以贸易和投资促进发展，推动经济全球化朝着更加开放、包容、普惠、平衡、共赢的方向发展。 （5）面对当前严峻形势，坚定主张多边主义，反对一切形式的单边主义和保护主义，支持以世界贸易组织为核心，以规则为基础，透明、非歧视、开放、包容的多边贸易体制，推动建设开放、包容的世界经济。推动世贸组织争端解决机制正常运转，继续落实以往部长级会议成果，决心加强在"77国集团加中国"等机制内的合作，用实际行动共同维护多边贸易体制，支持全球发展。

资料来源：作者依据公开报道整理。

参考文献

[1] 白永秀,等.西部地区城乡经济社会一体化战略研究[M].北京:人民出版社,2014.

[2] 白永秀,王颂吉.丝绸之路经济带的纵深背景与地缘战略[J].改革,2014(3):64-73.

[3] 白永秀,王颂吉.丝绸之路经济带:中国走向世界的战略走廊[J].西北大学学报(哲学社会科学版),2014(4):32-38.

[4] 白永秀,王颂吉.价值链分工视角下丝绸之路经济带核心区工业经济协同发展研究[J].西北大学学报(哲学社会科学版),2015(3):41-49.

[5] 鲍志成.跨文化视域下丝绸之路的起源和历史贡献[J].丝绸,2016(1):71-80.

[6] 陈西川.新时期我国区域经济格局发展变化及其研究[J].管理世界,2015(2):170-171.

[7] 程广斌,申立敬,龙文.丝绸之路经济带背景下西北城市群综合承载力比较[J].经济地理,2015(8):98-103.

[8] 曹永福.全球区域经济合作新态势与展望[J].国际经济合作,2015(3):29-32.

[9] 段渝.黄帝、嫘祖与中国丝绸的起源时代[J].中华文化论坛,1996(4):38-44.

[10] 范少言,王晓燕,李健超,等.丝绸之路沿线城镇的兴衰[M].北京:中国建筑工业出版社,2010.

[11] 冯俊新.经济发展与空间布局:城市化、经济集聚和地区差距[M].北京:中国人民大学出版社,2012.

[12] 高德步,王珏.世界经济史[M].北京:中国人民大学出版社,2001.

[13] 高友才,汤凯."丝绸之路经济带"节点城市竞争力测评及政策建议[J].

经济学家,2016(5):59-67.

[14] 国家发展改革委,外交部,商务部.推动共建丝绸之路经济带和21世纪海上丝绸之路的愿景与行动[M].北京:人民出版社,2015.

[15] 何茂春,张冀兵.新丝绸之路经济带的国家战略分析——中国的历史机遇、潜在挑战与应对策略[J].人民论坛·学术前沿,2013(23):6-13.

[16] 黄庆华,刘晗.丝绸之路经济带9省(区、市)的贸易格局[J].改革,2017(4):46-58.

[17] 黄卫.精心打造"丝绸之路经济带"的核心区[J].求是,2014(7):22-24.

[18] 黄先海,余骁.以"一带一路"建设重塑全球价值链[J].经济学家,2017(3):32-39.

[19] 黄志瑾.WTO《贸易便利化协定》评述——多哈回合的突破[J].上海对外经贸大学学报,2014(5):5-12.

[20] 金碚.论经济全球化3.0时代——兼论"一带一路"的互通观念[J].中国工业经济,2016(1):5-20.

[21] 蓝庆新,姜峰."一带一路"与以中国为核心的国际价值链体系构建[J].人文杂志,2016(5):29-34.

[22] 李稻葵,程浩.丝绸之路经济带的合作基础与投资策略[J].改革,2015(8):29-38.

[23] 李靖宇,徐华.中俄两国边境区域合作开发战略对接论证[J].东北亚论坛,2010(6):15-26.

[24] 李明伟,张旭东.丝绸之路贸易史[M].兰州:甘肃人民出版社,1997.

[25] 刘德标.世界贸易组织及其多边贸易规则[M].北京:中国对外经济贸易出版社,2003.

[26] 刘志彪.重构基于内需的全球价值链是振兴中国制造的路径选择[J].学术界,2017(11):247-248.

[27] 刘修岩,秦蒙.多中心城市体系促进区域协调发展[N].中国社会科学

报,2018-01-17.

[28] 刘雪莲,张克成.东亚共同体建设的地缘政治分析[J].社会科学战线,
2012(4):162-167.

[29] 卢光盛,邓涵.经济走廊的理论溯源及其对孟中印缅经济走廊建设的启
示[J].南亚研究,2015(2):1-14.

[30] 孟祺.基于"一带一路"的制造业全球价值链构建[J].财经科学,2016
(2):72-81.

[31] 沈爱凤.从青金石之路到丝绸之路:西亚中亚与亚欧草原古代艺术溯源
[M].济南:山东美术出版社,2009.

[32] 盛斌.WTO《贸易便利化协定》评估及对中国的影响研究[J].国际贸易,
2016(1):4-13.

[33] 孙占鳌.丝绸之路的历史演变(上)[J].陇原春秋,2014(4):39-42.

[34] 王宏谋.古代内陆欧亚的社会形态及交通路线——以希罗多德《历史》
所记为中心[J].昌吉学院学报,2005(3):28-32.

[35] 王金波."一带一路"经济走廊与区域经济一体化:形成机理与功能演进
[M].北京:社会科学文献出版社,2016.

[36] 王俊岭.同世界分享"一带一路"商机——访丝路基金有限责任公司
[N].人民日报(海外版),2018-03-27.

[37] 王瑞,王永龙.我国与"丝绸之路经济带"沿线国家农产品进口贸易研究
[J].经济学家,2017(4):97-104.

[38] 王颂吉.丝绸之路经济带国内段中心城市产业合作研究:基于价值链分
工视角[J].西北大学学报(哲学社会科学版),2016(6):89-96.

[39] 王颂吉,何昊."一带一路"经济学的理论渊源与研究框架[J].兰州大学
学报(社会科学版),2017(3):8-15.

[40] 王颂吉,白永秀.丝绸之路经济带建设与西部城镇化发展升级[J].宁夏
社会科学,2015(1):51-59.

［41］王新青,池中华.丝绸之路经济带中亚五国语言状况考察与思考［J］.云南师范大学学报(哲学社会科学版),2015(5):14-20.

［42］王志强,姚勇.清代新疆台站体系及其在边疆开发中的作用［J］.西域研究,2007(4):29-35.

［43］吴陆牧.重庆:西部崛起世界级电子制造高地［N］.经济日报,2017-02-23.

［44］武兵科.中南亚国家安全观与安全合作机制［D］.兰州:兰州大学,2017.

［45］申现杰,肖金成.国际区域经济合作新形势与我国"一带一路"合作倡议［J］.宏观经济研究,2014(11):30-38.

［46］汤伟."一带一路"与城市外交［J］.国际关系研究,2015(4):59-68.

［47］屠启宇.国际城市发展报告(2017)［M］.北京:社会科学文献出版社,2017.

［48］竺彩华.中国参与区域经济合作现状与对策［J］.国际经济合作,2016(3):10-15.

［49］沈铭辉.亚太地区基础设施投资 PPP 合作模式:中国的角色［J］.国际经济合作,2015(3):33-38.

［50］习近平.开放共创繁荣 创新引领未来——在博鳌亚洲论坛 2018 年年会开幕式上的主旨演讲［N］.人民日报,2018-04-11.

［51］习近平.决胜全面建成小康社会 夺取新时代中国特色社会主义伟大胜利——在中国共产党第十九次全国代表大会上的报告［M］.北京:人民出版社,2017.

［52］习近平.携手推进"一带一路"建设——在"一带一路"国际合作高峰论坛开幕式上的演讲［M］//"一带一路"国际合作高峰论坛重要文辑.北京:人民出版社,2017.

［53］习近平.共同建设人类命运共同体——在联合国日内瓦总部的演讲［N］.人民日报,2017-01-20.

［54］习近平.共担时代责任,共促全球发展——在世界经济论坛 2017 年年

会开幕式上的主旨演讲[N].人民日报,2017-01-18.

[55] 习近平.在联合国教科文组织总部的演讲[N].人民日报,2014-03-28.

[56] 徐绍史,等."一带一路"与国际产能合作——行业布局研究[M].北京:机械工业出版社,2017.

[57] 杨家宸.论"丝绸之路经济带"给节点城市带来的变化——以宝鸡市为例[J].赤峰学院学报(自然科学版),2017(2):165-166.

[58] 杨建新,卢苇.丝绸之路[M].兰州:甘肃人民出版社,1981.

[59] 杨小敏.北宋时期的秦州(天水)经济与陆上丝绸之路[J].中国史研究,2017(4):15-20.

[60] 杨鹰.撒马尔罕城市历史发展研究[J].陇东学院学报,2016(6):65-69.

[61] 姚桂梅.环印度洋经济圈正在兴起[J].世界经济,1996(2):20-24.

[62] 张辉,易天,唐毓璇.一带一路:全球价值双环流研究[J].经济科学,2017(3):5-18.

[63] 张建平,樊子嫣."一带一路"国家贸易投资便利化状况及相关措施需求[J].国家行政学院学报,2016(1):23-29.

[64] 张清民.丝绸之路青海道上的西宁及其历史地位[J].青海师范大学学报(哲学社会科学版),2016(6):56-60.

[65] 赵华胜.美国新丝绸之路战略探析[J].新疆师范大学学报(哲学社会科学版),2012(6):15-23.

[66] 赵可金.一带一路从愿景到行动[M].北京:北京大学出版社,2015.

[67] 赵江林.大区域价值链:构筑丝绸之路经济带共同利益基础与政策方向[J].人文杂志,2016(5):21-28.

[68] 朱竞若,杜尚泽,裴广江.习近平出席"一带一路"国际合作高峰论坛开幕式并发表主旨演讲[N].人民日报,2017-05-15.

[69] 朱秋沅.国际贸易便利化发展进程新特征分析[J].国际商务研究,2011(2):9-18.

后 记

本书是我们团队关于"丝绸之路经济带"研究的第二部著作。2013 年习近平主席提出亚欧国家共建丝绸之路经济带的倡议之后,我立即组织研究团队开展相关研究。2014 年 3 月,我与王颂吉在《改革》杂志发表了《丝绸之路经济带的纵深背景与地缘战略》,这篇文章系统研究了丝绸之路经济带的提出背景、内涵特征、战略意义等问题,被《新华文摘》《人大复印资料》转载,在学术界引起了一定反响。此后,我们又在《人文杂志》《西北大学学报》《宁夏社会科学》《中国科学报》等报刊发表了多篇文章。

2015 年,我主持承担了国家社科基金重点项目"全球经济新格局背景下丝绸之路经济带建设的战略研究"(批准号:15AJL011)。截至 2018 年 4 月,我们团队围绕该课题在学术期刊发表了 27 篇论文。随着课题研究的深入,我们对丝绸之路经济带的建设目标、重点任务、推进路径等问题的认识日益清晰,在学术界提出了一系列独立的观点。

本书是我们团队集体研究的结晶。2016 年 9 月,在确定承担本书研究任务之后,我组织团队多次讨论,拟订了写作大纲与写作规范,然后分工撰写书稿。吴航、席国辉、白永秀、王颂吉负责第一章;白永秀、王颂吉负责第二章;闵杰、张鸽负责第三章;刘俊负责第四章;王泽润负责第五章;王颂吉、李昂、李海强负责第六章;卫玲、程靓负责第七章;何昊、宁启负责第八章;附录由何昊、吴航整理。初稿完成之后,王颂吉、何昊协助我统稿。

当前,丝绸之路经济带建设快速推进、成果丰硕,学术界和实践部门对丝绸之路经济带的认识水平也在不断提升。希望本书的出版,能对推进丝绸之路经济带建设有所助益。本书撰写过程中,我们参考了学术界已有的研究成果,并尽可能通过脚注和参考文献做了标注。由于时间仓促,我们对脚注及参考文献可能存在的遗漏向作者表示歉意。尽管我们力求精益求精,但受作者水平所限,本书不足之处在所难免,恳请读者批评指正。

白永秀

2018 年 7 月 21 日于西北大学